WHO RULES
THE WORLD?

誰統治世界？

Noam Chomsky

杭士基

林添貴——譯

目次

導論

本書書名所提起的問題，不會有簡單、明確的答案。世界太多樣化、太複雜，因此不可能有簡單、明確的答案。但是，我們並不難以辨認影響世界事務能力的尖銳差異，以及辨認更顯著和有影響力的角色。

環顧世界各國，自從第二次世界大戰終戰以來，迄今美國仍是一枝獨秀的大國，仍然相當大地訂定全球討論的規則，譬如，以色列和巴勒斯坦衝突、伊朗、拉丁美洲、「反恐戰爭」、國際經濟組織、權利與正義，以及攸關文明絕續存亡的重大問題（核子戰爭和環境破壞）。然而，自從一九四五年美國國力史無前例登峰造極以來，它已經逐步消退。由於國力不可避免地衰退，華府在某個程度上是在「實質的世界政府」（de facto world government）當中與「宇宙主人」（masters of universe）分享——這是借用商業刊物的用詞，指的是帶頭的國家資本主義大國（即七國集團），以及它們在「新帝國時代」（new imperial age）所掌控的機構，如國際貨幣基金（International Monetary Fund）和全球貿易組織。[1]

所謂「宇宙主人」當然離主要大國人民的代表很遙遠。即使在比較民主的國家，人民對政府決策只有有限度的影響。在美國，著名的研究人員已經提出頗有說服力的證據，證明「代表企業利益的經濟菁英和有組織的團體，對美國政府決策有極大的獨立影響，而一般公民和以群眾為基礎的利益團體，只有少許或根本沒有獨立的影響力。」研究報告的作者們說，他們研究的結果「對經濟菁英主導的理論（Economic Elite Determination），以及偏差的多元主義理論（Biased Pluralism），提供強大的支持但不是支持多數決選舉民主制（Majoritarian Electoral Democracy）或多數決多元主義理論（Majoritarian Pluralism）。」其他研究也顯示，大多數人民居於所得、財富尺標的低端，實質上已被排除在政治制度之外，他們的意見和態度被他們的正式代表漠視，同時，位於高端的一小撮人擁有壓倒性的影響力；就長期而言，競選資金成為非常好的政策選擇之預報器。[2]

結果之一就是所謂的冷漠：懶得去投票。這裡頭涉及到強大的階級相對關係。三十五年前，專門研究選舉政治的著名學者伯恩翰（Walter Dean Burnham）就討論過可能的原因。他把放棄投票歸因於「美國政治制度有一個重大的比較特色：在選舉市場上，完全沒有出現社會主義或勞工大眾政黨作為有組織的競爭者。」他認為，這影響到「階級傾向的棄權率」，以及貶抑一般人可能會支持，但是菁英為了利益卻會反對的政策選擇。這個觀察仍然可以套用到今天的狀況。伯恩翰和佛格森（Thomas Ferguson）對二〇一四年選舉有過深入分析，提到投票率「讓人想到十九世紀早年的情形」，當時的投票權實質上只限具有財產、自由身分的男性才享有。他們的結論是：「直接的投票證據和一般常識都證實，現在多數美國人對兩大政黨都心懷疑懼，也日益不滿長期前景。許多人相信，少許大型利益控制了決策。他們制訂有效的行動，扭轉長期的經濟式微和失控的經濟不平等，但美國受金錢驅動的主要政黨，都不會給予他們所需規模的支持。這可能只會加速政治制度的崩解，而二〇一四年國會大選已經顯示出來。」[3]

歐洲方面，民主的式微也很驚人，重大議題的決策已經轉移到布魯塞爾官僚，以及它所代表的財經勢力手中。他們對民主的蔑視在二〇一五年七月表露無遺：希臘人民透過選票想要決定自己社會的命運，卻被「三巨頭」嚴厲的撙節政策所粉碎。歐盟執行委員會（European Commission）、歐洲中央銀行，以及國際貨幣基金這三巨頭，尤其是國際貨幣基金的政治人物，而非其經濟學者，一再批評希臘的政策。這些撙節措施所宣示的目標是降低希臘的負債。可是，事實上它們增加負債與GDP的占比，同時希臘的社會結構被撕成碎片，希臘已經成為向做出高風險放貸的法國和德國銀行提供救助的管道。

這裡頭沒有太多意料之外。典型一面倒的階級戰爭，有長久而慘痛的歷史。在現代國家資本主義剛萌芽時期，亞當・斯密（Adam Smith）譴責他那一代的「人類主人」，即英國的商人和製造業者，這些人是政策的「首要設計師」，他們確保自身的利益「最受到照顧」，不問對別人會有如何「慘重」的影響（他們野蠻的不義行為主要受害人在國外，但英國國內也有不少受害人）。過去一個世代的新自由主義時代，對這個經典圖像也有影響，它的主人來自愈來愈被壟斷的經濟、龐大而又經常掠奪的金融機構、受國家權力保護的跨國公司，以及大部分代表他們利益的政治人物。

同時，幾乎無日無之，新聞老是報導不祥的科學發現，指出環境破壞速度加劇。「北半球中間緯度地帶，平均溫度上升率等於每天南移約十公尺（三十英尺）」，這個上升率「比我們在地質紀錄所觀察到的大多數氣候變遷快了一百倍左右。」而其他技術研究更說，或許快了一千倍。聽到這種報導，恐怕無法讓人心安。[4]

核子戰爭威脅日熾也令人擔憂。消息靈通的前任國防部長裴利（William Perry）——他不是卡珊德拉（Cassandra）*——認為「今天發生核子災害的或然率高於」冷戰時期，當時能躲過無法想像的災禍可謂近乎奇蹟。借用長期擔任中央情報局分析員的顧德曼（Melvin Goodman）貼切的形容來說，世界大國同時也在頑固地追求「國家不安全」的計畫。裴利也偕同一些專家呼籲歐巴馬總統「剷除新的巡弋飛彈」，這種核武器當量（yield）*雖減小，瞄準能力卻增強，可能鼓舞「有限度的核子戰爭」，經由熟悉的動態變化快速升高至徹底的大災難。更糟的是，這種新飛彈又分為具有核彈頭及不具核彈頭兩型，因此「遭到攻擊的敵方可能做出最壞的判定而過度反應，進而啟動核子戰爭。」不過，我們沒有太大理由預期這個建議會被採納，因為五角大廈正在規畫一兆美元的核子武器系統強化方案，同時其他較小的國家也在走向全面戰爭。[5]

在我看來，上述評論似乎對主角的角色進行了合理的概括。接下來的章節試圖探討誰來統治世界，他們如何進行，以及會走向何方，借用范伯倫（Thorstein Veblen）[*]的話來說，「基礎人群」又是如何希望克服商業的力量和民族主義的教條，能「活著，而且活得有意義。」

我們的時間已經不多了。

---

1 James Morgan, BBC economics correspondent, *Financial Times*（London）, 25–26 April 1992.

2 Martin Gilens and Benjamin Page, "Testing Theories of American Politics: Elites, Interest Groups, and Average Citizens," *Perspectives on Politics* 12, no. 3（September 2014）, http://www.princeton.edu /~mgilens / Gilens%20home page%20materials / Gilens%20and%20Page / Gilens%20and%20Page%20 2014-Testing%20Th eories%203-7-14 . pdf; Martin Gilens, *Affluence and Influence: Economic Inequality and Political Power in America*（Princeton, NJ: Princeton University Press, 2010）; Larry Bartels, *Unequal Democracy: The Political Economy of the New Gilded Age*（Princeton, NJ: Princeton University

Press, 2008）;Thomas Ferguson, *Golden Rule: The Investment Theory of Party Competition and the Logic of Money-Driven Political Systems*（Chicago: University of Chicago Press, 1995）.

3 Burnham, in Thomas Ferguson and Joel Rogers, eds., *Hidden Election*（New York: Random House, 1981）. Burnham and Ferguson, "Americans Are Sick to Death of Both Parties: Why Our Politics Is in Worse Shape Than We Thought," 17 December 2014, http://www . alternet . org / americans-are-sick-death-both-parties-why-our-politics-worse-shape-we-thought?paging=off & current _page= 1#bookmark.

4 Ken Caldeira, "Stop Emissions," *MIT Technology Review* 119, no. 1（January/February 2016）; "Current Pace of Environmental Change Is Unprecedented in Earth's History," press release, University of Bristol, 4 January 2016, published the same day online in Nature Geoscience, http://www.bristol.ac.uk/news/2016/january/pace-environment-change . html.

* 譯注：卡珊德拉是希臘神話特洛伊國王普里阿摩斯（Priam）的女兒，具有預言未來的能力。

* 譯注：核武器當量指的是核武器爆炸後釋出的能量。

5 Julian Borger, "Nuclear Weapons Risk Greater Than in Cold War, Says Ex-Pentagon Chief," *Guardian*（London）, 7 January 2016, http://www.theguardian .com/world/2016/jan/07/nuclear-weapons-risk-greater-than-in-cold-war-says-ex-pentagon-chief; William Broad and David Sanger, "As U.S. Modernizes Nuclear Weapons, 'Smaller' Leaves Some Uneasy," *New York Times*, 12 January 2016, http://www.nytimes.com/2016/01/12/science/as-us-modernizes-nuclear-weapons-smaller-leaves-some-uneasy.html ? r = 0.

* 譯注：范伯倫生於一八五七年，卒於一九二九年，是挪威裔美國經濟學家，制度經濟學大師。

第一章
知識份子的責任新解

討論知識份子的責任之前，有必要先釐清我們講的是什麼人。

現代「知識份子」概念是因一八九八年，聲援德瑞佛斯人士提出〈知識份子宣言〉（Manifesto of the Intellectuals）而廣受注意。他們是受到作家左拉（Emile Zola）發表致法國總統公開信，抗議法國砲兵軍官德瑞佛斯（Alfred Dreyfus）遭人誣陷叛國，及事後軍方掩飾所啟發。聲援德瑞佛斯人士的立場，展現出知識份子捍衛正義，勇敢面對權力的形象。但是，當時一般人對他們的印象並非如此。社會學家陸克斯（Steven Lukes）寫道，聲援德瑞佛斯人士在受教育階級只占少數，遭到知識界主流痛批，特別是「強烈反聲援德瑞佛斯人士的法蘭西學術院（Academie Francaise）院士中」知名人物的譴責。在小說家、政治人物、反聲援德瑞佛斯人士的領導人巴瑞斯（Maurice Barres）心目中，聲援德瑞佛斯人士是「文學界的無政府主義者」。這些院士中的另一位要角布魯內提爾（Ferdinand Brunetiere）認為，「知識份子」

這個字詞代表「我們這一代最荒唐的怪事之一。我指的是把作家、科學家、教授和語言學家提升到超人之列」，他們膽敢「對待我們的將領如白痴，視我們的社會體制為荒謬，我們的傳統為不健全。」[1]

那麼誰是知識份子？受到左拉啟示的少數派（左拉本人被判處誹謗罪要坐牢，而逃亡出國），還是法蘭西學院這些院士？這個問題一直未有定論。

知識份子分為兩種類型

第一次世界大戰期間出現一個答案，交戰雙方陣營著名知識份子紛紛跳出來熱切支持自己的國家。世界最文明開化的國家之一，其主要人物發表一份「九十三人宣言」，呼籲西方「對我們有信心！請相信，我們將以文明國家的方式將這場戰爭進行到底，就我們而言，歌德（Johann Wolfgang von Goethe）、貝多芬（Ludwig van Beethoven）和康德（Immanuel Kant）的遺緒，和它本身的家園一樣神聖。」[2]在另一方，知識壕溝中的知識份子也以同樣熱情支持己方的高尚志業，但是超越自我吹捧。他們在《新共和》雜誌（*New Republic*）中宣稱，「代表戰爭的有效、決定性的工作已經……由一個必須被全面，但又寬鬆地稱為『知識份子』的階級所完成。」這些進步派人士認為，他們正在確保美國是在「經過社群中更深思熟慮的成員最後審議後，所達成的道德裁決之影響下」，才參加戰爭。事實上，他們是英國新聞部（British Ministry of Information）宣傳工作的受害人；英國人祕密設法「指導大部分世界的思想」，尤其是指導美國進步派知識份子的思想，希望他們或許能幫忙鼓動持和平主義立場的美國掀起戰爭熱。[3]

杜威（John Dewey）對於戰爭的「心理和教育教訓」大為折服，認為它們證明人類——更準確地說，應該是「社群中的才智人士」——可以「掌握住人類事物……刻意且聰明管理它們」，而達成要追求的目標。[4]（不消幾年，杜威就從第一次世界大戰負責任的知識份子轉變成為「演講壇上的無政府主義者」，批評「不自由的媒體」，並且質疑「在現有經濟體制下，真正的大規模知識自由和社會責任能走多遠？」[5]）

當然不是人人都如此順服地走這條路線。譬如，羅素（Bertrand Russell）、德布斯（Eugene Debs）、盧森堡（Rosa Luxemburg）和李卜克內西（Karl Liebknecht）等知名人士，和左拉一樣被判刑坐牢。德布斯的刑期最重，只因為質疑威爾遜總統的「為民主與人權而戰」，被判刑十年。戰爭結束後，威爾遜（Woodrow Wilson）總統仍然不肯特赦他，不過哈定（Warren Harding）總統後來心軟而寬赦他。有些異議份子，如范伯倫雖被抨擊，卻沒遭到那麼嚴厲的對待。范伯倫寫了一份報告，指出只要威爾遜停止殘酷迫害工會，特別是「世界產業工人」（Industrial Workers of the World），農場工人短缺的問題即可迎刃而解，但他在糧食局的工作因此丟了。此外，包恩（Randolph Bourne）因為批評「寬厚的帝國主義國家聯盟」及其崇高的努力，被進步派的刊物免職。[6*]

一手獎賞、一手懲罰的模式，在歷史上屢見不鮮：為國家效力的人會得到一般知識界的獎賞，不願為國家效力的人則受到懲罰。

後來這兩種類型的知識份子在著名學者中的差別日益明顯。荒唐的怪物被稱為「價值取向的知識份子」，他們「對民主政府構成挑戰，而且其嚴重程度至少有可能不下於過去貴族派系、法西斯運動，和共產黨構成的威脅。」在種種劣跡中，這些危險人物「致力於貶損領導階層、挑戰當局」，甚至對抗負責「教化灌輸年輕人」的機構。有些人沉溺至深，甚至如包恩懷疑戰爭目標的高尚性。對於違抗權威和既有秩序的惡棍如此苛責批評，以自由派國際主義「三邊委員會」（Trilateral Commission）學者——卡特政府成員很多來自三邊委員會——在一九七五年發表的研究報告《民主的危機》（*The Crisis of Democracy*）作為代表。和第一次世界大戰期間《新共和》的進步派人士一樣，他們延伸「知識份子」的概念，超越布魯內提爾，包含「技術官僚和政策導向的知識份子」，負責任和嚴肅的思想家，他們致力於在既有體制內形塑政策的建造工作，以及確保對年輕人的教化灌輸循序而進。[7]

讓三邊委員會學者特別憂心的是，在一九六〇年代動盪時期「過度的民主」，原本被動、冷漠的人民進入政治競技場，推動他們關切的議題：少數民族、婦女、年輕人、老人、勞工……換句話說，即人民。有時候也被稱為「特殊利益」團體。他們與亞當・斯密所謂的「人類主人」有所區別；後者是政府政策的「主要設計師」，追求他們的「卑鄙的金科玉律」（vile maxim）：「一切為自己，不為別人。」[8]三邊委員會的研究報告沒有惋嘆或討論主人在政治競技場的角色，可能是因為主人代表「國家利益」，有如那些自誇自讚「經過社會思慮最周到成員的最大考量後」，達成「道德裁定」，領導國家投入戰爭的人士。

為了克服特殊利益團體加諸國家的過度負荷，三邊委員會學者主張「民主要適度緩和」（moderation in democracy），恢復到比較低度價值的群體之消極被動，或恢復到昔日的快樂時光，當時「杜魯門能在相當少數華爾街律師及金融家的合作下治理國家」，民主也因此大為興盛。

三邊委員會可以宣稱他們遵循美國憲法的本意，套用歷史學者伍德（Gordon Wood）的話說就是：「本質上（憲法）就是一份貴族文件」……通過向「更好的人」提供權力，並阻止「那些不富有、不是名門出身，或傑出人士行使政治權力，旨在檢查這個時期的民主傾向。」[9]不過我們要替麥迪遜（James Madison）辯護，我們應該注意，他的心態是資本主義還未出現之前的想法。在確定權力應該掌握在「國家的財富」、「更有能力的一群人」手中時，他將這些人想像為羅馬世界的「開明政治家」和「仁慈哲學家」的模型。他們將是「純潔和高貴」，「具有智慧、愛國、財產，和獨立環境的人士」，他們的智慧可以清晰地辨識出國家真正利益，而他們的愛國主義和正義之愛，不可能因暫時或部分考慮而犧牲掉。這些人士將「改善和擴大公眾的觀點」，視為捍衛公眾利益、對抗民主多數派的「惡作劇」。[10]同樣道理，進步的威爾遜主義知識份子可能對行為科學的發現感到放心，心理學家和教育理論家桑代克（Edward Thorndike）在一九三九年有如下的解釋：[11]

> 人類非常幸運，智慧與道德之間存在著具體的相關性，包括對追隨者的善意……因此，上司的能力平均來說高出我們，把利益交付給他們，往往比交付給自己來得更安全。

這是一個令人欣慰的理論，不過有些人可能會覺得亞當・斯密眼光銳利。

翻轉價值

這兩種類型知識份子的區別，為「知識份子的責任」提供了架構。這個字詞其實很含糊：它指的是他們的道德責任，作為一個正直的人，應該運用他們的特權和地位，促進自由、正義、恩惠、和平，及其他情感嗎？或者指的是，期待他們扮演「技術官僚和政策導向的知識份子」的角色，但是不貶損而是服務領導階層，並且建立體制呢？通常是權力占上風，後面這一類型被認為是「負責任的知識份子」，而前面這一類型則遭到貶抑或詆毀在美國就是如此。

至於敵人方面，這兩類型知識份子的區別還是存在，但是價值卻翻轉過來。在前蘇聯，價值導向的知識份子被美國人認為是可敬的異議人士，同時瞧不起黨工幹部和人民委員、技術官僚和政策導向的知識份子。同理，在伊朗，美國尊重勇敢的異議人士，譴責為教士組織辯護的人。在別的地方，大致也都是如此。

榮譽之詞：異議人士，就這樣受到選擇性的使用。當然，它不會以友善的含義適用在價值導向的知識份子身上，或是反對支持國外暴政的人士身上。以曼德拉（Nelson Mandela）這個有意思的案例來說，美國國務院直到二〇〇八年才把他從恐怖份子的官方名單除名，允許他不需特別核准即可到美國旅行。根據五角大廈一份報告，二十年前，他是世界「最惡名昭彰的恐怖團體」之一的罪犯首腦。[12]雷根總統因此支持實行種族隔離政策的政權，違反國會施加制裁的規定，反而增加和南非的貿易，並且支持南非在鄰國的掠奪行為。根據聯合國一項研究，這些掠奪行為造成一百五十萬人死亡。[13]這只是雷根宣示對抗「現代黑死病」的反恐戰爭的一段故事，或者套用國務卿舒茲（George Shultz）的話，它是「回復到現代的野蠻主義」。[14]我們可能再添上中美洲數十萬冤魂、中東數萬亡靈作為他們的成就。我們很難想像為什麼胡佛研究所學者把「偉大的溝通者」[*]推崇為巨人，認為「他的靈魂似乎跨越全國，像一個溫暖、友好的幽魂注視著我們。」[15]

拉丁美洲的案例也揭露許多故事。為拉丁美洲的自由和正義出聲的人士，無從進入榮耀的異議人士神殿。譬如，柏林圍牆傾塌之後一個星期，六位知名的拉丁美洲知識份子，他們都是耶穌會傳教士，在薩爾瓦多最高司令部直接下令下遭到槍決。行凶者是由華府提供武裝及培訓的一個精銳營隊，它已經留下令人戰慄的血腥恐怖痕跡。

被殺害的傳教士沒有被當作可敬的異議人士追悼，在西半球各國遭殺害的人士也沒有得到尊敬。可敬的異議人士是在東歐及蘇聯等敵人國土爭取自由的人士。這些思想家當然吃足苦頭，但是他們受的苦遠遠不及拉丁美洲的異議人士。這個說法並不為過。柯茲沃斯（John Coatsworth）在《劍橋冷戰史》（*Cambridge History of the Cold War*）中寫道，從一九六〇年代到「一九九〇年蘇聯傾覆，拉丁美洲政治犯、受刑訊被害人，和非暴力政治異議人士遭到處決的人數，遠遠超過在蘇聯及其東歐衛星國家的人數。」遭到處決的人士當中有許多宗教烈士，另外還有大規模的屠殺，這些暴行一直受到華府的支持，甚至主使。[16]

為什麼要做區別呢？有人或許會說，東歐發生的事比起我們碰到的南半球命運更加重要。如果我們看到這個論述被強調，也看到這個論述說明為什麼我們在思考參與外交事務時，應該不理會根本的道德原則。譬如，應該把精力集中在我們能做到最好的地方，那就非常有意思了。通常我們毫不猶豫，會要求我們的敵人遵循這樣的原則。

我們很少人關心沙卡洛夫（Andrei Sakharov）*或伊巴笛（Shirin Ebadi）*對美國或以色列罪行有什麼評論；我們敬佩他們對自己國家所作所為的批評和行動，而且這個結論在居住在更自由、更民主的社會，因而更有機會有效行動的人士身上更是如此。相當有趣的是，在最受尊敬的圈子裡，這種做法實際上與道德價值要求的卻南轅北轍。

從一九六〇至九〇年，美國在拉丁美洲的戰爭除了恐怖之外，有長期的歷史意義。姑且只談一個重要面向，它們絕不只是對付天主教會的小型戰爭，預備粉碎一九六二年第二次梵諦岡大公會議（Vatican II）所宣示的可怕異端。根據著名的神學家孔漢思（Hans Kung）的說法，當時的教宗若望二十三世（Pope John XXIII）「在天主教會史上引進一個新時代」，恢復教導福音，這是西元四世紀康士坦丁大帝（emperor Constantine）將基督教立為羅馬帝國正式宗教，把「受迫害的教會」變成「迫害別人的教會」，因此形成「革命」時即已停止的做法。拉丁美洲主教們接受第二次梵諦岡大公會議*的異端，他們採取「重視窮人」。[17] 神父、修女和世俗信眾，接下來把激進的和平主義福音信息帶給貧民群眾，幫助他們組織起來，改善在美國強權籠罩下的艱苦命運。

同一年，即一九六二年，甘迺迪總統做出幾個非常重要的決定。其中之一就是把拉丁美洲軍方的使命從「半球防衛」（這是從第二次世界大戰留下來的陳舊名詞），轉變為「國內安全」——實質上就是對付國內人民的戰爭——如果他們敢抬頭的話。[18] 梅其林（Charles

Maechling Jr.）從一九六一至六六年負責美國的剿叛和國內防衛規畫；他描述一九六二年的決定毫不意外出現的結果是，從容忍「拉丁美洲軍方的貪婪和殘暴」，轉變為他們罪行的「直接共犯」，成為美國支持「希姆萊（Heinrich Himmler）*行刑隊的方法」。[19]有一項重大創舉就是在甘迺迪遇刺後不久，巴西發生軍事政變，它獲得華府支持，在當地建立一個殺人如麻、殘暴的特務國家。高壓統治的瘟疫旋即傳布到整個西半球，包括智利一九七三年政變，皮諾榭（Augusto Pinochet）獨裁政府上台；後來又出現最狠毒的阿根廷獨裁政府，它是雷根最喜愛的拉丁美洲政府。中美洲各國在一九八〇年代也相繼出現獨裁政府。這並不是第一次，但是全都發生在胡佛研究所學者所謂的「溫暖、友好的幽魂」領導之下，現在他的成就受到各方尊崇。

柏林圍牆傾塌之際，幾位耶穌會知識份子遇害事件是擊敗解放神學（liberation theology）*異端的最後一擊；十年前，有「為沒有聲音的人代言」之譽的羅美洛大主教（Archbishop Oscar Romero）遭到相同黑手謀殺，首開其端以來，這是薩爾瓦多十年來恐怖執政的集大成。反教會戰爭的勝利者驕傲地宣布他們的成績。以培訓拉丁美洲殺手著稱的「美洲學校」（School of the Americas）*——後來改名——在它的簡報中宣布，第二次梵諦岡大公會議所發起的解放神學，「在美軍協助下已經被擊敗」。[20]

實際上，一九八九年十一月耶穌會傳教士遇害事件只能算是「幾乎是」最後一擊；還需要更多努力。一年之後，海地第一次舉行自由選舉，華府從享盡特權的菁英當中挑選出候選人，預期他輕鬆即可勝選，但是華府赫然驚覺，來自貧民窟和山區有組織的民眾，竟然選出堅持解放神學、深得民心的傳教士亞里斯提德（Bertrand Aristide）為總統。美國立刻行動，破壞民選政府。幾個月之後，海地又發生軍事政變，推翻亞里斯提德。美國旋即提供大量援助給惡質的軍事執政團及其菁英支持者。美國與海地的貿易大增，違反國際制裁的禁令；柯林頓總統上台後，雙邊貿易又進一步提升。柯林頓批准德士古石油公司（Texaco oil company）不守他自己下的命令，供應石油給濫殺無辜的統治者。[21]接下來丟人現眼的事我就不說了，別的地方已有許多評論；我只要指出，到了二〇〇四年，傳統上最欺負海地的法國和美國，攜手加拿大，再度干預、綁架再次當選總統的亞里斯提德，把他送到中非洲。後來，亞里斯提德和他的政黨被禁止參加二〇一〇至一一年那場滑稽的大選，這是數百年來海地可怕的歷史最新事件之一，可是對罪行應該負責的人卻幾乎不知道箇中細節，他們寧願相信曾致力於拯救海地人民免於苦難的故事。

甘迺迪總統一九六二年另一個影響深遠的決定是，指派雅布洛（Wil-liam Yarborough）將軍率領一個特種部隊顧問團進駐哥倫比亞。雅布洛建議哥倫比亞安全部隊進行「準軍事、破壞和（或）恐怖活動，對付支持共產黨的勢力」，這些「應該會得到美國支持」的活動。[22]頗受尊敬的哥倫比亞人權常設委員會（Colombian Permanent Committee for Human

Rights）主席、前任外交部長卡里左薩（Alfredo Vazquez Carrizosa）交代出「支持共產黨」這一個字詞的意思。他寫道，甘迺迪政府「煞費苦心把我們的常備軍改造為剿亂部隊，接受行刑隊的新策略」：

在拉丁美洲所熟悉的「國家安全理論」……不是防禦外來敵人，而是讓軍事機關成為博奕的主子……有權利對付國內敵人，如同巴西理論、阿根廷理論、烏拉圭理論和哥倫比亞理論：它有權利對抗和消滅社會工作人員、工會人員、不支持既有體制的男男女女，以及被認定是共產黨極端份子的人士。這可以是任何人，包括像我這樣的人權運動人士。[23]

二〇〇二年我以國際特赦組織（Amnesty International）代表團團員身分在波哥大訪問卡里左薩時，他的住家戒備森嚴。針對哥倫比亞有攻擊人權運動及勞工運動積極份子，尤其是國家暴政最常見的受害人——窮人及手無寸鐵的人——的恐怖紀錄，國際特赦組織當時展開為期一年的運動，以保護哥倫比亞的人權捍衛者。[24]哥倫比亞政府不但恐怖統治和刑訊人民，還以清剿毒梟為藉口，在農村地區進行化學作戰，造成慘劇，倖存者遂大量逃到城市貧民窟。現在，哥倫比亞司法部長辦公室估計，超過十四萬人被民兵殺害，而民兵經常是和由美國出資援助的軍方密切合作。[25]

屠殺的痕跡到處都看得見。二〇一〇年，在哥倫比亞南部某偏遠的農村，一條幾乎無法通行的泥濘小路，我和夥伴經過一個地段，看到許多簡陋的十字架標示民兵攻擊本地一輛巴士後受害人的墳墓。關於這次殺戮的報導相當鮮明。我們和倖存者交談了一會兒，他們是我所見過最善良、最和氣的人，也因此形象更鮮明，也令人更心痛。

這只是美國該負相當大責任，也是我們可以很容易就改善的恐怖罪行，最簡短的素描。但是，沐浴在被讚美勇敢抗議官方敵人的胡整亂搞，會更覺得甜美：抗議官方敵人胡整亂搞是一件精細的工作，但它不是價值取向的知識份子的優先事項，這些知識份子對他們這個地位的責任看得十分嚴肅。

在我們權力範圍內的受害人，和在敵國領域的受害人不同，前者不僅遭到漠視、迅速就被遺忘，而且還遭到羞辱。這方面有個鮮明的證明。就在薩爾瓦多殺害幾位拉丁美洲知識份子之後不到幾個星期，哈維爾（Vaclav Havel）*訪問華府，在國會兩院聯席會議上發表演說。當著興高采烈的聽眾面前，哈維爾讚美華府的「自由捍衛者」，指他們「了解身為地球最強大國家……所需負的責任」——最重要的就是，他們對不久之前薩爾瓦多知識份子遭到殘暴謀殺負有責任。自由派知識份子對他的慷慨陳詞相當興奮。劉易士（Anthony Lewis）*在《紐約時報》熱情洋溢地寫道，哈維爾提醒我們，「我們活在羅曼蒂克的時代」。[26]其他的自由派評論家也沉溺在哈維爾的「理想主義、反諷和人道主義」，認為他「宣揚不同的個人責任的理論」，同時國會「雖然尊重，卻明顯很痛苦」。他的真誠，因為他提出問題，質問美國為什麼缺少「能把道德提升到超越自我利益」的知識份子。[27]我們不妨提出一個假設性的問題：假設厄拉庫里亞神父（Father Ignacio Ellacuria）——六名遇害的耶穌會知識份子當中最著名的一位——在接受蘇聯武裝及培訓的菁英部隊殺害哈維爾及其六、七個副手之後，到國會發表上述談話，那會是什麼樣一種狀況？

由於我們很難看清楚就在我們眼皮子底下發生的事情，對於在稍為有一段距離的地方發生的事情完全看不見，也就不足為奇。姑且舉一個很有教育意義的實例：歐巴馬總統在二〇一一年五月派七十九名突擊隊進入巴基斯坦，執行有計畫的暗殺九一一恐怖暴行頭號嫌犯賓拉登的任務。[28]雖然這項行動所要對付的目標沒有武裝也沒有保鑣，可以輕易就逮捕他，但是美方還是當下就把他狙殺了，而且未經驗屍，就把他屍身丟進大海。我們在自由派的報紙上讀到，這項行動是「符合正義和必要的」。[29]這裡沒有經過審判，納粹戰犯可都經過審判程序，國外的法律權威可不是沒有看到這個事實。他們贊成這項行動，但是反對此一程序。哈佛教授史凱利（Elaine Scarry）提醒我們，國際法禁止暗殺可以追溯到林肯總統對這種做法有過強烈的譴責。林肯在一八六三年譴責暗殺是「國際不容的不法行為」，是「文明國家」「驚駭」看待的「暴行」，應該受到「最嚴峻的報復」。[30]從那以後，我們已經走了很長一段路。

對於狙殺賓拉登的行動，我們還有許多話可以說，包括華府願意冒爆發戰爭的嚴重風險，甚至願意洩露核子材料給聖戰士等等，我已在別處討論過。我們現在只談選字命名：這項行動的代號是「傑羅尼莫行動計畫」（Operation Geronimo）。這個名字在墨西哥引起不滿，也遭到美國原住民團體抗議，但是似乎沒有人注意到，歐巴馬拿一位領導其族人勇敢抵抗入侵者的阿帕契印第安酋長的名字，作為賓拉登的代號。信手拈來這樣一個名字，讓人聯想到美國經常用自己罪行的受害者的名字，來替美國的殺人武器命名，譬如，阿帕契（Apache）、黑鷹（Blackhawk）、夏陽（Cheyenne）等等。如果納粹德國空軍稱呼它的戰鬥機為「猶太人」或「吉普賽人」，美國會有什麼反應？

對於這些「滔天罪行」的否認有時候十分明顯。姑且舉幾個近年的例子：兩年前，貝克（Russell Baker）*在左翼自由派知識份子重要刊物《紐約書評雜誌》（*New York Review of Books*）中舉出，他從「英勇的歷史學者」摩根（Edmund Morgan）的作品學到什麼：當哥倫布和早期探險家抵達時，他們「發現一個大陸，人煙稀少，點綴著一些農民和獵人……從熱帶叢林到天寒地凍的北方這一片廣袤、未經破壞的世界，可能只有一百多萬居民。」[31]這個估計足足短缺好幾千萬人，而且這片「廣袤」的大陸也具有先進的文明。但是，當時並沒有任何讀者反應，不過四個月後，編輯發出更正啟事，指出在北美洲可能有高達一千八百萬人居住，但還是沒提到「從熱帶叢林到天寒地凍的北方」有好幾千萬人存在。數十年前大家都很明白，包括先進文明和即將來臨的罪行，然而還沒有重要到給它取個名字。一年之後，著名的歷史學者馬佐偉（Mark Mazower）在《倫敦書評》雜誌（*London Review of Books*）中提到，美國「虐待美洲原住民」，它還是沒有引起任何評論。[32]我們會接受以「虐待」這個字來形容敵人犯的罪行嗎？

九一一的重要性

如果知識份子的責任指的是他們的道德責任，作為一個正直的人，應該運用他們的特權和地位，促進自由、正義、恩惠與和平，不僅發聲批評我們敵人的胡整亂搞，而且更重要的是，能批評我們涉及到的罪行，並且我們若是選擇要做，可以緩和或終止這些罪行。我們又應該怎麼看待九一一事件？

一般人普遍認為九一一「改變了世界」，我們可以理解。當天發生的事，當然在美國國內，在國際上都產生重大後果。其中之一是導致小布希總統重新宣布雷根的反恐戰爭。借用我們拉丁美洲殺手和刑訊者的話來說，前一場反恐戰爭實質上「消失」了，或許是它的結果不合乎美國偏愛的自我形象吧。另一個後果是，美軍攻打阿富汗再進軍伊拉克，近年來又在中東地區其他若干國家進行軍事干預，而且又不時威脅要進攻伊朗（標準說詞是「保持所有的選項」）。從每個層面看，代價非常高昂。這代表一個很明顯的問題，而且也不是在這裡才首次有人問起：我們是否還有別的選擇？

許多分析家認為，賓拉登的反美戰爭獲得重大勝利。新聞記者馬果利（Eric Margolis）寫道：「他一再強調把美國趕出穆斯林世界，並擊敗其在地暴吏的唯一方法是，把美國誘進一系列小型但耗費不貲的戰爭，拖到他們最終破產為止。美國總統小布希和歐巴馬先後落進賓拉登的陷阱……軍事費用龐大、債台高築……可能是自認為他可以擊敗美國的這位仁兄所留下的最有害的成績。」[33] 布朗大學華生國際暨公共事務研究院（Watson Institute for International and Public Affairs）「戰爭代價項目」提出一份研究報告，估計最後的總帳將是三兆二千億美元至四兆美元之間。[34] 賓拉登的成就真不得了啊！

我們很快就看清楚，華府有意衝進賓拉登的陷阱。薛爾（Michael Scheuer）是一九九六至九九年負責追蹤研究賓拉登的中央情報局資深分析員。他寫道：「賓拉登很明確地告訴美國，他對我們發動戰爭的原因。」薛爾認為，這個蓋達組織（al-Qaeda）首腦要「徹底改變美國和西方對伊斯蘭世界的政策」。

按照薛爾的解釋，賓拉登十分成功。「美國軍隊和政策正在完成伊斯蘭世界的激進化，這是賓拉登自從一九九〇年代初期以來努力做，雖有大幅進展，但並未完全成功的事。因此，我認為可以很公平的下結論：美國是賓拉登唯一不可或缺的盟友。」[35] 甚至可以說，在賓拉登死了之後，仍是如此。

我們有很好的理由相信，在九一一攻擊之後，聖戰運動會分裂和削弱，因為運動內部對攻擊已有激烈批評。甚且，這項攻擊的確是「違反人道罪行」，可以將它視為罪行追究，以國際合作來追緝嫌犯。攻擊過後的當下，的確有人提到這個做法，但是這個主意根本沒受到華府決策者的考量。似乎沒有人去思考塔利班（Taliban）的提議：他們願意把蓋達組織領導人交出來接受司法偵訊。當然我們無從知道這個提議是否很認真。

當時，我引述費士克（Robert Fisk）*的結論，認為九一一此一滔天罪行「邪惡和極端殘酷」。這是很正確的判斷。這項罪行可能出現更惡劣的後果：假設九十三號班機上勇敢的乘客沒有合力把飛機墜毀在賓夕凡尼亞州，這架飛機可能撞上白宮，殺死總統。假設此一罪行的禍首元凶計畫，也的確冊立一個軍事獨裁政府，殺害數千人、刑訊數萬人。假設新獨裁政府在犯罪份子協助下，建立國際恐怖中心，幫助在其他地方設立類似的刑訊和恐怖國家，然後引進一群經濟學家——姑且稱之「坎達哈幫」（the Kandahar Boys）——而他們迅速地使經濟墜入歷史上最慘的大蕭條。很顯然，這會比九一一事件的後果更慘。

大家都應該知道，這不是思想實驗。它的確出現過。當然，我指的是在拉丁美洲被稱為「第一次九一一」那件事：一九七三年九月十一日，美國透過軍事政變成功推翻智利阿彥德（Salvador Allende）總統的民主政府，扶立皮諾榭將軍的陰森政府。這個獨裁政府旋即起用

「芝加哥幫」（the Chicago Boys）——芝加哥大學畢業的經濟學家——改造智利經濟。假使你考量經濟破壞和刑訊、綁架，然後把死者人數乘以二十五，得出人均數值，你就明白第一次九一一事件造成的傷害有多大。

套用尼克森政府的說法，推翻阿彥德的目標是，消滅可能鼓勵「外國人出頭強姦我們」的所有「病毒」。所謂強姦我們就是試圖接管他們自己的資源，而且依循華府不喜歡的路線、追求獨立發展的政策。華府會有此一政策的背景，就是尼克森的國家安全會議得出一個結論，以季辛吉（Henry Kissinger）的話來說：如果美國不能控制拉丁美洲，美國就不能期望「在世界其他地方達成成功的秩序」。華府的「可信度」會受到傷害。

第一次九一一事件和第二次九一一事件不同，它並沒有改變世界。季辛吉在智利政變之後不到幾天，向他的上司保證，它「沒有太大後果」。以此一事件在傳統歷史的地位來判斷，季辛吉的話說得沒錯，只不過倖免於難的人們可能會有不同見解。

這些沒什麼後果的事件並不限於摧毀智利民主政府此一軍事政變，造成後續的可怕發展。我們已經說過，第一次九一一事件只是一九六二年開始的大戲的一幕，當時甘迺迪把拉丁美洲軍隊的使命改變為「國內安全」。事後的大破壞也沒有什麼後果，就和歷史是由負責任的知識份子守護的模式一模一樣。

知識份子及其選擇

回到知識份子分為兩大類型這個說法，歷史的通則似乎告訴我們，乖乖牌知識份子：支持官方目標，對官方的罪行視若無睹或甚至出面迴護的知識份子，在他們自己的社會受到尊崇、享受特權，而價值取向的知識份子則受到或此或彼的懲罰。這個模式可以上溯到極早期歷史的紀錄。這些人被指控腐化雅典青年，被逼服毒而死；聲援德瑞佛斯人士也被控「腐化靈魂，並進而腐化整個社會」；一九六〇年代價值取向的知識份子則被控干預「教化灌輸年輕人」。[36]希伯萊《聖經》上有一種人以現代的標準來說就是異議知識份子，英文翻譯為「先知」（prophets）。他們對地緣政治提出批判分析，他們譴責有權有勢人士的罪行，他們籲求正義、關心貧窮及苦難人民，當然觸怒既有體制。眾王之中最邪惡的亞哈王（King Ahab），譴責先知以利亞（Elijah）是仇視以色列的人，第一個「仇恨自身的猶太人」，也就是現代版的「反美人士」。先知們遭到嚴厲對待，不像朝廷上的阿諛獻媚者享盡榮華富貴，不過這些人後來被貶抑為假先知。這個模式，我們可以理解。如果模式反過來，反而會令人驚訝。

就知識份子的責任而言，除了某些簡單的事實，我似乎也沒有太多話可說：知識份子典型就有特權；特權賦予機會，而機會出現責任。個人因此有所選擇。

1 Steven Lukes, *Emile Durkheim: His Life and Work*（Palo Alto, CA: Stanford University Press, 1973）, 335.

2 "Manifesto of the Ninety-Three German Intellectuals to the Civilized World," 1914, World War I Document Archive, http://www.gwpda.org/1914/93intell.html.

3 "Who Willed American Participation," *New Republic*, 14 April 1917, 308–10.

4 John Dewey, *The Middle Works of John Dewey, Volume 11, 1899–1924: Journal Articles, Essays, and Miscellany Published in the 1918–1919 Period*, ed. Jo Ann Boydston（Carbondale: Southern Illinois University Press, 1982）, 81–82.

5 John Dewey, "Our Un- Free Press," in *The Later Works of John Dewey, Volume 11, 1925–1953: Essays, Reviews, Trotsky Inquiry, Miscellany, and Liberalism and Social Action*, ed. Jo Ann Boydston（Carbondale: Southern Illinois University Press, 1987）, 270.

6 Randolph Bourne, "Twilight of Idols," *Seven Arts*, October 1917, 688–702.

* 譯注：羅素（一八七二—一九七〇）是英國哲學家，以邏輯實證主義稱著；德布斯（一八五五—一九二六）是美國工會運動領袖，曾五度參選美國總統。盧森堡（一八七一—一九一九）猶太人、德國社會民主黨理論家。范伯倫（一八五七—一九二九）為挪威裔美國經濟學家，是紐約左翼大學新學院（The New School）創辦人之一。包恩（一八八六—一九一八）是杜威的學生，但反對杜威以戰爭作為工具，傳播民主運動的理論。

7 Michael Crozier, Samuel P. Huntington, and Joji Watanuke, The Crisis of Democracy: Report on the

Governability of Democracies to the Trilateral Commission（New York: New York University Press, 1975）, http://www.trilateral.org/download/doc/crisis of democracy.pdf.

8 Adam Smith, *The Wealth of Nations*（New York: Bantam Classics, 2003）, 96.

9 Gordon S. Wood, *The Creation of the American Republic, 1776–1787*（New York: W. W. Norton, 1969）, 513–14. Lance Banning, in *The Sacred Fire of Liberty: James Madison and the Founding of the Federal Republic*（Ithaca: Cornell University Press, 1995）, 他堅強證明麥迪遜致力於全民治理，不過他也同意Wood對美國憲法設計的評估。（頁二四五）

10 James Madison to Thomas Jefferson, 9 December 1787, http://founders.archives.gov/documents / Madison/01-10-02-0197. 另參見Ralph Louis Ketcham, *James Madison: A Biography*（Charlottesville: University of Virginia Press, 1990）, 236, 247, 298.

11 Edward Thorndike, "How May We Improve the Selection, Training, and Life Work of Leaders?" *Teachers College Record,* April 1939, 593–605.

12 "Terrorist Group Profiles," Department of State, January 1989. 另參見Robert Pear, "US Report Stirs Furor in South Africa," *New York Times*, 14 January 1989.

13 United Nations Inter- Agency Task Force, Africa Recovery Programme/Eco-nomic Commission for Africa, *South African Destabilization: The Economic Cost of Frontline Resistance to Apartheid*, 1989, 13.

14 Noam Chomsky, "The Evil Scourge of Terrorism,"（speech to the International Erich Fromm Society, Stuttgart, Germany, 23 March 2010）.

* 譯注：指雷根總統。

15 Remarks made about Reagan by Martin Anderson and Annelise Anderson of the Hoover Institution at

Stanford University, cited by Paul Boyer, "Burnishing Reagan's Disarmament Credentials," *Army Control Today*, September 2009.

16 John Coatsworth, "The Cold War in Central America, 1975–1991," in *The Cambridge History of the Cold War: Volume 3: Endings*, Melvyn P. Leffler and Odd Arne Westad, eds.,（Cambridge: Cambridge University Press, 2010）.

* 譯注：沙卡洛夫是蘇聯原子物理學家，被譽為「蘇聯氫彈之父」，一九七五年獲諾貝爾和平獎。

* 譯注：伊巴笛是伊朗女性律師和人權運動者，二〇〇三年獲諾貝爾和平獎，二〇〇九年流亡英國。

* 譯注：第二次梵諦岡大公會議於一九六二年十月由教宗若望二十三世召開，一九六五年九月由教宗保祿六世（Paul VI）結束。會議最重要的結果是，認同被傳教國家的傳統可以與天主教、基督教相容，也可以互相援引，使得爭議三百多年的中國禮儀之爭畫下句點，尊重教徒祭祖、敬孔，此謂《利瑪竇規矩》。

17 Noam Chomsky, Hopes and Prospects（Chicago: Haymarket Books, 2010）, 272.

18 Papers of John F. Kennedy, Presidential Papers, National Security Files, Meetings and Memoranda, National Security Action Memoranda [NSAM]: NSAM 134, Report on Internal Security Situation in South America, JFKNSF-335-013, John F. Kennedy Presidential Library and Museum, Boston, Massachusetts.

* 譯注：希姆萊是納粹德國重要領袖之一，親衛隊首腦，公認是歐洲六百萬名猶太人、共產黨徒遭大屠殺的主凶。

19 Lars Schoultz, *Human Rights and United States Policy Toward Latin America*（Princeton, NJ: Princeton University Press, 1981）; Charles Maechling Jr., "The Murderous Mind of the Latin American Military,"

Los Angeles Times, 18 March 1982.

* 譯注：解放神學是一九七〇年代以後，主要在拉丁美洲天主教會中成形的一派神學主張。它主張信仰天主的人應該關注人間制度的公平正義問題。

* 譯注：美國陸軍美洲學校成立於一九四六年，提供美國在拉丁美洲各盟國政府人員之軍事訓練。從一九六一年起，於整個冷戰期間，它的重要任務是提供「反共剿叛訓練」，因為課程包括如何使用酷刑逼供，因而備受詬病。二〇〇〇年，更名為「西半球安全合作研究所」（the Western Hemisphere Institute for Security Cooperation, WHINSEC）。

20 As found in Adam Isacson and Joy Olson, *Just the Facts*（Washington, DC: Latin America Working Group and Center for International Policy, 1999）, ix.

21 Noam Chomsky, "Humanitarian Imperialism: The New Doctrine of Imperial Right," *Monthly Review*, 1 September 2008.

22 Noam Chomsky, *Rogue States*（Chicago: Haymarket Books, 2015）, 88.

23 Noam Chomsky, *Deterring Democracy*（New York: Hill and Wang, 1991）, 131.

24 Chomsky, *Hopes and Prospects,* 261.

25 Daniel Wilkinson, "Death and Drugs in Colombia," *New York Review of Books,* 23 June 2011.

* 譯注：哈維爾是共產統治時期，捷克斯洛伐克的作家、異議份子，一九八九年東歐自由化的天鵝絨革命（Velvet Revolution）當中成為捷克斯洛伐克總統。一九九二年，捷克和斯洛伐克分治，成為兩個共和國，哈維爾從一九九三至二〇〇三年擔任捷克共和國總統。

* 譯注：劉易士是美國知名公共知識份子，《紐約時報》專欄作家，兩度獲得普立茲獎。

26 Anthony Lewis, "Abroad at Home," *New York Times,* 2 March 1990.

27 Mary McGrory, "Havel's Gentle Rebuke," *Washington Post*, 25 February 1990.

28 Mark Mazzetti, Helene Cooper, and Peter Baker, " Behind the Hunt for Bin Laden," *New York Times*, 2 May 2011.

29 Eric Alterman, "Bin Gotten," *Nation*, 4 May 2011.

30 Elaine Scarry, "Rules of Engagement," *Boston Review*, 8 November 2006.

31 Russell Baker, "A Heroic Historian on Heroes," *New York Review of Books*, 11 June 2009.

* 譯注：貝克長期在《紐約時報》擔任專欄作家，自傳《成長》（*Growing Up*）得到普立茲獎。馬佐偉是英國歷史學者，專攻希臘史和巴爾幹史，現任紐約哥倫比亞大學教授。

32 Mark Mazower, "Short Cuts," *London Review of Books*, 8 April 2010.

33 Eric S. Margolis, "Osama's Ghost," *American Conservative*, 20 May 2011.

34 Daniel Trotta, "Cost of War at Least $3.7 Trillion and Counting," Reuters, 29 June 2011.

35 Michael Scheuer, *Imperial Hubris: Why the West Is Losing the War on Terror*（Washington, DC: Potomac Books, 2004）.

* 譯注：費士克是英國《獨立報》駐黎巴嫩貝魯特特派記者，通曉阿拉伯文，在一九九三至九七年曾經三度採訪賓拉登。

36 Accusation of Dreyfusards as quoted in Geoffrey Hawthorn, *Enlightenment and Despair: A History of Social Theory*（Cambridge: Cambridge University Press, 1976）, 117.

第二章
全世界通緝要犯

二〇〇八年二月十三日，真主黨（Hizbolla）高級指揮官穆格尼耶（Imad Mughniyeh）在大馬士革遭人暗殺。國務院發言人麥考馬克（Sean McCormack）說：「這個世界沒有他，會更好。總而言之，他伏法了。」[1]國家情報總監麥康奈（Mike McConnell）也說，「除了賓拉登（Osama bin Laden）之外，穆格尼耶害死的美國人和以色列人超過其他任何恐怖份子。」[2]

以色列人也雀躍萬分，倫敦《金融時報》（*Financial Times*）報導，「美國和以色列的通緝要犯之一」已經伏法。[3]另一篇報導的標題是〈全世界通緝要犯〉（A Militant Wanted the World Over），文章表示，在九一一事件之後，穆格尼耶「在通緝要犯名單上的排名被賓拉登超越」，因此在「全世界通緝要犯」中名列第二。[4]

根據英、美論述的規則，這個名詞一點都沒錯，它把「世界」界定為華府和倫敦的政治界（以及在特定議題上附和他們的任何人）。譬如我們經常讀到，小布希總統下令轟炸阿富汗，「世界」全力支持他。這個「世界」支持他，或許是真的，但宣布轟炸之後的一項國際蓋洛普民意調查卻告訴我們，未必是全世界都支持他。全球的支持度其實不高。拉丁美洲見識過美國的行為，支持度從墨西哥的百分之二，到巴拿馬的百分之十六不等；而且還附有條件，一要確認元凶（聯邦調查局在八個月後仍拿不出確鑿證據），二要不得攻擊民間目標（民間目標實則立刻遭到攻擊）。[5]全世界壓倒性地偏好以外交及司法手段解決，而這個「世界」卻峻拒此一做法。

追溯恐怖小徑

如果把「世界」擴大到全世界，我們可能發現高居全球最大通緝要犯頭銜的會另有其人。查清楚為什麼會如此，是有益的。

《金融時報》報導，對穆格尼耶的指控大部分證據不足，但是「很少有的一次，他的犯案可以很肯定的是，一九八五年劫持環球航空公司（TWA）飛機，造成一名美國海軍潛水員死亡。」[6]一九八五年發生兩件重大恐怖主義暴行，使得新聞編輯人選擇中東恐怖主義為當年度的大新聞。這是其中之一的案子。另一件則是客輪「阿奇利拉洛號」（Achille Lauro）遭到劫持，一位肢體傷殘的美國人柯林何佛（Leon Klinghoffer）被殘忍謀殺。[7]這則報導反映的是「世界」的判斷，但是全世界對事情可能會有不同看法。

阿奇利拉洛號遭劫持事件是針對一個星期之前，以色列總理裴瑞斯（Shimon Peres）下令轟炸突尼斯的報復行動。在諸多暴行之中，這一次以色列空軍以精靈炸彈殺害七十五名突尼西亞人和巴勒斯坦人，把他們炸得粉身碎骨；著名的以色列記者卡佩里歐克（Amnon Kapeliouk）從現場發出生動的報導。[8]華府在這件事上配合以色列，並沒有通報美國的盟國突尼西亞，以軍轟炸機即將來襲，而第六艦隊和美國情報機關不可能不知道以色列已經出動轟炸機。美國國務卿舒茲照會以色列外交部長夏米爾（Yitzhak Shamir），華府「相當同情以色列的行動」，他大致認同地認為這是對「恐怖攻擊的正當回應」。[9]可是隔了幾天，聯合國安全理事會一致通過，譴責此一轟炸是「武裝侵略行為」（美國棄權未投票）。[10]當然，「侵略」是遠比國際恐怖主義更嚴重的罪行。但是我們姑且對美國和以色列從寬解釋，只以較小的罪名指控其領導人。

幾天之後，裴瑞斯到華府，與當時的國際頭號恐怖份子雷根總統諮商；而雷根譴責「恐怖主義的邪惡禍行」，又再次獲得「世界」激賞。[11]

舒茲和裴瑞斯用反擊「恐怖攻擊」作為轟炸突尼斯的藉口，指的是三名以色列人在賽普魯斯拉納卡（Larnaca, Cyprus）喪生事件。以色列也承認，這一事件的凶手和突尼斯毫不相干，反而可能與敘利亞脫不了關係。[12]然而，突尼斯是個比較好欺負的目標；它不像大馬士革，它的防衛較差。而且，攻打它還有另外的好處：可以殺害更多在當地流亡的巴勒斯坦人。

而拉納卡事件則被認為是犯案者施展的報復行動。它是針對以色列常態性在國際海域劫持，造成許多受害人被殺的反應——還有更多人遭到綁架，往往在以色列監獄長久關押、未經正式起訴。這些監獄最惡名昭彰的是代號「一三九一號設施」祕密監獄刑訊室。從以色列和外國新聞媒體上可以知道更多詳情。[13]以色列這種常態罪行當然是美國大型新聞媒體的編輯所熟悉，但是偶爾才會給予報導。

柯林何佛遇害的確很恐怖，也很有名。這件事被寫成劇本，後來也拍成電視劇，並且出現許多震撼的評論，指責巴勒斯坦人的野蠻。巴勒斯坦人被以色列總理比金（Menachem Begin）罵為「雙頭野獸」，被以色列國防軍參謀總長伊丹（Raful Eitan）斥為「在瓶子裡亂爬的蟑螂」，被以色列總理夏米爾譏笑為，「和我們相比，有如蚱蜢」，應該把他們的頭「去撞巨石和牆壁」。還有更普及的幹話，直接斥之為「阿拉伯鬼仔」（Araboushim），它的字義等於是「猶太文盲」（kike）或「黑鬼」（nigger）。[14]（這是我自己胡謅的。）

因此，一九八二年十二月在約旦河西岸哈爾胡鎮（Halhul），以色列屯墾者及軍方展現特別可恥的恐怖行動及刻意羞辱之後，連以色列的鷹派人物、著名的軍政事務分析家培利（Yoram Peri）也看不下去，駭然寫道，「軍方今天的任務是摧毀無辜人的權利，只因為他們是居住在上帝應許給我們的土地上的阿拉伯鬼仔。」幾年之後，阿拉伯鬼仔開始「抬頭」，這個任務變得更加迫切，也以更加殘暴的力量執行。[15]

我們可以很容易評估，對柯林何佛遇害所表達的情感之真誠度如何。我們只需要查看對可以比擬的美國支持的以色列暴行的反應是如何。譬如，二〇〇二年四月，以色列軍隊狂暴鎮壓約旦河西岸傑寧城（Jenin）的難民營，殺害兩名巴勒斯坦傷殘人士朱加葉（Kemal Zughayer）和拉西迪（Jamal Rashid）。英國記者發現朱加葉被輾壓的屍體和他的輪椅殘骸，以及他想躲開以色列坦克，卻遭射殺時手中所拿的白旗，坦克照樣輾過他，使他頭部爆開、四肢斷裂。[16]以色列人使用美國供應的開拓重工公司（Caterpillar）推土機，要輾平拉西迪在傑寧城住家時，根本不管他和家人仍在屋裡，照樣輾過去，坐在輪椅上的他活活被壓死。[17]反應的差別，或者應該說是西方毫無反應，已經司空見慣，很容易說明，我們已經不必再多贅言。

汽車炸彈和「恐怖份子村民」

很顯然，比起同一年阿奇利拉洛號遭劫持事件，或穆格尼耶涉案可以鐵證確鑿的罪行，一九八五年突尼斯遭到轟炸事件是更嚴重的恐怖主義罪行。[18]但是，突尼斯遭到轟炸事件在一九八五年中東恐怖主義暴行鬧得最凶的這一年，都還稱不上最惡劣的一樁暴行。堪可跟它爭奪年度最惡劣暴行「惡銜」的是，貝魯特一座清真寺外發生的汽車炸彈爆炸案。算準時間在信徒完成星期五祈禱、走出清真寺時引爆，一共造成八十死、二百五十六人負傷。[19]三年後，包斯塔尼（Nora Boustany）在《華盛頓郵報》對此事件有一篇詳盡報導，指出死者大部分是剛走出清真寺的婦女和女孩，爆炸也「把嬰兒燒死在床上」、「殺死正在買嫁妝的一位準新娘」，和「炸飛從清真寺要走回家的三名小孩」，還炸毀西貝魯特郊區「人口稠密的一條大街」。

爆炸案鎖定的目標是什葉派長老法德拉拉（Sheikh Mohammad Hussein Fadlallah），但是他逃過一劫。爆炸案由雷根的中央情報局及其沙烏地盟友，在英國協助下執行，根據《華盛頓郵報》記者伍華德（Bob Woodward）在他的著書《面紗：中央情報局的祕密戰爭，一九八一至八七年》（*Veil : The Secret Wars of the CIA, 1981-1987*）的報導，它得到中央情報局局長凱西（William Casey）的明確核准。由於嚴格遵守不調查我們本身罪行的原則，我們對全案的內情了解相當有限。（除非案子太著名，壓不下去，當局才會調查，而調查也往往限於針對某些低層的「壞蘋果」，推諉給他們、指責他們「失控」。）

角逐一九八五年中東恐怖暴行頭獎「惡銜」的另一樁事件是，裴瑞斯總理在當時仍由以色列占領的黎巴嫩南部地區，違背聯合國安全理事會決議，發動「鐵拳作戰」（Operation

Iron Fist）。目標是以色列最高指揮部所謂的「恐怖份子村民」。[21]套用熟悉本地區的一位西方外交官的話來說，裴瑞斯在這個個案的罪行墜入「經過盤算的不人道和恣意謀殺」的新低谷，這個評估得到直接報導的充分支持。[22]然而，「世界」對此不感興趣，因此吻合通常的慣例，一直沒受到深入調查。我們或許應該再次提問，這些罪行是否可列入國際恐怖主義，或是更嚴重的侵略罪行？不過，讓我們姑且再次對以色列及其華府的靠山從寬解釋，只以較小的罪名指控其領導人。

世界其他國家的人想到「罕見的幾次之一」，穆格尼耶明白涉及恐怖罪行時，腦子裡或許也會浮現少數幾起這類事件。

美國也指控穆格尼耶涉及兩起卡車炸彈自殺攻擊事件，一是一九八三年美國陸戰隊和法國空降部隊在黎巴嫩的營房遭受攻擊，兩百四十一名美國陸戰隊員和五十八名法國空降部隊喪生；另一起是在此之前，美國駐貝魯特大使館遭到攻擊，有六十三人喪生。由於爆炸發生當時，中央情報局官員正好在大使館內開會，因此後者構成特別嚴重的打擊。[23]然而，《金融時報》卻說，陸戰隊營房遭攻擊事件是「伊斯蘭聖戰組織」（Islamic Jihad）幹的，不是真主黨幹的。[24]吉格斯（Fawaz Gerges）是研究聖戰運動和黎巴嫩事務的專家，他曾經寫道：「一個名為伊斯蘭聖戰組織的不出名團體」，跳出來宣稱這個案子是他們幹的。[25]以古典阿拉伯語發聲的一段話表示，所有的美國人都應該退出黎巴嫩，否則都會面臨死亡威脅。當時有一個說法，穆格尼耶是伊斯蘭聖戰組織的首腦，但就我個人所知，證據並不充足。

世界輿論對這件事有什麼看法，並沒有人做調查，但是很有可能有人會對攻擊美國位於海外的軍事基地稱之為「恐怖攻擊」感到猶豫，特別是美、法部隊在黎巴嫩進行嚴重的海軍砲擊和空中轟炸，不久之前美國也提供決定性的支援，讓以色列在一九八二年入侵黎巴嫩，殺死約兩萬名老百姓、毀滅黎巴嫩南部地區，連首都貝魯特大部分地區都炸成廢墟。後來是因為對沙布拉（Sabra）和夏提拉（Shatila）兩處難民營殺戮太大，引起國際強烈抗議，已經不容忽視，雷根總統才停止戰事。

在美國，以色列入侵黎巴嫩被形容是針對巴勒斯坦解放組織（Palestine Liberation Organization, PLO）從位於黎巴嫩的基地，朝以色列北部發動恐怖攻擊的回應，因此援助這些重大戰爭罪行是有理由的。實際上，黎巴嫩邊境地區已經沉寂一年，除了以色列人一再進攻，許多次傷人無數，以便誘使巴解組織還手，才好用做藉口、發動早已計畫好的入侵行動。當時以色列評論員和領導人並沒有隱匿真正的目的：要保衛以色列鞏固約旦河西岸占領區。很有意思的一點是，前總統卡特（Jimmy Carter）的著書《巴勒斯坦：要和平，不要種族隔離》（*Palestine: Peace Not Apartheid*）唯一一個嚴重錯誤是，他反覆再三提起巴解組織從黎巴嫩進攻，是以色列人入侵的動機此一宣傳說法。[27]這本書受到強烈批評，因此作者拚命想找出有什麼字句會遭人錯誤解讀，可是這個明顯的錯誤，而且是唯一的錯誤，卻沒有人注意。這是合理、可以想見的，因為這是堅守編織事實的標準。

沒有意圖殺人

另一項指控是，穆格尼耶「策畫」一九九二年三月十七日以炸彈攻擊以色列駐布宜諾斯艾利斯大使館，造成二十九人喪生；《金融時報》報導，他是要報復以色列「空襲黎巴嫩南部，暗殺了真主黨前領導人阿—穆沙威（Abbas al-Musawi）」。[28] 關於這項謀殺，我們不需要費心去找證據：以色列自己很驕傲地承認。但是世人或許有興趣了解故事其他內情。阿—穆沙威被美國人提供的直升機殺害，死於以色列非法在黎巴嫩南部設置的「安全區」以北的地方。他到吉布齊村（Jibchit）出席被以色列部隊殺死的一位伊瑪目的追悼會，發表悼詞後要前往西頓（Sidon）；以軍直升機攻擊時也打死他太太和五歲的子女。然後以色列運用美國提供的直升機隊，又攻擊一輛載運傷者到醫院的汽車。[29]

以色列總理拉賓（Yitzhak Rabin）向國會報告表示，阿—穆沙威家人被殺之後，真主黨「改變了遊戲規則」。[30] 過去，真主黨不曾朝以色列發射火箭。在此之前的遊戲規則是，以色列可以隨意對黎巴嫩任何地方發動濫殺攻擊，而真主黨只會針對以色列占領的黎巴嫩領土發動反擊。

真主黨在它的領導人及其家人遇害後，開始針對以色列人在黎巴嫩的罪行反擊，其方式是朝以色列北部地區發射火箭。後者在以色列人看來當然是不能容忍的恐怖行動，因此拉賓發動進侵，把大約五十萬人驅離家園，殺害一百多人。以色列人毫不留情的攻擊深入到黎巴嫩北部地區。[31]

在黎巴嫩南部，泰爾城（Tyre）八成民眾逃亡，納巴泰（Nabatiye）變成「鬼城」。[32]以色列軍方發言人說，吉布齊村百分之七十毀於戰火；他特別解釋，「由於它對黎巴嫩南部的什葉派居民深具意義，（我方的意向是）徹底摧毀這個村子。」以色列北方司令部一位高級軍官描述這場作戰的總目標是「從地表上剷除這些村落，在其四周播下破壞的種籽。」[33]

吉布齊或許是個特殊的目標，因為它是數年前被綁架到以色列的歐貝德長老（Sheikh Abdul Karim Obeid）的家。英國記者費士克報導，「以色列人似乎是要對付他太太和三名子女」，歐貝德的家「被飛彈直接命中」。《金融時報》記者尼可森（Michael Nicholson）寫道，逃不了的人驚恐地躲起來，「因為在他們家裡或外頭任何明顯移動的人或物，都可能吸引以色列砲兵偵察兵的注意，屆時砲兵就針對選定的目標一再開砲。」有時候砲彈以一分鐘十發以上的速度打在某些村落。[34]

所有這些行動得到柯林頓總統堅定的支持，他曉得有需要嚴峻地教導阿拉伯鬼仔遵守「遊戲規則」。而拉賓崛起成為又一位大英雄和愛好和平的人，和兩腿野獸、蚱蜢和蟑螂大不相同。

全世界可能會覺得指控穆格尼耶涉及主使在布宜諾斯艾利斯發動報復性的恐怖攻擊，是很有意思的事情。

其他的指控包括穆格尼耶協助真主黨，準備對抗以色列二〇〇六年入侵黎巴嫩，從「世界」的標準來看，這明顯是不可容忍的恐怖罪行。替美國和以色列罪行更粗鄙的辯護竟然一本正經地解釋，阿拉伯人故意殺害平民百姓，可是美國和以色列是民主社會，不會故意殺人。他們殺人純屬偶然，因此不和敵手處於相同的道德敗壞水平。譬如，這就是以色列最高法院的立場，它在最近核准對加薩走廊人民執行嚴厲的集體懲罰，切斷他們的電力供應（自來水、下水道汙水處理和其他文明生活的基本服務，也可以切斷）。[35]

同樣的辯詞也用在華府過去的一些小過失上，譬如一九九八年飛彈攻擊摧毀位於蘇丹的阿—希法（al-Shifa）製藥廠。[36]這次攻擊導致數萬人死亡，但因為無意殺害他們，因此不算是國際殺戮的罪行。

換句話說，我們可以區分三種不同類型的罪行：有意圖的謀殺、意外殺人，以及事先知情但沒有明確意圖的謀殺。以色列和美國的暴行通常落入第三種類型。因此，當以色列破壞加薩的電力供應，或是在約旦河西岸地區設置旅行路障，並沒有明確意圖要殺害某一特定人，並不知道是誰會因飲用已汙染的水致命，或是上了救護車卻不及趕到醫院而送掉性命。當柯林頓總統下令轟炸阿—希法製藥廠時，很清楚這將導致人道的危害。「人權觀察組織」（Human Rights Watch）立刻提醒他這一點，也提供詳盡分析；可是他和他的顧問群並沒有意圖要殺害特定人，雖然他們明知，在一個貧窮的非洲國家半個藥廠的藥品摧毀後無從補充，勢必有許多人無可避免會死亡。

他們，以及替他們辯護的人，卻把非洲人當作我們走在路上可能會踩死的螞蟻一樣。如果我們願意花點腦筋去想，我們知道這有可能發生，但是我們無意殺害他們，因為他們不值得我們去深思熟慮。更不用說，阿拉伯鬼仔在人類居住的地方發動的攻擊是受到不同的看待。

如果我們稍為有一刻可以採取全世界的視角，我們或許會問哪種罪犯應該遭到全球聲討、追緝。

---

1 Nada Bakri and Graham Bowley, "Top Hezbollah Commander Killed in Syria," *New York Times*, 13 February 2008.

2 Associated Press, "Intelligence Chief: Hezbollah Leader May Have Been Killed by Insiders or Syria," 17 February 2008.

3 Cynthia O'Murchu and Farrid Shamsuddin, "Seven Days," *Financial Times*（London）, 16 February 2008.

4 Ferry Biedermann, "A Militant Wanted the World Over," *Financial Times*（London）, 14 February 2008.

5 A media review by Jeff Nygaard found one reference to the Gallup poll, a brief notice in the *Omaha*

World-Herald that "completely misrepresented the findings." *Nygaard Notes Independent Weekly News and Analysis*, 16 November 2001, reprinted in Counterpoise 5, nos. 3/4（2002）.

6 Biedermann, "A Militant Wanted the World Over."

7 Noam Chomsky, *Middle East Illusions*（London: Rowman & Littlefield, 2004）, 235.

8 Amnon Kapeliouk, *Yediot Ahronot*, 15 November 1985.

9 Bernard Gwertzman, "U.S. Defends Action in U.N. on Raid," *New York Times*, 7 October 1985.

10 *Yearbook of the United Nations*, Vol. 39, 1985, 291.

11 Bernard Weinraub, "Israeli Extends 'Hand of Peace' to Jordanians," *New York Times*, 18 October 1985.

12 見Noam Chomsky, *Necessary Illusions*（Toronto: House of Anansi, 1995）, chapter 5.

13 例如見 Aviv Lavie, "Inside Israel's Secret Prison," *Ha'aretz*, 23 August 2003.

14 Yoav Biran, Minister Plenipotentiary, Embassy of Israel, letter, *Manchester Guardian Weekly*, 25 July 1982; Gad Becker, *Yediot Ahronot*, 13 April 1983; Reuters, "Shamir Promises to Crush Rioters," *New York Times*, 1 April 1988.

15 Yoram Peri, *Davar*, 10 December 1982.

16 Justin Huggler and Phil Reeves, "Once Upon a Time in Jenin," *Independent*（London）, 25 April 2002.

17 Amira Hass, *Ha'aretz*, April 19, 2002, reprinted in Hass, *Reporting from Ramallah: An Israeli Journalist in an Occupied Land*（Los Angeles: Semiotext（e）, distributed by MIT Press, 2003）.

18 Biedermann, "A Militant Wanted the World Over."

19 Bob Woodward and Charles Babcock, "Anti- Terrorist Unit Blamed in Beirut Bombing," *Washington Post*, 12 May 1985.

20 Nora Boustany, "Beirut Bomb's Legacy Suspicion and Tears," *Washington Post*, 6 March 1988.

21 Ethan Bronner, "Israel Lets Reporters See Devastated Gaza Site and Image of a Confident Military," *New York Times*, 16 January 2009.

22 Julie Flint, "Israeli Soldiers in New Terror Raid on Shi'ite Village," *Guardian*（London）, 6 March 1985.

23 Adam Goldman and Ellen Nakashima, "CIA and Mossad Killed Senior Hezbollah Figure in Car Bomb," *Washington Post*, 30 January 2008.

24 "Three Decades of Terror," *Financial Times*, 2 July 2007.

25 Fawaz A. Gerges, *Journey of the Jihadist: Inside Muslim Militancy*（New York: Mariner Books, 2007）.

26 "Text of Reagan's Letter to Congress on Marines in Lebanon," *New York Times*, 30 September 1982. 另參見 Micah Zenko, "When Reagan Cut and Run," *Foreign Policy*, 7 February 2014.

27 Jimmy Carter, *Palestine: Peace Not Apartheid*（New York: Simon & Schuster, 2006）.

28 Tobias Buck, "Israel Denies Killing Hizbollah Commander," *Financial Times*（London）, 13 February 2008.

29 Noam Chomsky, *Fateful Triangle: The United States, Israel, and the Palestinians*（Chicago: Haymarket Books, 2015）, 591.

30 Ibid.

31 Ibid., 589.

32 Henry Kamm, "Ruins of War Litter Hills and Valleys of Lebanon," *New York Times,* 20 June 1982.

33 Chomsky, *Fateful Triangle*, 590.

34 Ibid.

35 Isabel Kershner, "Israel Reduces Electricity Flow to Gaza," *New York Times*, 9 February 2008.

36 James Astill, "Strike One," *Guardian*（London）, 2 October 2001.

第三章
刑訊備忘錄和歷史健忘症

白宮在二〇〇八至〇九年發布刑訊備忘錄，引起震撼、憤慨和驚奇。震撼和憤慨是可以理解的，尤其是參議院軍事委員會上的證詞指出，副總統錢尼（Dick Cheney）和國防部長倫斯斐（Donald Rumsfeld）急切要找到伊拉克和蓋達組織之間的關聯，這個關聯後來被美方作為入侵的正當理由。前任陸軍心理醫師伯奈（Charles Burney）作證說，「很大一部分時間，我們專注在試圖確立蓋達組織和伊拉克之間的關聯。我們愈是因為不能確認此一關聯而沮喪……就有愈來愈大的壓力要採取可能產生即刻結果的措施」，那就是刑求嫌犯。麥克拉奇報系（McClatchy）報導，有位熟悉刑訊議題的前任資深情報官員表示，「小布希政府對審訊員施加強大的壓力，要他們對在押嫌犯採用嚴峻手法，俾便找出蓋達組織和已故的伊拉克獨裁者海珊（Saddam Hussein）政權之間合作的證據……（錢尼和倫斯斐）要求審訊員找出蓋達組織和伊拉克勾結的證據……『情報機關和審訊人員不斷受到壓力，要盡一切可能從在押嫌犯，尤其是少數已落在我們手中的高價值人犯身上，得出訊息；當人們一再空手而出，他們就會聽到錢尼和倫斯斐的人馬要求他們再加把勁。』」[1]

這是參議院調查揭露的最重要訊息，但是罕有媒體報導。固然關於政府惡毒和欺騙的證詞的確應該震撼，但是對於整個情境感到驚奇則反而令人驚訝。因為，即使參議院沒有展開調查，我們也可以合理假設關達納摩（Guantanamo）是個刑訊室。為什麼要把囚犯送到美國法律效力不及的地方？附帶一句話，這個地方是華府違反它拿槍尖逼著古巴所簽訂的條約而使用。當然，政府拿安全因素來辯解，可是這個說法不能當真。小布希政府的「黑牢」和非常規引渡也都交代不過去。

更重要的是，刑求從美國早期開拓國土時就已經是家常便飯，持續到這個「嬰兒帝國」──華盛頓以此稱呼這個新興獨立的共和國──發展帝國霸業，進軍到菲律賓、海地及其他地方。另外也請大家記住，刑求比起侵略、恐怖、顛覆和經濟扼殺等等美國歷史上不光彩的眾多罪行，還是比較輕微的罪行，其他大國也不乏犯下上述種種罪行的紀錄。

因此，令人驚訝的是看到外界對美國聯邦司法部公布這些備忘錄的反應，甚至某些對小布希總統濫權瀆職批評不遺餘力人士所表現的驚訝。譬如，克魯曼（Paul Krugman）寫道，我們原本是個「有道德理想的國家」，而在小布希之前，從來沒有過「我們的領導人如此全然背棄我們國家所代表的價值」。[2] 其實，一般的看法反映的是相當傾斜的美國史觀。

偶爾，「我們所代表」和「我們所做」兩者之間的衝突也有人做過直率的探討。知名學者、國際關係現實主義理論創始人摩根索（Hans Morgenthau）就曾經探討過這個問題。一九六四年，甘迺迪的甘美樂（Camelot）光輝猶存時，摩根索發表一份經典的研究，發展出美國有「超越性的目的」（trans-cendent purpose）的標準觀點：亦即美國要在國內，甚至全世界建立和平與自由，因為「美國必須捍衛和推動其目的的領域已經遍及全世界」。但是身為治學嚴謹的學者，他也承認歷史紀錄與此一「超越性的目的」出入甚大。[3]

摩根索建議，我們不應該被這種出入所誤導；我們不應該「把濫用現實與現實本身混為一談」。現實是未被實現的「國家目的」，這是由「我們的思想反映的歷史證據」所揭示的。實際發生的事情僅僅是「濫用現實」。把現實和現實的濫用混為一談等於是「無神論的錯誤，它以相似的理由否認宗教的有效性」——這是一種恰當的比較。

刑訊備忘錄一公布，導致其他人注意這個問題。《紐約時報》專欄作家柯恩（Roger Cohen）為英國記者霍吉森（Godfrey Hodgson）的新書《美國特殊主義的迷思》（*The Myth of American Exceptionality*）寫書評；霍吉森的結論是，美國「只是許多國家當中的一個大國，但並不完美。」柯恩同意，證據支持霍吉森的判斷，但是他認為霍吉森犯了一個根本錯誤，沒有了解「美國是作為一個理想而誕生，因此它必須堅持理想走下去。」美國的理想表現和它是以「山上的城市」（city on a hill）的概念而誕生，這個「啟示性的概念」「深鑄在美國人心裡」，在往西部擴張的過程中，「展現出美國人個人主義和冒險犯難的獨特精神」。霍吉森的錯誤似乎是他只看到「最近數十年來美國理想的扭曲」，「對現實的濫用」。[5]

我們不妨回到「現實本身」：美國建國初期的「理想」。

請過來幫我們

「山上的城市」這句話是溫瑟羅普（John Winthrop）於一六三〇年在描述由「上帝命定」的一個新國家的光榮未來時，借用《聖經》〈福音書〉中的字詞做此演繹。一年前，他的麻薩諸塞灣殖民地（Massachusetts Bay Colony）創製它的大璽印，璽印的圖案就是一個印第安人嘴裡吐出一張捲軸。捲軸上寫著：「請過來幫我們」。因此，英國殖民者乃是仁慈的人道主義者，是呼應那些悲慘原住民的懇求，將他們從痛苦的異教徒命運中拯救出來。

事實上，璽印代表美國自從誕生以來的概念。它應該從美國人心裡深處挖掘出來，展示在每個教室的牆上。它肯定應該出現在凶殘殺人和酷刑施虐的雷根那種金日成風格的崇拜背景中，他喜歡自命為「閃亮的山上城市」的領導人，他還策畫了在他執政期間某些更可怕的罪行，不但在中美洲臭名昭彰，在其他地方也不堪聞問。

套用現在時髦的詞語，璽印的文字就是早年宣示的「人道主義干預」。正如通常情況一樣，「人道主義干預」常常導致所謂的受益人反而蒙受災難。美國第一位戰爭部部長諾克斯將軍（General Henry Knox）描述說，「以征服墨西哥和祕魯的人士之行為，更具破壞性的方法對付印第安原住民」，「徹底消滅聯邦人口最多的地區之所有印第安人」。[6]

他本身對這一過程的重大貢獻早已過去許久之後亞當斯（John Quincy Adams）才惋惜，「美國原住民這個倒楣的民族的命運，我們這個國家在許多令人髮指的罪惡中，以無情、殘忍的方式予以消滅、殺害，我相信有朝一日上帝將會做出裁判。」[7]這些「無情、殘忍的方式」一直持續到美國「贏得西部」。而且上帝沒有做出裁判，這些可恥的罪行今天還被稱頌是實現「美國的概念」。[8]

當然，還有比較方便和傳統的敘述方式，譬如，最高法院大法官史多瑞（Joseph Story）就說，「上天的智慧」使得原住民就像「秋天的枯葉」消失，即使殖民者「不斷地尊重」他們。[9]

西部的征服和墾殖確實展現出「個人主義和冒險犯難」；屯墾者的殖民開拓是帝國主義最粗糙的形式，通常也都如此。一八九八年，受人尊敬也頗有影響力的參議員洛奇（Henry Cabot Lodge）就稱讚此一成果。洛奇主張介入古巴，他稱讚美國的「征服、殖民和領土擴張的紀錄，是十九世紀任何民族都不可企及的」，並且呼籲「現在不要縮手」，因為古巴人也如同璽印上的話正在懇求我們「請過來幫我們」。[10]

他們的請求果然得到回應。美國派出部隊，因而阻止古巴從西班牙解放出來，並將它變為美國實質的殖民地，直到一九五九年。

美國幾乎立即發起明白彰著的運動，要進一步展現「美國的概念」，起先是艾森豪政府要以經濟戰爭和入侵手段，把古巴恢復到適當的地位（它明確揭櫫其目標是懲罰古巴人民，讓他們起事推翻不聽話的卡斯楚政府），甘迺迪兄弟也專心致志要給古巴帶來「全球的恐怖」（歷史學家史勒辛格在他撰寫的甘迺迪傳記中指出，甘迺迪認為這是他的最高優先任務之一），當然還有違反幾乎舉世一致輿論的其他罪行。[11]

美國的帝國主義通常可以追溯到一八九八年占領古巴、波多黎各和夏威夷。但是，這就屈服於專門研究帝國主義的歷史學者波特（Bernard Porter）所謂的「鹽水謬誤」（the saltwater fallacy）的觀點，意即只有跨過海水的征服才算得上帝國主義。因此，如果密西西比河與愛爾蘭海相似，向西部擴張才算是帝國主義。從華盛頓到洛奇，從事國土擴張的人士很清楚地掌握這個事實。

一八九八年在古巴的人道主義干預成功之後，天意賦予美國的下一步任務是把自由和文明的福祉帶給菲律賓所有獲得拯救的人民（借用洛奇所屬的共和黨政綱的話來說）。至少對那些在殘酷的屠殺和廣泛使用酷刑，及其他暴行仍能倖存下來的人是如此。[12]這些倖存不死的人落入新設計的殖民統治模式中，由美國所建立的菲律賓警察部隊手中，這個體制要靠美國訓練和裝備的安全部隊，以複雜的監視、恐嚇和暴力模式維持。[13] 類似的模式在美國扶立殘暴的國民衛隊，和其他扈從部隊的其他許多地區也一體採用，其後果已經眾所周知。

刑求範例

歷史學家麥考伊（Alfred McCoy）在他的專書《刑求的問題》（*A Question of Torture*）中說，過去六十年，全世界的受害人都領教了中央情報局的「刑求範例」，這是每年高達十億美元經費發展出來的作業範式。他提出中央情報局一九五〇年代發展出來的刑訊方法，從伊拉克阿布格萊布（Abu Ghraib）監獄爆料出來的惡名昭彰的照片來看，並沒有多大改變。哈布瑞（Jennifer Harbury）對美國刑求犯人的紀錄做了深入調查，她的書名《真相、刑求和美國方式》（*Truth, Torture and the American Way*）可一點兒也不誇張。[14] 小布希這幫調查人員進入到全球陰暗的下水道，然後嘆息說，「在進行反恐戰爭時，美國迷路了」，其實是高度誤導的說詞。[15]

我們不能說，小布希、錢尼、倫斯斐等人沒有做出重大創新。美國一般的做法是把刑訊工作大半發包出去，不由美國人直接在政府本身設置的刑訊室進行。奈爾恩（Allan Nairn）對刑求進行一些最為揭露內幕的勇敢調查，他指出：「歐巴馬（禁止刑求犯人）其實是冒牌貨，現在小部分刑訊工作由美國人執行，整個系統還是維持住絕大部分的刑訊，但是交給美國翼護下的外國人執行。歐巴馬可以停止支持刑求犯人的外國勢力，但是他選擇不要這麼做。」[16]

奈爾恩觀察到，歐巴馬並沒有停止刑訊的做法，「只是重新換個地方」，恢復美國的常態，對受害人漠不關心。自從越戰以來，「美國主要將刑訊工作交給代理人做，付錢、武裝、訓練和指導外國人做，但通常都很小心讓美國人至少和它保持一步之距離。」歐巴馬的禁令「根本沒有禁止美國人在『武裝衝突』之外的環境直接刑求，由於許多高壓政權不參與武裝衝突，這正是大多數刑求發生的地方……他只是恢復到以前的現狀，從福特到柯林頓一直都有的刑訊方式，年復一年經常製造出比小布希、錢尼期間更多由美國支持的痛苦。」[17]

有時候，美國參與的刑求更加間接。拉丁美洲事務專家舒爾茲（Lars Schoultz）在一九八〇年一項研究中發現，美援「往往不成比例地流入刑求其公民的拉丁美洲政府……流向西半球相當過分侵犯基本人權的國家。」[18]這個趨勢包括軍事援助，在卡特時代一直都還是如此。賀曼（Edward Herman）也有更廣泛的調查研究，發現相同的關聯，他也提出一個解釋。不足為奇的是，美援也往往與有利商業營運的環境有關聯，而商業環境常常因為工運和農運組織者，以及其他人權運動積極份子被殺而獲得改進，產生美援與侵犯人權之間另一種關聯。[19]

這些研究發生在雷根執政之前，雷根上台後，關聯性已經相當明顯，這個題目變成不值得研究。

我們不禁想到歐巴馬總統，建議我們要向前看，不要老是向後看。手拿巨棒的人這麼說，很方便。那些被巨棒狠狠重擊的人，看待世界自然會有不同的觀點。

採取小布希的立場

有一個說法主張，執行中央情報局的「刑求範例」並不違背一九八四年的「聯合國反刑求公約」（United Nations Convention against Torture），至少華府是這麼解釋。麥考伊指出，美國在一九五〇年代和一九六〇年代耗費巨資，且參考蘇聯情報機關「KGB最有殺傷力的刑訊技巧」發展出來的高度細膩的範例，主要是在精神上刑求，不是對肉體進行殘暴的刑求，因為後者被認為比較不能讓犯人屈服吐實。

麥考伊寫道，雷根政府很小心地修訂國際反刑求公約，「以四個鉅細靡遺的外交『保留』，專注在公約二十六頁文字當中的『精神』這一個字。」他說：「這些錯綜複雜打造的外交保留，重新界定酷刑的定義，以美國的詮釋，排除剝奪感覺和自我傷害。而這些正是中央情報局不惜以高度代價，精進改善的技術。」

柯林頓一九九四年把這份聯合國公約咨請國會批准時，也包括雷根所訂定的保留意見。因此，總統和國會把中央情報局刑求範例的核心，從美國對反刑求公約的解讀豁免出來；麥考伊說，這些保留意見「逐字複製在賦予聯合國公約法律效力的國內法之內」。[20]這個「政治地雷」後來在阿布格萊布虐囚醜聞*，以及二〇〇六年經兩黨一致支持而通過可恥的「軍事委員會法」（Military Commission Act）中，「以極大的威力爆破開來」。

小布希當然超越前人核准公然違背國際法，他好幾項極端的創新遭到法院否決。歐巴馬雖然有如小布希冠冕堂皇地表示，美國堅定無比恪守國際法，但是他在後來似乎有意恢復小布希的極端措施。

聯邦最高法院二〇〇八年六月在相當重要的〈包米甸控布希案〉（Boumediene v. Bush）裁示，小布希政府聲稱關達納摩灣囚犯不具有人身保護狀（habeas corpus）權利是違憲的。[21]戈林沃德（Glenn Greenwald）在《沙龍》雜誌（*Salon*）檢討這個案例裁定之後的狀況。為了「保持在世界各地綁架人的權力」，不經正當程序關押他們，小布希政府決定把他們送到阿富汗巴格蘭空軍基地（Bagram Airfield）的美國監獄，「把以我們最基本憲法保障為基礎的〈包米甸控布希案〉裁決視若某種愚蠢的兒戲。把綁架來的囚犯送到關達納摩，他們就有憲法權利，但若是把他們送到巴格蘭，你可以不經司法程序讓他們永遠消失。」歐巴馬採取小布希的立場，「向聯邦法院提出『書面準備』（brief），僅有短短兩句話，宣稱它在這個議題上採取最極端的小布希理論」，主張從世界任何地方送到巴格蘭的囚犯（現在相關的人犯是分別在泰國和阿拉伯聯合大公國，所逮捕的葉門人和突尼西亞人），「可以無限期關押，沒有任何權利可言。只要他們關在巴格蘭，而非關達納摩就行。」[22]

過後不久，由小布希派任的一位聯邦法官「駁斥小布希、歐巴馬的立場，認為〈包米甸控布希案〉的裁決，在巴格蘭和在關達納摩都一體適用。」歐巴馬政府宣布將提出上訴，因此戈林沃德認為，這使得歐巴馬的司法部「站到小布希總統任命的法官在行政權和未經正當程序羈押議題上面，極端保守、親行政權的右翼立場」，強烈違背歐巴馬競選時的承諾和早先的立場。[23]

〈拉紹爾控倫斯斐案〉（Rasul v. Rumsfeld）似乎也走上相同的途徑。原告指控倫斯斐和其他高級官員，在他們被烏茲別克裔軍閥杜斯東（Abdul Rashid Datum）俘虜送到關達納摩，因而害他們遭到刑訊。原告們聲稱，他們到阿富汗是要提供人道救援服務。杜斯東是個惡名昭彰的壞蛋，也是阿富汗「北方聯盟」（Northern Alliance）派系的領袖；這個聯盟受俄羅斯、伊朗、印度、土耳其和中亞國家的支持，美國在二〇〇一年十月攻擊阿富汗時也支持北方聯盟。

杜斯東把他們交給美國羈押，換取獎金。小布希政府想方設法要搓掉這個案子。歐巴馬的司法部也提出「書面準備」，支持小布希的立場，聲稱基於法院尚未清楚確立，關在關達納摩監獄的囚犯享有什麼權利，政府官員不應被課以刑求犯人及其他違反正當程序的刑責。[24]

另外也有報導說，歐巴馬政府考慮要恢復軍事委員會，這是小布希任內更嚴重違反法治原則的機關。據《紐約時報》葛拉伯森（William Glaberson）的說法，原因出在「研究關達納摩議題的官員表示，政府律師很關心他們想在聯邦法院起訴某些涉及恐怖活動嫌犯，會碰上棘手的障礙。法官可能會讓檢方很難起訴曾經受到殘酷待遇的人犯，或是檢察官很難採用情報機關蒐集來的傳聞證據。」[25]這顯然是刑事制度中的一個嚴重缺陷。

製造恐怖份子

刑求是否能夠有效取得資訊，一直有很大的爭辯。有個假設顯然認為，若是有效，或許就有道理刑求。根據這個推論，一九八六年美國飛行員哈森福斯（Eugene Hasenfus）運送援助物資給美國支持的反抗軍游擊隊，飛機遭擊落，尼加拉瓜不應該審訊、定他罪，然後將他送回美國。但他們是這麼做的。反而應該運用中央情報局的刑求範例，將他嚴刑拷打，逼問華府還在規畫及執行其他什麼恐怖主義暴行。對於遭到全球超級強國恐怖攻擊的一個又小又窮的國家，這可不是一件小事。

根據同樣標準，如果尼加拉瓜能夠逮到恐怖活動的首席協調官員——當時美國派駐宏都拉斯大使尼格羅龐提（John Negroponte）——也應該好好對他動刑。（尼格羅龐提後來被派任為第一任全國情報總監，基本上就是反恐任務頭號大當家，並沒有引人竊竊私議。）古巴卡斯楚政府若是能夠抓到甘迺迪總統兄弟，也不妨同樣修理他們。當然更不用說，遭到季辛吉、雷根，及其他恐怖行動主要指揮官之害的人士，可以痛下辣手刑求他們。由於他們的恣意妄為，蓋達組織才嘗盡苦頭，而且毫無疑問，他們擁有豐富的資訊，可以防止美方施加更進一步的攻擊。

這樣的考量從來沒有出現在公開的討論。因此，我們立刻知道如何評估對有價值的情報之渴求。

公允的講，外界是有回應的，認為美國的恐怖主義——即使它們肯定是恐怖主義——也是良性的，與「山上的城市」的概念一樣。受尊敬的「左派」人士發言人、《新共和》雜誌編輯金斯利（Michael Kinsley）或許是這類理論最強有力的辯護者。「美洲觀察組織」（Americas Watch）是「人權觀察組織」的一部分，它抗議國務院向華府的恐怖部隊確認攻擊「軟性目標」——指的是手無寸鐵的民間目標——以及避開尼加拉瓜軍隊的正式命令，這道命令可能要歸功於中央情報局掌控尼加拉瓜的領空，也提供先進的通信系統給尼加拉瓜反抗軍。金斯利解釋，如果美國對民間目標的恐怖攻擊吻合務實的標準：即「合理的政策（應該）符合成本效益分析的測試」，那就是合理；這種分析著重的是「會出現多少的流血和痛苦，以及相對另一端會出現民主與否。」[26]這裡所謂的「民主」，其內容由美國菁英來判定。

金斯利的想法沒有引起任何公眾評論；據我所了解，它們顯然被認為是可以接受的。因此，似乎美國的領導人及其代理人不會因為心存善意，執行這種明智的政策而遭到責怪，即使他們的判斷有時候可能存在缺陷。

通過一般的道德標準，如果發現小布希政府的刑訊造成美國人喪生，或許罪責就會更大。事實上，美國在伊拉克經驗最豐富的審訊官員之一亞歷山大（Matthew Alexander）少校（化名），就得出這樣的結論。記者柯克朋（Patrick Cockburn）報導說，亞歷山大詰問出來的「情資導致美國軍方能夠找到伊拉克蓋達組織負責人阿—札卡維（Abu Musab al-Zarqawi）的下落*。」

亞歷山大瞧不起小布希政府嚴峻的偵訊方法。他認為，「美國所用的刑求」不只沒有得到有用的資訊，「還證明相當大的反效果，可能導致美國軍人的傷亡人數不下於九一一事件喪生的平民。」亞歷山大從針對數百名嫌犯的偵訊過程發現，外國戰士因為不滿意美方在關達納摩和阿布格萊布的濫施刑訊，而來到伊拉克參戰，而且他們和他們在美國國內的盟友基於同樣的理由，轉而訴諸自殺炸彈和其他恐怖行動的手段。[27]

另外還有愈來愈多證據顯示，錢尼和倫斯斐鼓勵的刑訊方法，反而製造出更多恐怖份子。有一個經過仔細研究的案例，阿—阿吉米（Abdallah al-Ajmi）因為「與北方聯盟有兩、三次槍戰」的罪名被關在關達納摩。他因為無法抵達車臣，從事對抗俄國人的戰鬥而來到阿富汗。他在關達納摩被酷刑拷打四年之後，回到科威特。後來他又設法到了伊拉克，然後在二〇〇八年三月開了一輛載滿炸彈的卡車，衝撞伊拉克一座軍營，炸死自己和十三名伊拉克士兵。根據《華盛頓郵報》報導，這是「由關達納摩監獄前任囚犯犯下的一樁最大的暴力事件」，而他的律師說，這是他在坐牢期間備受刑求之後的直接結果。

這一切乃是一個理性的人能夠預期的結果。

一點都不特殊的美國人

動用酷刑還有另一個標準藉口：小布希總統在九一一事件之後宣布展開反恐戰爭、全面反擊。小布希接受他的法律顧問龔薩雷斯（Alberto Gonzales）的建議——此君日後受他任命，擔任司法部長——以致於美方犯下的罪行，使得傳統的國際法變得「古怪」和「過時」。這種理論在評論和分析中，以各種形式反覆出現。[29]

九一一攻擊事件無疑在許多方面可算非常特殊。其中之一就是砲火竟然指向和一般相反的方向。事實上，這是一八一四年英國人燒毀美國首都華府以來，美國本土首次遭到重大攻擊。美國最盛行的理論即是「美國的特殊主義」。其實根本沒有這回事，但是在帝國主義大國就十分普遍。法國誇耀它在殖民地進行「文明開化的使命」，法國的戰爭部長主張「消滅阿爾及利亞的原住民」。穆勒（John Stuart Mill）宣稱，英國的貴族是「世界的新奇」品種，他鼓吹這個天使般的力量事不宜遲，趕快完成解放印度的使命。穆勒有關人道主義干預的經典文章，寫在英國以暴力鎮壓一八五七年印度叛亂的消息公開揭露之後不久。征服印度其他地區，其實是為了對英國龐大的毒品販運生意，尤其是鴉片貿易取得壟斷地位；這項毒品生意乃是世界史上最大規模的勾當，主要是要迫使中國接受英國的工業產品。[30]

同樣地，我們也沒有理由懷疑日本軍國主義者在一九三〇年代打著日本善意指導的旗號，要在中國製造「人間天堂」的認真，他們進行了南京大屠殺，也在華北進行「燒光、搶光、殺光」的「三光」政策。歷史充滿這一類「光榮」的故事。[31]

然而，只要這種「特殊主義」論調仍然深植人心，偶然揭露「濫用歷史」可能適得其反，只會沖淡可怕的罪行。譬如在南越，美萊屠殺（My Lai massacre）*僅僅是春節攻勢（Tet Offensive）*之後綏靖計畫之下巨大暴行的一個腳註，整個國家的憤慨卻大部分都集中在這一罪行上，反而忽略了廣大的暴行。

水門事件毫無疑問是犯罪行為，但是因它而引起的怒火擠壓了國內外無可比擬的更嚴重罪行，其中包括聯邦調查局策畫的暗殺黑權運動者漢普頓（Fred Hampton）——這是臭名昭著的「反情報計畫」（COINTELPRO）鎮壓行動的一部分*——以及出兵轟炸柬埔寨這兩個例子。酷刑很可惡，入侵伊拉克是更可惡的罪行。選擇性的暴行的確令人髮指。

歷史失憶症是一種很危險的現象，不僅因為傷害道德和知性的節操，也因為替日後的罪行奠下基礎。

---

1 Inquiry into the Detainees in U.S. Custody, Report of the Committee on Armed Services, U.S. Senate, 20 November 2008, http://documents.nytimes.com/report-by-the-senate-armed-services-committee-on-detainee-treatment#p=72. Jonathan Landay, "Abusive Tactics Used to Seek Iraq–al Qaida Link," McClatchyDC, 21 April 2009.

2 Paul Krugman, "Reclaiming America's Soul," *New York Times*, 23 April 2009.

3 Hans Morgenthau, *The Purpose of American Politics*（New York: Knopf, 1964）.

4 Ibid.

5 Roger Cohen, "America Unmasked," *New York Times*, 24 April 2009.

6 見Richard Drinnon, *Facing West: The Metaphysics of Indian-Hating and Empire-Building*（Norman: University of Oklahoma Press, 1997）. Knox cited by Reginald Horsman in *Expansion and American Indian Policy 1783–1812*（Norman: University of Oklahoma Press, 1992）, 64.

7 Krugman, "Reclaiming America's Soul."

8 相關討論見 Horsman, *Expansion and American Indian Policy 1783–1812*; William Earl Weeks, *John Quincy Adams and American Global Empire*（Lexington: University Press of Kentucky, 1992）.

9 關於天佑論者對駭人聽聞的罪行所做的合理化辯解，以及他們在打造「美國思想」的一般角色，見Nicholas Guyatt, *Providence and the Invention of the United States, 1607–1876*（Cambridge: Cambridge University Press, 2007）.

10 Cited by Lars Schoultz in *That Infernal Little Cuban Republic: The United States and the Cuban Revolution*（Chapel Hill: University of North Carolina Press, 2009 , 4.

11 Arthur M. Schlesinger Jr., *Robert Kennedy and His Times*（Boston: Mariner Books, 2002）, 480.

12 Republican Party Platforms: "Republican Party Platform of 1900," June 19, 1900. Online by Gerhard Peters and John T. Woolley, *The American Presidency Project*, http://www.presidency.ucsb.edu/ws/? pid = 29630.

13 Alfred McCoy, *Policing America's Empire: The United States, the Philippines, and the Rise of the Surveillance State*（Madison: University of Wisconsin Press, 2009）.

14 Jennifer Harbury, *Truth, Torture, and the American Way: The History and Consequences of U.S. Involvement in Torture*（Boston: Beacon Press, 2005）.

15 Alfred McCoy, *A Question of Torture: CIA Interrogation, from the Cold War to the War on Terror*（New York: Metropolitan Books, 2006）. 另參見McCoy, "The U.S. Has a History of Using Torture," History News Network, 6 December 2006.

16 Noam Chomsky, *Hopes and Prospects*（Chicago: Haymarket Books, 2010）, 261.

17 Allan Nairn, "The Torture Ban That Doesn't Ban Torture: Obama's Rules Keep It Intact, and Could Even

Accord with an Increase in US- Sponsored Torture Worldwide," www . allannairn . org, 24 January 2009.

18 Chomsky, *Hopes and Prospects*, 261.

19 Lars Schoultz, "U.S. Foreign Policy and Human Rights Violations in Latin America: A Comparative Analysis of Foreign Aid Distributions," *Comparative Politics* 13, no. 2（January 1981）: 149–70; Herman in Noam Chomsky and Edward S. Herman, *The Washington Connection and Third World Fascism: The Political Economy of Human Rights: Volume I*（Boston: South End Press, 1999）; Noam Chomsky and Edward S. Herman, *After the Cataclysm: Postwar Indochina and the Reconstruction of Imperial Ideology: The Political Economy of Human Rights—Volume II*（Chicago: Haymarket Books, 2014）; Edward S. Herman, *The Real Terror Network: Terrorism in Fact and Propaganda*（Boston: South End Press, 1982）.

20 McCoy, "The U.S. Has a History of Using Torture"; Danford Levinson, "Torture in Iraq and the Rule of Law in America," *Daedalus* 133, no. 3（Summer 2004）.

* 譯注：阿布格萊布是海珊設在伊拉克首都巴格達郊外的監獄，美軍利用它以及美國在古巴關達納摩灣海軍基地監獄監禁恐怖份子嫌犯，不給予美國憲法有關人身保護令之「正當程序」（due process）的保障，以及國際交戰法律賦予敵國戰俘之保護。

21 Linda Greenhouse, "Justices, 5-4, Back Detainee Appeals for Guantánamo," *New York Times*, 13 June 2008.

22 Glenn Greenwald, "Obama and Habeas Corpus— Then and Now," *Salon*, 11 April 2009.

23 Ibid.

24 Daphne Eviatar, "Obama Justice Department Urges Dismissal of Another Torture Case," *Washington*

Independent, 12 March 2009.

25 William Glaberson, "U.S. May Revive Guantánamo Military Courts," *New York Times*, 1 May 2009.

26 Michael Kinsley, "Down the Memory Hole with the Contras," *Wall Street Journal*, 26 March 1987.

＊譯注：美國在二〇〇四年將阿—扎卡維列為與賓拉登同等級的恐怖份子，懸賞金額從一千萬美元增加到二千五百萬美元。他在二〇〇六年六月七日於巴格達附近被美軍空襲炸死。

27 Patrick Cockburn, "Torture? It Probably Killed More Americans than 9/11," *Independent*（London）, 6 April 2009.

28 Rajiv Chandrasekaran, "From Captive to Suicide Bomber," *Washington Post*, 22 February 2009.

29 Chomsky, *Hopes and Prospects*, 266.

30 Ibid., 267.

31 Ibid., 268.

＊譯注：一九六八年三月十六日，美軍士兵在南越廣義省美萊村射殺手無寸鐵村民，死者三、四百人，這是越戰史上最駭人聽聞的美軍暴行。

＊譯注：一九六八年一月三十日，即農曆春節，北越正規軍及在南越的民族解放陣線（越共）部隊，同步針對南越一百多個城市之美、越軍政目標同步發動奇襲，這是越戰史上最大規模的戰役，打得美國信心全失，國內反戰聲浪大盛，詹森總統於三月底黯然宣布放棄競選連任。

＊譯注：COINTELPRO行動全名Counter Intelligent Program，是一九六〇年代聯邦調查局在胡佛局長任內針對國內政治組織的監視、滲透、抹黑和擾亂的行動。對象包括美國共產黨、反越戰策畫者、民權運動、黑權運動人士、女權運動者等廣義的新左派份子。

第四章 看不見的權力之手

阿拉伯世界的民主起義是人民勇氣、專注和承諾的表現。與此同時，威斯康辛州麥迪遜市和美國其他城市也有數萬人挺身而出，支持勞動人民和民主政治。然而，如果開羅和麥迪遜兩項起義的軌線交織的話，它們是走向不同方向：在開羅，起義是要爭取埃及獨裁政權不肯賦予的基本權利；在麥迪遜，則是要保衛在長久、艱辛搏鬥中早已贏得，但現在遭受嚴厲戕害的權利。

這兩項起義都是全球社會趨勢的縮影，但是走在不同方向上。在人類史上最富裕、最強大國家正在式微中的工業心臟，以及艾森豪總統所謂的「全世界最重要戰略地區」這兩個地方所發生的事情，肯定都會有深遠的影響。套用國務院一九四〇年代的話來說，後者是「戰略力量巨大的源頭」，也「或許是在對外投資領域上全世界最豐富的經濟大獎」，美國希望在當時即將展開的世界新秩序中把這個大獎保留給自己及盟國。[1]

儘管此後有許多變化，我們仍有理由堅信今天的決策者基本上仍遵守羅斯福（Franklin Delano Roosevelt）總統親信顧問貝利（Adolf A. Berle）的判斷：控制中東無與倫比的能源蘊藏，就可以「堅實的控制世界」。[2]他們也相信，失去控制就會威脅到美國在二戰期間就清楚制訂，儘管此後世界秩序經歷重大變化，但仍維繫住的全球霸業計畫。

從第二次世界大戰於一九三九年開戰起，華府就預期戰爭時，美國將躍居最強盛大國的地位。國務院高階官員和外交政策專家在戰時不斷開會，為戰後世界研訂計畫。他們畫定一塊美國將要宰制的「廣大區域」（Grand Area），包括西半球、遠東和掌握中東能源資源的前大英帝國。隨著俄羅斯在史達林格勒之役以後開始反撲納粹大軍，「廣大區域」的目標延伸到相當大一部分歐亞大陸——至少是它在西歐的經濟核心。在「廣大區域」範圍內，美國將以「軍事和經濟的優勢」維持「不容置疑的權力」，同時確保可能干預其全球規畫的國家「在執行主權時會遭到限制」。[3]

戰時仔細規畫的這些計畫很快就付諸實現。

美國一向明白歐洲可能選擇走獨立自由的道路；成立北大西洋公約組織（North Atlantic Treaty Organization, NATO）的部分目的就是要對付此一威脅。成立北約組織的官式藉口在一九八九年消散後立刻向東擴張，違背早先向蘇聯領導人戈巴契夫（Mikhail Gorbachev）的口頭承諾。此後就變成美國主導的干預部隊，無遠弗屆；北約組織祕書長薛佛爾（Jaap de Hoop

Scheffer）在北約一次會議上宣稱，「北約部隊必須防衛向西方輸送石油與天然氣的管路」，甚且必須更廣泛地保護油輪及能源系統其他「重要基礎設施」所使用的海上通路。[4]

「廣大區域」理論准許任意採取軍事干預。柯林頓政府很清楚地講出這個結論，宣稱美國有權利使用軍事力量以確保「不受阻礙取得關鍵市場、能源供應和戰略資源」，並且必須在歐洲和亞洲維持「前進部署」龐大的軍事力量，「以便塑造人們對我們的意見」，以及「塑造將會影響我們生活和安全的事件」。[5]

同樣的原則被套用在入侵伊拉克這件事上。當美國不能將其意志強加在伊拉克身上變得十分明顯時，入侵的真實目標再也不能藉美麗的言詞遮掩。二〇〇七年十一月，白宮發布「原則宣言」（declaration of principles），要求美軍部隊必須無限期留駐伊拉克，另外伊拉克也要承諾賦予美國投資人特權。[6]兩個月之後，小布希總統通知國會，他會駁回可能限制美軍永久駐留伊拉克，或是「美國控制伊拉克石油資源」的立法——不過，後來面臨伊拉克頑強抗拒，美國被迫必須放棄此一要求。[7]

在突尼西亞和埃及，二〇一一年人民起義贏得令人刮目相看的勝利，但是誠如卡內基基金會（Carnegie Endowment）報導，名字換了，體制依舊：「執政菁英和治理制度的改變仍是遙遠的目標。」[8]這份報告討論走向民主的國內障礙，但是沒有提來自外部的障礙，後者一向都很大。

美國及其西方盟國極盡全力阻撓阿拉伯世界出現真正的民主。要了解其原因，只需要看看美國民意調查機構針對阿拉伯人民意所做的調查結果。雖然美國國內罕有報導，政策規畫人員肯定知之甚詳。它們透露，壓倒性多數的阿拉伯人認為美國和以色列是他們所面臨的主要威脅：百分之九十的埃及人認為美國是主要威脅，中東區域整體居民有此想法的也占百分之七十五。相形之下，認為伊朗是威脅的阿拉伯人只有百分之十。對美國政策的反對極為強大，以致於大多數人認為，伊朗若是擁有核子武器，區域安全會有增進——百分之八十的埃及人這樣想。[9]其他數字也類似。如果民意能影響政策，美國不但控制不了本區域，還會跟著盟國一起被趕出中東，破壞美國稱霸全球的基本原則。

穆阿瑟理論

支持民主是意識型態者和宣傳工作者的領域。在真實世界裡，菁英不喜歡民主是常態。有壓倒性的證據顯示，迄今民主能獲得支持是因為它對社會和經濟目標能有貢獻。嚴肅的學術界勉強才承認這個結論。

菁英蔑視民主可以從對維基解密（WikiLeaks）爆料的反應得到鮮明證據。最受到注意、獲得欣慰評論的是，指出阿拉伯人支持美國對伊朗立場的電文。它指的是阿拉伯國家統治階層獨裁者的反應，其實民眾的態度沒受到報導。

穆阿瑟（Marwan Muasher）曾任約旦政府官員，後來轉任卡內基基金會中東研究項目主任。他分析其運作原理：「阿拉伯世界傳統的看法是，樣樣事情受控制，沒什麼不對。根據這個思維，根深柢固的力量認為主張改革的反對派和外界人士誇大當地的情況。」[10]接受了這個原則，如果獨裁者支持我們，還要介意什麼？

穆阿瑟理論其實既理性也歷史悠久，我們且舉一個跟今天頗有關係的案例來講：一九五八年內部討論時，艾森豪總統表示關心阿拉伯世界存在「仇視（美國的）運動」，不是政府仇視，而是人民仇視美國。國家安全會議向艾森豪說明，阿拉伯世界有一種認知，認為美國支持獨裁者、封殺民主與發展，以便確保對中東地區資源的控制。更甚的是，國家安全會議的結論是這個認知基本上也算正確，我們正是應該依賴穆阿瑟理論如此做。五角大廈在九一一事件後進行的研究證實，到今天還有人堅持此一認知。[11]

勝者將歷史丟進垃圾筒、而受害者嚴肅看待歷史，這是常態。我們稍為檢視對這個重要問題的幾個觀察，或許有助於了解。今天，並不是埃及和美國第一次面臨相同問題，卻往不同方向發展。十九世紀初也是如此。

經濟史學家曾經認為，在這段期間，埃及居於有利地位其經濟可以快速發展，與美國相似。[12]兩者都有豐饒的農業，包括早期工業革命最重要的棉花。不過，和埃及不同的是，美國必須透過征服、消滅和奴隸制度來發展棉花生產和勞動力，其後果今天很明顯：保護區容留倖存者；雷根時代以來快速擴建監獄收容「去工業化」後剩下的過剩人口。

兩國之間有個根本差異，那就是美國取得獨立，因此可以不理會當時亞當・斯密經濟學理所開主的處方；不像今天向開發中國家宣揚的處方，還真難抵禦。亞當・斯密當時促請剛解放不久的殖民地生產初級產品供出口，及進口優質的英國製造成品，並且不要試圖壟斷重要商品，特別是棉花。亞當・斯密當時還提出警告：不經此途，另走他路的話，「將會倒退，而非加速增進他們每年生產的價值；將會阻礙而非推動他們的國家邁向真正的富強和偉大。」[13]

美洲殖民地獲得獨立後，完全不理睬亞當・斯密的建議，他們遵循英國本身獨立的國家指導之發展路線，提高關稅保護產業對抗來自英國的出口貨（起先是紡織品，後來擴及到鋼鐵及其他商品），並且採取許多其他方法加速工業發展。這個新興獨立共和國更進一步設法壟斷棉花，俾能「使其他國家全都屈服在我們腳下」——尤其是英國敵人——傑克遜派的歷任總統在征服德克薩斯和半個墨西哥時就是如此意氣風發地宣布。[14]

就埃及而言，相似的路線則遭到英國的阻撓。巴麥尊勛爵（Lord Palmerston）表示「痛恨」「無知的野蠻人」阿里（Muhammad Ali）*竟敢想走獨立自主路線，因而動用英國軍艦和財金力量終止埃及追求獨立和經濟發展。巴麥尊勛爵宣稱，「任何公平（對待埃及）的主張都不應該阻礙」英國保持其經濟和政治霸權的「偉大及最高利益」。[15]

第二次世界大戰之後，美國取代英國，成為全球霸主，華府也採取相同立場，明白表示美國不會提供援助給埃及，除非它遵守弱者的標準規矩。也就是美國一再違反市場原則，祭出高關稅抵制埃及棉花，造成它短缺美元而積弱不振。

中東之所以會發生令艾森豪擔心的「仇美運動」，原因其實不難理解，因為它的基礎是知道美國及其盟國支持獨裁者，阻礙民主和發展。

我們也應該替亞當・斯密說幾句公道話。他知道英國若是遵循今天所謂的「新自由主義」（neoliberalism）之健全的經濟學之原則，英國會發生什麼狀況。他提出警告，英國的製造業者、商人和投資人，若走向海外，他們可能獲利，但是英國將遭殃。但是他覺得他們將會受到偏向母國的指引，彷彿在「看不見的手」指引下，英國可以免遭經濟理性的蹂躪。

我們很難看不到這句話，它就是《國富論》（*The Wealth of Nations*）中最著名的那句「看不見的手」。另一位著名的古典經濟學大師李嘉圖（David Ricardo）也得到類似的結論，希望所謂的「偏向母國」可以導致有錢人「滿足在本國較低的獲利率，不到外國追求更有利的運用他們的財富」；他又說，「我若是看到（這種感情）減弱，會很遺憾。」[16]先不談他們的預測，古典經濟學家的直覺是對的。

伊朗和中國的「威脅」

阿拉伯世界的民主起義有時候被拿來和一九八九年東歐的巨變做比較，其實立論恐怕不大一樣。在一九八九年，東歐的民主起義獲得俄羅斯人容忍，也因吻合標準理論——它明白吻合經濟和戰略目標——得到西方國家支持，因此它是高尚的成就，受到各方尊敬；這一點和同時間發生在中美洲「捍衛人民基本人權」的鬥爭不一樣。這句話出自遭到殺害的薩爾瓦多大主教之口，他是遭到由華府裝備及訓練的軍隊殺害的數十萬受害人之一。[17] 在那段恐怖年代裡，西方世界沒有一位戈巴契夫，今天也沒有。而西方國家今天仍然敵視阿拉伯世界的民主。

「廣大區域」理論繼續適用在當前的危機和對峙上。在西方決策圈和政治評論裡，伊朗威脅仍被認為對世界秩序構成最大危險，因此必須是美國外交政策的首要焦點，歐洲也緊跟隨著美國的腳步。

多年前，以色列軍事歷史學家克里維德（Martin van Creveld）寫道：「全世界都目睹美國如何攻擊伊拉克，事後證明根本沒有理由。伊朗人若是不試圖建造核子武器，他們肯定是瘋了」，特別是他們持續受到會被攻擊的威脅，而且這種攻擊是違反聯合國憲章的行為。[18]

美國和歐洲聯手懲罰伊朗，因為伊朗會威脅到「穩定」——從技術上解讀，穩定的意思就是遵從美國的要求——但是我們若是知道他們有多麼孤立，會有助於我們了解真相；不結盟國家強烈支持伊朗有權利提煉濃縮鈾。中東區域大國土耳其和南半球最受羨慕的國家巴西，聯手在聯合國安全理事會投下反對票，反對美國提議的制裁案。他們的不服從招致激烈的批評，但是這也不是第一次：二〇〇三年，土耳其政府遵循百分之九十五的民意，拒絕參與攻打伊拉克，因此證明它掌握不住西方式的民主，就曾經遭到西方猛烈抨擊。

美國固然可以容忍土耳其的不服從——雖然相當沮喪——卻難以忽視中國的態度。新聞界發出警告，「其他許多國家，尤其是歐洲的企業退出下，中國的投資者和商人現在填補了伊朗的真空」，特別是中國正在擴大它在伊朗能源產業的主導角色。[19]華府的反應頗有絕望的意味。國務院警告中國，如果想被「國際社會」——指的是美國及和華府意見契合的國家——接受，必須不「迴避清晰的國際責任」——意即遵守美國的命令。[20]中國不可能會理睬的。

美國現在也很關切中國的軍事威脅愈來愈增大。五角大廈最近有一份研究報告發出警告，中國的軍事預算正在接近「五角大廈花在運作及執行伊拉克及阿富汗戰爭的經費之五分之一」，這當然只是美國整體軍事預算的一小部分。《紐約時報》也說，中國擴張軍事力量可能可以「否定美國軍艦在其外海國際海域作業的能力」。[21]

沒錯，這裡說的是中國外海；它並沒有說美國應該消除不讓中國軍艦進入加勒比海的軍事力量。中國不了解國際文明規則還有另一個實例：反對先進的核子動力航空母艦喬治華盛頓號，參加在中國外海僅有數英里的海軍演習的計畫，因為它有能力可以打到北京。

反之，西方了解美國如此作業全是為了保護「穩定」及本身的安全。自由派刊物《新共和》表示關切「中國派了十艘軍艦通過日本沖繩島附近的國際海域」。[22]這的確是挑釁行為，可是它不提另一個事實，華府不顧沖繩人民的激烈抗議，已經把沖繩轉化為一個主要軍事基地。根據我們擁有世界的標準理論，這卻不是挑釁行為。

除了根深柢固的帝國理論之外，中國的鄰國的確有理由擔心它的軍事和商業力量增長。「廣大區域」理論雖然還存在，推行它的能力已經降低。美國國力的巔峰是在第二次世界大戰之後，當時它實際握有世界一半財富。但是其他工業經濟體逐漸從戰禍中復原，「去殖民化」也出現成績之下，美國國力自然下降。到了一九七〇年代初期，美國握有世界財富的比例已下降到約為百分之二十五，而工業世界出現三極：北美、歐洲和東亞（當時是以日本為首）。

一九七〇年代美國經濟也出現激烈變化，走向金融化和產品出口。幾個不同因素匯合起來，產生財富激烈集中的惡性循環，主要集中在占全民百分之一的高端——大部分是企業執行長、避險基金經理人這類人士手中。這進而導致政治權力的集中，因而又促成國家政策，如財政政策、公司治理規則、解除管制等等都要促進經濟集中。同時，選戰的成本飛騰，逼得政黨落入集中化資本的口袋：共和黨是本能反射性地投入，民主黨——現在已經形同過去的溫和派共和黨——也緊跟著後面不遠。

選舉變成猜謎遊戲，由公關業控制。歐巴馬在二〇〇八年當選總統後，公關業頒給他一個大獎，稱許他的選戰是當年度最佳行銷戰。公關業十分興奮。他們在商業刊物上大談自從雷根以來，他們如何把候選人當作商品成功行銷給選民，但是二〇〇八年是他們最偉大的成就，將會改變企業董事會的風格。二〇一二年總統大選的花費超過二十億美元，大部分來自企業界捐獻，二〇一六年大選花費預計將再加倍。[23]歐巴馬會拔擢企業領袖進入政府高階職位也就不足為奇。民眾既憤怒又挫折，但是只要穆阿瑟的理論還能成立，就沒有關係。

財富和權力往少數人集中之際，絕大多數人民的實質所得卻停滯，人民只能靠增加工作時數、舉債和資產膨脹支撐度日，可是又不時遭到金融危機打擊。一九八〇年代管制架構開始被拆除之後，就埋下金融危機的種籽。

對於極端富有的人而言，這根本不是問題，他們受惠於「大到不能倒」的政府保障。政府的保險非同小可。光以銀行可以低利借貸的能力而論，拜納稅人隱性補貼之賜，彭博新聞社引述國際貨幣基金一份文件估計，「納稅人一年給銀行八百三十億美元」。實際等於它們整個獲利，這件事「關係到理解為什麼大型銀行對全球經濟構成那麼大的威脅」。[24]甚且，銀行和投資公司可以從事風險交易、謀求高度報酬，一旦系統無可避免出了問題，他們又拿出海耶克（F. A Hayek）和傅利曼（Milton Friedman）的理論，跑去向有如奶媽的國家機關懇求拿納稅人的錢去急救。

這就是自從雷根年代以來的常態過程，每次危機都比前次更加嚴重，民眾尤其有感。在大多數民眾身上，實質失業率已達到蕭條的水平，而高盛銀行（Goldman Sachs）這家造成目前危機的始作俑者之一，卻日益興盛。它悄悄宣布二〇一〇年獎賞員工一百七十五億美元，執行長布蘭克芬（Lloyd Blankfein）一個人就拿到一千二百六十萬美元紅利，同時底薪調升為三倍以上。[25]

如果注意力都集中到這些事實上，哪怎麼行。因此，宣傳上就必須設法推諉、怪罪到別人身上，譬如公家部門員工薪水太高、年金優渥；雷根經濟學派還幻想出黑人母親開著大轎車去領社會福利金支票，以及其他不必一提的種種景像。我們都必須束緊腰帶，其實是幾乎大家全都需要束緊腰帶。

教員尤其是可以拿來做文章的目標，這是處心積慮透過私有化，要破壞從幼稚園到大學的公立教育系統動作之一環。這個政策對富人有利，對民眾以及經濟的長期健康則是災難，不過目前市場律當道，這只能算是外部效應之一，可以擱置不理。

移民一向是另一個最好的目標。美國歷史上例證比比皆是，在經濟危機時期更是如此，現在更受到「我們國家正被人搶走，白人即將淪為少數民族」意識的推波助瀾。我們可以理解受委屈的個人之憤怒，但是政策的殘酷卻令人驚駭。

被鎖定為目標的移民都是一些什麼人呢？在我所居住的麻薩諸塞州東部，許多馬雅人（Mayans）在雷根寵愛的殺手執行種族滅絕屠殺後，從瓜地馬拉高原逃命到美國。還有一些墨西哥人則是柯林頓推動北美自由貿易協定（North American Free Trade Agreement, NAFTA）的受害人。北美自由貿易協定是罕見的政府協定之一，一舉就傷害到三個簽署國所有的勞動人民。北美自由貿易協定一九九四年不顧全民反對，在國會闖關之際，柯林頓也啟動原本相當開放的美墨邊境的軍事化。一般認為墨西哥農民無法與受到高度補貼的美國農工企業競爭，墨西哥企業也經受不起美國跨國企業的競爭，因此生存不下去，必須根據標籤錯誤的「自由貿易」協定，給予「國民待遇」。這個特權只給予法人，不給予有血有肉的個人。這些措施導致難民湧入，而在國內受到國家企業政策之害的人，也掀起反移民歇斯底里症候，這都不足為奇了。

同樣的情形也發生在種族歧視可能比美國更猖獗的歐洲。我們看到義大利抱怨難民潮從利比亞湧入，而利比亞卻是第一次世界大戰之後第一個種族滅絕的現場，動手的人正是義大利的法西斯政府。法國今天仍然是它前殖民地凶暴的獨裁政府主要的保護人，也仍然設法不正視它在非洲的可怕暴行。法國總統薩科奇（Nicolas Sarkozy）冷酷地針對「移民潮」提出警告，而拉潘（Marine Le Pen）*則抗議薩科奇完全沒設法阻擋移民潮。我不需要提到比利時，亞當・斯密所謂的「歐洲人的野蠻不正義」的冠軍，恐怕非它莫屬。

即使我們記不得前不久在歐洲大陸發生的歷史，新法西斯主義政黨在歐洲許多國家崛起，將是相當可怕的現象。你不妨想像：假如猶太人被趕出法國，淪於悽慘、受壓迫的境地，然後再看到相同狀況發生在羅姆人（Roma）*身上——他們也是大浩劫（Holocaust）的受害人，是歐洲最受欺壓的民族——各方卻毫無反應，會是怎樣一幅景像。

在匈牙利，新法西斯主義政黨尤比克黨（Jobbik）*在全國選舉中得票率百分之二十一，或許不令人驚訝，因為其餘四分之三選民覺得他們的生活比過去在共產黨統治之下還更糟糕。[26]我們或許鬆了一口氣，極右翼的海德（Jorg Haider）在二〇〇八年只贏得百分之十選票，但是別忘了，右翼的自由黨（Freedom Party）也贏得百分之十七以上的選票。[27]（如果我們記得，德國納粹黨在一九二八年大選只贏得不到百分之三選票，我們會戰慄不已。）[28]在英格蘭，極端種族主義的右翼英國國家黨（British National Party）和英國保衛同盟（English Defence League），是一股重大勢力。

在德國，薩拉金（Thilo Sarrazin）*大嘆移民正在摧毀德國的書成為瘋狂熱賣暢銷書，梅克爾（Angela Merkel）總理雖然譴責這本書的觀點，卻也宣稱多元文化「徹底失敗」：被引進德國從事低賤工作的土耳其人不能成為棕髮藍眼的真正阿利安人。[29]

帶著嘲諷意識的人或許會記得，號稱啟蒙時期重要人物的富蘭克林（Benjamin

Franklin），曾經提出警告，新解放的北美殖民地應該提防允許日耳曼人移民進來，因為他們膚色太黝黑，瑞典人也是。進入二十世紀，盎格魯—撒克遜純種血統這種荒唐的謬論在美國仍然經常浮現，包括若干總統和其他領袖人物都有這種謬論。在我們的文學文化中，種族歧視一直陰魂不散。要撲滅小兒麻痺症恐怕都比要對付這一可怕的疫病來得容易，它在經濟困厄時期就變得更加凶猛。

我不希望漏掉在市場制度中遭到摒棄的另一個外部因素：物種的命運。金融制度的系統風險可以由納稅人補救，但是如果環境遭到摧毀，誰也救不了。我們必須消滅這種謬誤已經到了性命攸關的地步。目前有些企業領袖拚命宣傳，希望說服人民相信，人為造成的地球暖化是自由派的騙局，其實他們心知肚明這個威脅的嚴重性，但是他們必須最大化短期獲利和市場占有率。如果他們不這麼做，有別人會搶著做。

這個惡性循環很可能會要人命。若想看清危險有多大，只要看看美國國會就行了。國會諸公在企業資助、宣傳助陣之下躍居權貴。幾乎所有的共和黨議員都否認氣候變遷。他們已經削減可能緩和環境災害的措施之經費。更糟的是，有些人還冥頑不靈、真心相信；試舉一例，環境議題小組委員會新上任的主席認為全球暖化根本不成問題，因為上帝已經應許諾亞，人世間不會再有一次大洪水。[30]

這種事情如果發生在偏遠小國，我們可能會捧腹大笑，但是當它發生在全世界最富強的國家，我們笑得出來嗎？在我們大笑之前，或許也應該記住，目前的經濟危機可以追溯到狂熱相信市場最有效的教條；諾貝爾經濟學獎得主史提格里茨（Joseph Stiglitz）十五年前就提到市場最清楚這種「宗教」：它阻止中央銀行和經濟學專業（只有少數人是可敬的例外）注意到，八兆美元的住宅泡沫根本沒有經濟基礎，泡沫一旦爆炸，一定哀鴻遍野。[31]

只要穆阿瑟理論當道，這一切就會繼續下去。只要一般民眾消極、冷感，被轉向消費主義或仇視弱者，那麼權勢人士就可以為所欲為，倖活的人將要思索後果。

---

1 Tareq Y. Ismael and Glenn E. Perry, *The International Relations of the Contemporary Middle East: Subordination and Beyond*（London: Routledge, 2014）, 73; Noam Chomsky, *Hegemony or Survival: America's Quest for Global Dominance*（New York: Metropolitan Books, 2003）, 150; Daniel Yergin, *The Prize: The Epic Quest for Oil, Money and Power*（New York: Free Press, 1991）.

2 Noam Chomsky, *Hopes and Prospects*（Chicago: Haymarket Books, 2010）, 55.

3 Laurence H. Shoup and William Minter, *Imperial Brain Trust: The Council on Foreign Relations and United States Foreign Policy*（New York: Monthly Review Press, 1977）, 130.

4 Chomsky, *Hopes and Prospects*, 238.

5 Gerard Van Bilzen, *The Development of Aid*（Newcastle upon Tyne, UK: Cambridge Scholars Publishing, 2015）, 497.

6 White House, "Declaration of Principles for a Long- Term Relationship of Cooperation and Friendship Between the Republic of Iraq and the United States of America," press release, 26 November 2007, http://georgewbush–whitehouse.archives.gov/news/releases/2007/11/20071126-11.html.

7 Charlie Savage, "Bush Declares Exceptions to Sections of Two Bills He Signed into Law," *New York Times*, 15 October 2008.

8 Marina Ottoway and David Ottoway, "Of Revolutions, Regime Change, and State Collapse in the Arab World," Carnegie Endowment for International Peace, 28 February 2011, http://carnegieendowment.org/2011/02/28/of-revolutions-regime-change-and-state-collapse-in-arab-world.

9 Pew Research Center, "Egyptians Embrace Revolt Leaders, Religious Party and Military, As Well," 25 April 2011, http://pewglobal.org/files/2011/04/Pew-Global-Attitudes-Egypt-Report-FINAL-April-25-2011.pdf.

10 Marwan Muasher, "Tunisia's Crisis and the Arab World," Carnegie Endowment for International Peace, 24 January 2011, http://carnegieendowment.org/2011/01/24/tunisia-s-crisis-and-arab-world.

11 Thom Shanker, "U.S. Fails to Explain Policies to Muslim World, Panel Says," *New York Times*, 24 November 2004.

12 Afaf Lutfi Al- Sayyid Marsot, *Egypt in the Reign of Muhammad Ali*（Cambridge: Cambridge University Press, 1984）. 關於對二戰之後埃及更廣泛的討論，見Noam Chomsky, *World Orders Old and New*（New York: Columbia University Press, 1994）, chapter 2.

13 Adam Smith, *The Wealth of Nations*（New York: Bantam Classics, 2003）, 309.

14 Noam Chomsky, *Year 501: The Conquest Continues*（Chicago: Haymarket Books, 2014）, 150.

* 譯注：巴麥尊勛爵在十九世紀歷任英國外交大臣及首相，外交政策強力主張干預主義。他在外相任內最有名的動作之一即發動鴉片戰爭。阿里是鄂圖曼土耳其帝國的埃及總督，被譽為埃及現代化的奠基者。

15 Chomsky, *Hopes and Prospects*, 80.

16 David Ricardo, *The Works of David Ricardo: With a Notice of the Life and Writings of the Author by J. R. McCulloch*（London: John Murray, 1846）, 77.

17 Tony Magliano, "The Courageous Witness of Blessed Oscar Romero," *National Catholic Reporter*, 11 May 2015.

18 Martin van Creveld, "Sharon on the Warpath: Is Israel Planning to Attack Iran?" *New York Times*, 21 August 2004.

19 Clayton Jones, "China Is a Barometer on Whether Israel Will Attack Nuclear Plants in Iran," *Christian Science Monitor*, 6 August 2010.

20 Kim Ghattas, "US Gets Serious on Iran Sanctions," BBC News, 3 August 2010.

21 Thom Shanker, "Pentagon Cites Concerns in China Military Growth," *New York Times*, 16 August 2010.

22 Joshua Kurlantzick, "Th e Belligerents," *New Republic*, 17 February 2011.

23 Stephen Braun and Jack Gillum, "2012 Presidential Election Cost Hits $2 Billion Mark," Associated Press, 6 December 2012; Amie Parnes and Kevin Cirilli, "The $5 Billion Presidential Campaign?," *The Hill*, 21 January 2015.

24 Editors, "The Secret Behind Big Bank Profits," *Bloomberg News*, 21 February 2013.

25 Christine Harper and Michael J. Moore, "Goldman Sachs CEO Blankfein Is Awarded $12.6 Million in Stock," Bloomberg Business, 29 January 2011.

* 譯注：拉潘是法國右翼政黨民族陣線（National Front）創辦人讓・馬利・拉潘（Jean-Marie Le Pen）幼女，二〇一一年起出任該黨黨魁，於二〇一二年和二〇一七年兩度出馬競選總統，高擎反移民、反自由貿易、反全球化的政見大旗。

* 譯注：羅姆人在歐洲常被稱為吉普賽人，是備受歧視的一支少數民族。

* 譯注：尤比克黨正式名稱是「更美好的匈牙利運動黨」（The Movement for a Better Hungary），是激進的民族主義政黨，自稱宗旨是「保護匈牙利的價值和利益」。

26 Eszter Zalan, "Hungary's Orban Wins Another Term, Jobbik Support Jumps," *EU Observer*, 7 April 2014.

27 見 Wikipedia, "Austrian Legislative Election, 2008," https://en.wikipedia.org/wiki/Austrian_ legislative_ election,_2008#Results.

28 Donny Gluckstein, *Nazis, Capitalism, and the Working Class*（Chicago: Haymarket Books, 1999）, 37.

* 譯注：薩拉金是德國社會民主黨政治人物，二〇〇九至一〇年擔任德國聯邦銀行（央行）理事，主張歐洲發行單一貨幣弊大於利，應該改弦更張。

29 Matthew Weaver, "Angela Merkel: German Multiculturalism Has 'Utterly Failed,' " *Guardian*（London）, 17 October 2010.

30 Darren Samuelsohn, "John Shimkus Cites Genesis on Climate Change," *Politico*, 10 December 2010.

31 Joseph Stiglitz, "Some Lessons from the East Asian Miracle," *World Bank Research Observer*, August 1996, https://feb.kuleuven.be/public/ndaag37/1996SomeLessonsfromtheEastAsian_ Miracle.pdf.

第五章
美國式微：原因及結果

「這是一個常見的話題，幾年前還被讚譽為獨步全球，具有空前無比實力和魅力的美國……正在走下坡，不祥地面臨最終的衰頹。」[1]美國政治學學術院（Academy of Political Science）二〇一一年夏季號的期刊提出的這個話題，的確有許多人相信。雖然需要附加許多條件補充說明，但也不無道理。事實上美國在第二次世界大戰後不久，就開始從如日中天的頂點走下坡，而蘇聯瓦解後十多年得意洋洋的論調大多是自我吹擂。甚且，所謂權力將轉移到中國和印度此一常見的推論，也高度值得懷疑。它們都是貧窮國家，各有嚴重的內部問題。世界的確變得更加多樣化，但是儘管美國式微，在可預見的將來，還是沒有人可以跟它競爭全球霸主地位。

我們不妨簡短敘述一些相關的歷史，第二次世界大戰期間美國規畫人員已經認識到美國將從戰爭崛起成為壓倒性的強大國家。外交史學家華納（Geoffrey Warner）是這個議題的重要專家，他認為，從文獻紀錄可以清楚看到，「羅斯福總統目標已經志在美國於戰後世界的霸權」。[2] 美國擬訂計畫，要在全球各地控制所謂的「廣大區域」。這些主張今天還存在，只是範圍已經縮小。

戰時的這些計畫很快就付諸實行，並沒有不符實際。美國早已是世界最富有的國家。戰爭終止了經濟大蕭條（Great Depression），美國的工業產能幾乎增為四倍，同時它的敵手卻元氣大傷、一蹶不振。大戰結束時，美國擁有世界一半的財富和無可匹敵的軍隊。[3] 每一塊「廣大區域」都被賦予在全球體系內的「功能」。後來的「冷戰」大體上就是兩個超級大國各自在本身地盤範圍內鞏固秩序：蘇聯抓緊東歐；美國控制大部分世界。

到了一九四九年，美國計畫控制的「廣大區域」因為通稱的「丟了中國」嚴重受傷。[4]「丟了中國」這個字詞很有意思：你擁有，才能稱得上「丟掉」；可是美國人視為天經地義，認為它擁有大部分的世界。過後不久，東南亞開始脫離華府控制，由於美國想要恢復主宰，以致在中南半島爆發可怕的戰爭，以及一九六五年印尼的大屠殺。同一時期，其他地方也持續出現顛覆及大規模暴力，俾便維持美國所謂的「穩定」。

但是在工業世界積極重建和「去殖民化」推進之下，美國的式微是不可避免。到了一九七〇年，美國占世界財富的比重已經降到約百分之二十五左右。[5] 工業世界逐漸變成「三極」，主要中心在美國、歐洲和亞洲；亞洲以日本為中心，已經成為全球最有活力的區域。

二十年後，蘇聯垮了。華府的反應讓我們對冷戰的現實有深刻的了解。當時主政的老布希政府立刻宣布其政策基本上沒有改變，不過換上不同的藉詞；龐大的軍事建制還是要維持，但是不是要防禦俄國人，而是要對付第三世界國家的「科技複雜化」。同樣的，美國也必須維持「國防工業的基礎」——這是高度依賴政府補貼和計畫的先進工業的婉轉說法。美國仍然必須針對中東布置干預部隊，因為中東的嚴重問題「不能擺在克里姆林宮門口」——這可又是跟半個世紀來的謊言完全不同的說法。它悄悄地承認，問題一直是「激進的民族主義」，也就是其他國家違反「廣大區域」原則、企圖追求獨立的路線。[6]這些原則不會從根本上加以修正，稍後的柯林頓主義（指的是美國可以片面運用軍事力量推進其經濟利益）和北約組織全球擴張就是明顯的例證。

蘇聯這個超級大國強敵垮了之後，出現一段欣喜若狂的時期充滿了「歷史終結」的令人興奮的故事，盛讚柯林頓總統的外交政策進入到「高尚階段」，具有「神聖光芒」，而且有史以來第一次美國可以受「利他主義」指引，專注在「原則和價值」上面。現在，再也沒有別的勢力可以阻擋「理想的新世界去終結不人道」，它終於可以不受阻撓地執行新出現的人道干預此一國際規範。這還只是當時少數幾個著名知識份子的熱切誇讚。[7]

但是，並不是所有的人都如此興高采烈。傳統的受害人——南半球國家——痛批「所謂的人道干預的『權利』」，認為它只不過是帝國主義宰制的舊「權利」披上新衣服罷了。[8]

同一時期，國內決策菁英中頭腦比較清醒的人也替全世界發聲，哈佛大學政府學教授杭廷頓（Samuel P. Huntington）提到美國「逐漸變成流氓超級大國……是對他們社會最大的單一外來威脅。」美國政治學會會長傑維斯（Robert Jervis）也說：「今天頭號流氓國家是美國。」[9] 小布希總統當政後，世界輿論對美國愈來愈有敵意，已經不容忽視；尤其是在阿拉伯世界，小布希的認同率直線下墜。歐巴馬的認同率更是慘不忍睹，在埃及只有百分之五，在中東地區其他國家也高不到哪裡去。[10]

同時，美國繼續衰退。過去十年，南美洲也「丟了」。這的確十分嚴重；尼克森政府規畫摧毀智利民主政府時——美國在「第一次九一一事件」支持軍事政變，扶立皮諾榭將軍獨裁政府——國家安全會議提出不祥的警告，認為美國若不能控制拉丁美洲，就不能期待「在世界其他地方獲致成功的秩序」。[11] 然而，更嚴重的是中東各國走向更加獨立的路線，在後二戰初期的規畫中已經清楚預見到會有這一天。

更加危險的是，可能有人真心認真的朝民主政治發展。《紐約時報》總編輯凱勒（Bill Keller）很動人地寫道，華府「渴望擁抱北非和中東各地崛起的民主人士」。[12] 但是，阿拉伯世界的民意調查卻清楚明白地顯示，如果真的走向創建可運作的民主政治，民意即可影響政策，對美國反而是禍不是福：我們已經提到，阿拉伯人認為美國是重大威脅，如果有選擇的話，會把美國及其盟友趕走。

雖然美國長期政策仍然相當穩定，只有戰術上的調整，在歐巴馬主政時期也有若干重大變化。軍事分析家德瑞真（Yochi Dreazen）及共同作者在《大西洋》雜誌發表文章提到，小布希的政策是逮捕（及刑訊）嫌犯，歐巴馬則是乾脆暗殺他們，快速增加使用恐怖武器（無人機）和特種作戰部隊，後者有許多暗殺小組。[13]特戰部隊已經分派到一百四十七個國家。[14]現在，美國特種作戰部隊員額已經跟加拿大整個軍隊相當，這些軍人實質上就是總統私人的御林軍，這個問題美國調查新聞作家涂斯（Nick Turse）在網站tomdispatch.com上有過詳盡報導。[15]歐巴馬派去暗殺賓拉登的那支特遣隊，先前已在巴基斯坦執行過十多次類似的任務。這些行動以及其他許多發展都告訴我們，雖然美國霸業中衰，但野心不曾減小。

另一個常見話題，至少在那些不是刻意盲目的人士當中，美國的衰退有相當大比例是自己找來的。華府的鬧劇劇目環繞著政府是否「關門」，讓全國民眾倒盡胃口（絕大多數民眾認為應該解散國會），全世界也困惑，因為這是議會民主制下罕見的鬧劇。鬧劇的贊助者看到目前的場面也嚇壞了。企業界很擔心在他們協助下登上權力高位的極端份子，可能會拆毀他們財富和特權所依恃的大廈，也就是照料他們利益無微不至的強大「奶媽國家」。

美國著名的社會哲學家杜威曾經把政治形容為「大企業投在社會的陰影」，他提出警告，「陰影稍減並不會改變它的本質」。[16]自從一九七〇年代以來，這道陰影已經變成烏雲，包圍住社會和政治系統。大企業的力量（目前大部分是金融資金為主）已經到達一個地步，兩大政治組織——現在已經幾乎不像傳統的政黨——在全民熱切討論的議題上，已經趨向於極右派的立場。

就民眾而言，首要的國內問題是失業這個嚴重的危機。在目前的狀況下，這個攸關重大的問題只能靠政府重大刺激才能克服，它遠遠超過歐巴馬在二〇〇九年倡議的刺激方案，歐巴馬的刺激方案雖然拯救了數百萬個就業機會，卻僅勉強補足州和地方政府的支出之衰退。就金融機構而言，最關切的問題是赤字。因此，只有赤字問題受到討論。極大多數民眾（百分之七十二）支持對巨富課稅，以對付赤字嚴峻這個問題。[17]壓倒性的多數民眾反對削減醫衛項目〔百分之六十九反對削減醫療補助（Medicaid），百分之七十八反對削減醫療保險（Medicare）〕。[18]因此，出現的結果可能與民意背道而馳。

公眾諮詢計畫（Program for Public Consultation）就民眾希望如何削減赤字進行研究，計畫主持人庫爾（Seven Kull）報告說：「政府和共和黨領導的眾議院就預算而言，明顯都不符民眾的價值觀和優先順序……在經費支出方面，最大的差異是民眾偏向大砍防務費用支出，可是政府和眾議院卻提議溫和調升……民眾也比政府和眾議院更支持多撥經費進行工作訓練、教育和汙染控制。」[19]小布希和歐巴馬花在伊拉克和阿富汗的戰爭經費，現在估計高達四兆四千億美元。就賓拉登而言，他的成就非凡，可謂大勝，因為他公開宣布過，他的目標就是把美國拖進陷阱，搞得美國破產。[20]二〇一一年美國的軍事預算，幾乎與全世界其他國家的軍事預算加總起來相當；它比二戰以來任何時候的實質數字（經過通貨膨脹調整）都要高，而且還會繼續攀高。有人在談論有計畫的裁減軍事預算，但是這類報導沒有提到的是，如果真要裁減軍事預算，只是減少五角大廈未來預算的增加率。

赤字危機大體上是被製造來作為武器，俾便摧毀很大一部分人民依賴、但有些人痛恨的社會項目。相當受尊敬的英國《金融時報》財經記者沃夫（Martin Wolf）寫道：「對付美國財政問題並不是那麼迫切……美國可以用寬鬆的條件借到錢，譬如少數不歇斯底里的人士所預測，十年期國庫券殖利率接近百分之三。財政挑戰是長期問題，沒有迫切性。」但是，很重要的是，他又說：「聯邦財政問題有一個驚人的特色，估計二〇一一年的歲入只占GDP的百分之十四點四，遠低於戰後接近百分之十八的平均數值。個人所得稅估計只占二〇一一年GDP的百分之六點三。不是美國人沒辦法了解究竟在吵什麼：一九八八年，即雷根總統最後一年任期，它占GDP的百分之十八點二。如果要縮小赤字，稅收歲入必須大幅提升。」這的確很驚人，但是降低赤字是金融機構和超級巨富的要求，而在快速萎縮的民主政治下，這才是受到重視的要求。[21]

雖然赤字危機被用來作為強暴的階級戰爭的工具，長期債務危機是很嚴重的問題，自從雷根不負責任的財政政策把美國從世界主要債權國，變成世界主要負債國，使國債增為三倍，並提升對經濟的威脅以來，就有增無減；而到了小布希時期，問題更變本加厲。然而，現在失業的危機才是民眾最沉痛、最關切的問題。

對於危機最後的「妥協方案」——或許更準確的說，是對極右派的投降——與民眾所希望的，南轅北轍。很少嚴肅的經濟學家會不同意哈佛經濟學者桑莫斯（Lawrence Summers）的意見。桑莫斯認為，「美國目前的問題出在就業和成長赤字，遠大於預算赤字太高的問題」，而華府協商、決定提高舉債上限，雖然比跳票要來得好（其實高度不可能跳票），卻可能對已經惡化的經濟產生更大的傷害。[22]

提都沒提到的是經濟學家貝克（Dean Baker）談到的一種可能性，即如果廢掉功能不彰的民營健康照護制度，換上類似其他工業社會的制度，其人均成本約為一半，而且至少有相等的保健成果，或許就能消泯赤字。[23]然而，金融機構和製藥業勢力太大，雖然此一想法未必太烏托邦理想化，但這種替代選項根本沒被列入考量。基於同樣理由，不能列入議程考量的是其他一些經濟上合理的選項，譬如開徵小量的金融交易稅。

同一時期，華爾街頻頻收到豐厚的新禮物。眾議院撥款委員會削減證券交易委員會的預算要求，而證券交易委員會又是對付金融弊端的首要把關者；國會又揮舞其他武器不利未來世代。《紐約時報》報導，面對共和黨反對環保措施，「美國有家大型公用事業公司，擱置全國最著名的、從一家現有燒煤的火力發電廠遏抑二氧化碳的做法，對能夠抑制地球暖化的排放廢氣控制之努力，構成嚴重打擊。」[24]

這種自己製造的打擊，雖然愈來愈強大，並不是近年的新發明。它們可以上溯到一九七〇年代，當時全國政治經濟經歷重大轉型，使得一般通稱的「（國家）資本主義黃金時代」畫下句點。這種改變有兩大元素，一是金融化，另一是生產線移到境外，兩者都關係到製造業獲利率下降，以及戰後控制資本、規範貨幣的布瑞敦森林制度（Bretton Woods system）的瓦解。「自由市場理論」這種意識型態的勝利，一向就高度有選擇性，當這些理論轉化成解除管制，把企業執行長巨額獎賞與短期獲利結合的公司治理規則，以及其他類似政策決定時，又構成進一步的打擊。因此而造成的財富集中促成更大的政治力量，加速惡性循環，導致極少數的一小撮人異常富有，而大多數人的實質所得卻停滯不前。

同時，選舉的費用一飛沖天，使得兩大黨更向企業界投靠輸誠。兩黨競相把國會領袖位置拍賣給財團之下，所剩無幾的政治民主就更加受到戕害。政治經濟學者佛格森觀察到：「在已開發國家的立法機關中很獨特的一個現象是，美國國會政黨現在把立法過程的主要職位標出價碼。」能替政黨找到資金的議員就能得到職位，實際上使他們甚至超乎常態，淪為私有資本的僕人。佛格森又說，其結果就是，辯論「非常依賴不斷重覆少許已經在戰鬥中受到測試的口號，它們已經打動全國投資集團和利益團體的心弦，而議會領導人必須依賴這些團體汲取資源。」[25]

後黃金時期的經濟產生古典經濟學家亞當・斯密和李嘉圖已經預見到的夢魘。過去三十年，亞當・斯密所謂的「人類的主子」已經放棄對他們本身社會的福祉之任何關切。他們只顧到短期獲利和巨額紅利，國家、人民，統統滾一邊去。

我執筆寫到這裡時，《紐約時報》頭版出現非常生動的實例。兩篇報導並肩出現在版面上。其中之一討論為什麼共和黨激烈反對「涉及到增加歲入」的任何方案——其實它指的是對富人加稅的方案。[26]另一篇標題是：「即使昂貴，奢侈品搶購一空。」[27]

這個景象在花旗集團（Citigroup）替投資人準備的一份手冊中有生動的描述。這家巨型銀行再度向大眾推銷，和過去三十年的循環一樣，在高風險的放款、巨大的獲利、崩盤和政府施救之中反覆徘徊。花旗集團的分析師把社會區分為兩種人，富人和其他人。他們認為全球社會的成長是由有錢的少數人所推動，而且大部分消費也靠他們。富人之外的另一種人就是「非富人」，占極大多數的這些人現在有時候被稱為「全球不安定份子」，亦即生活在不安定且愈來愈貧困環境的勞動階級。在美國，他們陷入「愈來愈深的工人不安全」；聯邦準備理事會主席葛林斯班（Alan Greenspan）在國會作證，自誇管理經濟本事高強時，指稱這才是健全經濟的基礎。[28]這是全球社會真正的權力轉移。

花旗集團分析師建議投資人要緊盯著非常有錢人的一舉一動。他們聲稱，這些人的「富人股票籃子」（Plutonomy Stock Basket）遠比一九八五年以來的已開發市場的世界指數，表現更佳。從當年開始，雷根和柴契爾圖利非常富有者的經濟政策才真正起飛。[29]

在他們難辭其咎的二〇〇八年大崩盤之前，這些「後黃金時期」的新興金融機構得到驚人的經濟力量，是他們企業獲利的三倍以上。崩盤之後，有些經濟學者開始以純經濟角度研究他們的作用。諾貝爾經濟學獎得主梭羅（Robert Solow）認為，他們的整體影響可能是負面的，因為「成功可能無助於實質經濟的效率，可是其弊卻是把財富從納稅人手中轉移到金融家手中。」[30]藉由切碎政治民主所剩無幾的殘餘，這些金融機構設定基礎，引領致命的過程繼續前進——只要他們的受害人願意默不作聲繼續受苦的話。

回到「美國正在走下坡，不祥地面臨最終的衰頽」這個「常見的話題」上，固然惋嘆屬於相當誇張，它們卻含有若干事實。美國在全世界的實力的確從它在後二戰初期的巔峰持續衰退。縱使如此，美國仍然是世界上最強大的國家，全球力量是在持續多元化，而美國也愈來愈不能隨心所欲。但是，衰退有許多面向，也很複雜。國內社會也出現重大的衰退現象，不過，某些人的衰退，在別人卻可能是無法想像的財富和特權。對於富人而言——或許應該更縮小為在極高端的一小撮人——特權和財富無窮盡，可是對絕大多數人而言，前途通常「無亮」，許多人甚至活在具有無可匹敵優勢的國家，生存都面臨困難。

1 Giacomo Chiozza, review of *America's Global Advantage: US Hegemony and International Cooperation*, by Carla Norrlof, *Political Science Quarterly*（Summer 2011）: 336–37.

2 Geoffrey Warner, "The Cold War in Retrospect," *International Affairs* 87, no. 1（January 2011）: 173–84.

3 Noam Chomsky, *On Power and Ideology*（Chicago: Haymarket Books, 2015）, 15.

4 "The Chinese Revolution of 1949," U.S. Department of State, Office of the Historian, https://history . state . gov/milestones/1945-1952/chinese-rev.

5 Robert Kagan, "Not Fade Away," *New Republic*, 2 February 2012.

6 Noam Chomsky, *Powers and Prospects: Reflections on Human Nature and the Social Order*（Chicago: Haymarket Books, 2015）, 185.

7 有關各種說法，見Noam Chomsky,（Monroe, ME: Common Courage, 2002）and Noam Chomsky, *A New Generation Draws the Line: Kosovo, East Timor, and the Responsibility to Protect Today, Updated and Expanded Edition*（Boulder, CO: Paradigm, 2011）.

8 Noam Chomsky, *Hopes and Prospects*（Chicago: Haymarket Books, 2010）, 277.

9 Samuel P. Huntington, "The Lonely Superpower," *Foreign Affairs* 78, no. 2（March/April 1999）; Robert Jervis, "Weapons Without Purpose? Nuclear Strategy in the Post–Cold War Era," review of *The Price of Dominance: The New Weapons of Mass Destruction and Their Challenge to American Leadership*, by Jan Lodal, F*oreign Affairs* 80, no. 4（July/August 2001）.

10 Jeremy White, "Obama Approval Rating in Arab World Now Worse Than Bush," *International Business*

Times, 13 July 2011.

11 Department of State Bulletin, 8 December 1969, 506–07, as cited in David F. Schmitz, *The United States and Right- Wing Dictatorships, 1965–1989*（Cambridge: Cambridge University Press, 2006）, 89.

12 Bill Keller, "The Return of America's Missionary Impulse," *New York Times Magazine*, 17 April 2011.

13 Yochi Dreazen, Aamer Madhani, and Marc Ambinder, "The Goal Was Never to Capture bin Laden," *Atlantic*, 4 May 2011.

14 Nick Turse, "Iraq, Afghanistan, and Other Special Ops 'Successes,' " *TomDispatch*, 25 October 2015, http://www.tomdispatch.com/blog/176060/ .

15 另參見Nick Turse, *The Changing Face of Empire: Special Ops, Drones, Spies, Proxy Fighters, Secret Bases, and Cyberwarfare*（Chicago: Haymarket Books/ Dispatch Books, 2012）and Nick Turse, *Tomorrow's Battlefield: U.S. Proxy Wars and Secret Ops in Africa*（Chicago: Haymarket Books/Dispatch Books, 2015）.

16 Robert Westbrook, *John Dewey and American Democracy*（Ithaca, NY: Cornell University Press, 1991）, 440.

17 Jennifer Epstein, "Poll: Tax Hike Before Medicare Cuts," Politico, 20 April 2011.

18 Jon Cohen, "Poll Shows Americans Oppose Entitlement Cuts to Deal with Debt Problem," *Washington Post*, 20 April 2011.

19 University of Maryland–College Park, "Public's Budget Priorities Differ Dramatically from House and Obama," press release, Newswise.com, 2 March 2011, http://www.newswise.com/articles/publics-budget-priorities-differ-dramatically-from-house-and-obama.

20 Catherine Lutz, Neta Crawford, and Andrea Mazzarino, "Costs of War," Brown University Watson Institute for International and Public Affairs, http://watson.brown.edu/costsofwar/.

21 Martin Wolf, "From Italy to the US, Utopia vs. Reality," *Financial Times*（London）, 12 July 2011.

22 Lawrence Summers, "Relief at an Agreement Will Give Way to Alarm," *Financial Times*（London）, 2 August 2011.

23 "Health Care Budget Deficit Calculator," Center for Economic and Policy Research, http://www.cepr.net/calculators/hc/hc-calculator.html.

24 Matthew L. Wald and John M. Broder, "Utility Shelves Ambitious Plan to Limit Carbon," *New York Times*, 13 July 2011.

25 Thomas Ferguson, "Best Buy Targets are Stopping a Debt Deal," *Financial Times*（London）, 26 July 2011.

26 Robert Pear, "New Jockeying in Congress for Next Phase in Budget Fight," *New York Times*, 3 August 2011.

27 Stephanie Clifford, "Even Marked Up, Luxury Goods Fly Off Shelves," *New York Times*, 3 August 2011.

28 Louis Uchitelle, "Job Insecurity of Workers Is a Big Factor in Fed Policy," *New York Times*, 27 February 1997.

29 Ajay Kapur, "Plutonomy: Buying Luxury, Explaining Global Imbalances," 16 October 2005, as found at http://delong.typepad.com/plutonomy-1.pdf.

30 Noam Chomsky, *Making the Future: Occupations, Interventions, Empire and Resistance*（San Francisco: City Lights, 2012）, 289.

第六章
美國完結了嗎？

某些重要的週年日會受到莊嚴的紀念，譬如日本襲擊珍珠港美國海軍基地。其他事件則遭到忽視，不過通常我們可以從它們身上學到教訓，知道未來前景將會是如何。

甘迺迪總統決定發動二次大戰後最具破壞力、殺戮最慘烈的侵略行為，它的五十週年就沒有舉行紀念活動：當年他決定入侵南越，導致戰火遍及整個中南半島，造成數百萬人死亡和四個國家殘破，而且因為要摧毀地面掩護和糧食作物，美軍在南越使用大家都知道的最致命的致癌物，迄今它的長期效應仍造成許多人喪生。

美國的首要目標是南越，後來侵略延伸到北越，再進入到寮國北部偏遠的農村社會，最後又延燒到柬埔寨農村。柬埔寨挨的炸彈之多令人嘆為觀止，相等於二戰期間盟國在太平洋地區空襲投彈的總合，其中還包括投擲在廣島和長崎的兩枚原子彈。在中南半島戰場上，國家安全顧問季辛吉的命令受到徹底執行：「任何能飛、能動的東西，統統炸了」，這等於是歷史紀錄上罕見的種族滅絕命令。[1]然而，這些事情後人所知不多。除了少數積極份子，圈外人幾乎都不知道。

五十年前美國發動侵略時，沒有引起太大的關切，也不需要太費唇舌舉出理由。當時只靠著甘迺迪總統振臂疾呼，「我們在全世界遭到巨大、無情陰謀的反對，這些人主要依賴隱密手段擴張它的勢力範圍。」如果他們在寮國和越南陰謀得逞，「門戶即將洞開」。[2]

他在其他地方，也進一步警告說，「自滿自大、自我放縱、軟弱的社會即將和歷史的殘渣一道被沖走，只有強者……才可能生存。」他所談論的情況是，美國要粉碎古巴獨立的侵略和恐怖行動竟然失敗了。[3]

等到六年之後抗議蔚為風潮，受人尊敬的越南事務專家、軍事史學家佛爾（Bernard Fall）——他並不是鴿派——預測說，「越南作為一個文化及歷史實體……即將瀕臨滅亡，因為它的農村已經在最強大的軍事機器，針對這樣規模大小的地區展開的重大打擊下實際死亡了。」[4]他指的就是南越。

經過八個恐怖的年頭之後，戰爭終於結束，主流意見仍然分歧，有一派說這場戰爭是「高尚的行為」，如果更堅定就會戰勝；另一極端的批評者就認為這是代價太高昂的「錯誤」。到了一九七七年，卡特總統宣稱因為「雙方都遭受毀壞」，我們不虧欠越南任何債務。[5]他說這段話並沒有引起各界太大注意。

即使除了另一個提醒告訴我們，只有弱者和失敗者才被要求交代他們的罪行，就今天而言，這一切仍然都具有重要的經驗教訓，有待記取。其中一個教訓是，若要了解發生了什麼狀況，我們不僅應該關注現實世界的重大事件——這些事件往往被歷史摒棄；而且還要注意領導者和菁英輿論相信什麼——即使它們沾染幻想。另一個教訓是，除了製造來恫嚇和動員民眾的幻想（有些人也可能困在自己的說辭中而相信不疑）之外，還有基於長期合理和穩定的原則之地緣戰略規畫，因為它們是植根於穩定的機制和他們的關切之上。我還會回來討論這一點，不過在這裡要強調，國家行為的持續因素通常掩飾得很好。

伊拉克戰爭是一個很有教育意義的案例。它用「實施自衛、對抗威脅我們生存的恐怖力量」這個常見的理由，向驚懼的民眾行銷：小布希總統和（英國首相）布萊爾（Tony Blair）宣稱，「唯一的問題」是，海珊是否會停止他發展大規模毀滅性武器的計畫。當這個唯一的問題碰上不正確的答案時，政府臉不紅、氣不喘地把發動戰爭的理由轉為「渴望民主」，而一般主流意見也就亦步亦趨奉為真理。

後來，美國在伊拉克失敗的規模已經無法掩飾，政府悄悄地承認大家一直都很清楚的情勢。二〇〇七年，政府正式宣布，最後的解決方案必須准許美軍設立基地，有權進行戰鬥任務，美國投資者在伊拉克豐富的能源系統必須享有特殊待遇。後來因為伊拉克抗拒，美國才勉強放棄這些要求，但是這一切都瞞著一般民眾。[6]

衡量美國的衰微

我們先記住這些教訓，然後再來看主要的政策和輿論刊物怎麼說。我們先看聲譽最卓著的主流刊物《外交事務》（*Foreign Affairs*）。二〇一一年十一、十二月號的封面，大字標題就是：「美國完結了嗎？」

激發這一標題的文章主張應該「收縮」在海外耗費國家財富的「人道任務」，它已經理解到美國的衰落是國際事務討論上的一個主要題目，而通常伴隨著推論，認為權力正轉移到東方，即中國以及也許印度。[7]

頭兩篇評論文章提起以色列、巴勒斯坦問題。第一篇由兩位以色列高階官員執筆，題目是「問題在於巴勒斯坦人峻拒」。它堅稱以巴衝突無法解決是因為巴勒斯坦人拒絕承認以色列是個猶太人國家——從而符合標準的外交實務：國家是要承認的，並不是享有特權的部門。[8]其實，要求巴勒斯坦承認，只不過是遏制政治解決此一威脅的新手法，目的在防止政治解決會破壞以色列的擴張主義目標。

另有一位美國教授提出反方立場，濃縮成它的標題：「問題在於占領」。[9]這篇文章的副標題是：「占領如何摧毀國家」。哪個國家？當然是以色列。這兩篇文章有個共同的標題：「以色列身陷重圍」。

《外交事務》二〇一二年一、二月號又呼籲事不宜遲，應該轟炸伊朗。文章提醒「嚇阻的危險」，作者認為「懷疑軍事行動的這一派不能理解，具有核武器的伊朗會對美國在中東及其他地區的利益構成什麼真實的危險。他們嚴峻的預估認為，解方可能比疾病更糟。也就是說，美國攻打伊朗的後果會跟伊朗實現其核武野心，一樣糟或更糟。但是這是錯誤的假設。事實真相是，軍事攻擊是要摧毀伊朗的核子計畫，如果管理得宜，可讓中東及世界免去非常真確的威脅，大大增進美國的長期國家安全。」[10]其他人則認為代價會太高，甚至更極端，有人指出倘若動武攻打伊朗，會違反國際法。溫和派的立場一再以動用武力為威脅，也是違背聯合國憲章。

以下讓我們逐一討論這些主要的顧慮。

美國式微是真的。不過，推到極致的末日版本反映的是我們常見的統治階級的見解，他們認為只要不能完全控制，就是完全的災禍。儘管有這些可憐兮兮的慨嘆，美國仍然以極大的差距領先，仍然是獨步全世界的大國，舉目所及仍看不到競爭者，而且美國不只在軍事層面領袖群倫。軍事面的美國當然是頭號超強。

中國和印度已經出現快速的增長（不過，也是貧富懸殊、非常不平等的增長），但仍是非常貧窮的國家，具有許多西方國家不曾出現的巨大內部問題。中國是世界主要製造中心，但大體上是替周邊的先進工業大國，以及西方跨國公司擔任加工裝配工廠。再過一段時間，情勢可能會改變。製造業常常提供基礎去做創新，甚至往往出現突破，現在中國有時候已經出現這種成績。令西方專家刮目相看的一個例子，就是中國已經成為全球日益成長的太陽能電板市場的翹楚，它並不是靠廉價勞力取勝，而是能夠協調一致的規畫，甚至迭有創新。

但是中國面臨的問題非常嚴重。某些是人口方面的問題。譬如，美國著名的科學週刊《科學》雜誌（*Science*）提到，中國的死亡率在毛澤東時代大幅下降，「主要是因為經濟發展和教育及衛生服務大有改善的結果，尤其是公共衛生運動造成傳染病致死率大幅下降。」但是三十年前中國啟動資本主義式的改革之後，這個進步就停了，此後死亡率開始上升。

再者，中國近來的經濟增長相當依賴「人口紅利」——即工作年齡的人口極多。「但是收割這項紅利的機會之窗可能很快就會關上」，對「發展會有深刻影響……相當廉價的勞動力供應是驅動中國經濟奇蹟的一個主要因素，它將無以為繼。」[11]

人口只是未來許多嚴重問題之一。就印度而言，問題更加嚴重。

不是所有著名的主張都預見到美國的式微。在國際媒體當中，沒有人比《金融時報》更嚴肅、更負責任。它最近花了一整頁篇幅對北美洲開採化石燃料的新科技提出樂觀的期許，認為它可能使美國的能源可以獨立，因此維持又一個世紀的全球霸主地位。[12]它沒有提到美國在這種快樂情況下統治的世界會是什麼模樣，但是我們不乏證據可以預見可能的狀況。

大約同一時間，國際能源總署（International Energy Agency, IEA）報導，由於使用化石燃料排放的二氧化碳快速增加，如果世界繼續目前的道路，相對於氣候變遷的安全上限將在二〇一七年觸頂。國際能源總署首席經濟學家說，「門正在關上」，很快「就會永遠關上」。[13]

在此之前不久，美國能源部報導美國每年排放二氧化碳的數字，指它「以破紀錄的最大數字跳升」，其水平已高出「政府間氣候變遷專門委員會」（Inter-governmental Panel on Climate Change, IPCC）預測的最糟劇本。[14]對於許多科學家而言，這並不是意料之外的驚奇新聞，譬如麻省理工學院有關氣候變遷研究專案多年來就警告說，「政府間氣候變遷專門委員會」的預測太保守。

對「政府間氣候變遷專門委員會」的預測如此批評，實際上並沒受到公眾注意；反而是否認氣候變遷這一派得到企業界支持，又有龐大的宣傳運動助陣，使許多美國人昧於國際上的發展，否定氣候變遷的威脅。企業界的支持也直接轉化成政治力量。否認氣候變遷現在已經變成教條手冊的一部分，共和黨候選人在無休止的滑稽的選戰中必須拿出來誦唸；而在國會裡，否認派勢力極大，可以擋下想要調查研究地球暖化效應的一切提案，當然我們更休想會有什麼對付氣候變遷的認真措施。

簡而言之，如果我們放棄盼望體面的生存，美國的衰落或許可以阻止，鑒於世界力量的平衡，這種前景太有可能成真。

「丟掉」中國和越南

把這些不愉快的想法擱置一邊，再仔細檢視美國的式微，會發現中國的確在其中扮演相當大的角色，在過去六十年都如此。現在大家十分關心的式微，並不是近來的現象。它可以追溯到第二次世界大戰結束時，當時的美國擁有全世界一半的財富，又有無可匹敵的安全和全球勢力。政策規畫人員當然清楚美國的實力遙遙領先世界各國，也決心維持這個優勢。

一九四八年一份重要國家文件就相當坦誠的提出此一基本觀點。文件作者是當時世界新秩序設計師之一：國務院政策計畫局局長、備受尊敬的學者政治家肯楠（George Kennan），在政策規畫圈內的溫和鴿派人士。他指出，美國的中心政策目標應該是維持「差距地位」（position of disparity），把我們巨大的財富和其他國家的貧窮區分開來。要達成這個目標，他建議「我們應該停止談論含糊和……不實際的目標，如人權、提高生活水平和民主化等等」，必須以「直截了當的權力概念行事」，不受「利他主義和造福世界」等「理想主義口號所局限」。[15]

肯楠當時明白指的是亞洲的局勢，但是他的觀察可以通則化，適用到美國主導的全球制度的參與者身上，當然會有些例外。然而，大家都清楚，當向其他人，包括知識份子階級對話時，必須明明白白地高舉「理想主義的口號」，期待知識份子去制訂這些口號。

肯楠參與制訂和執行的計畫，天經地義地認為美國將控制西半球、遠東、前大英帝國（包括中東無可匹敵的能源資源），以及盡可能的大片歐亞大陸，尤其是它們的商業和工業重心。從當時權力分布的狀況來看，這些並不是不切實際的目標。但是，美國立刻走向式微之路。

一九四九年，中共建國，在美國造成激烈的論戰和衝突，追究是誰「丟了中國」。這裡頭默認的假設是，美國「擁有」中國，以及世界上大多數地區，一如戰後政策規畫者的想法。「失去中國」是「美國式微」跨出去的重大的第一步。它產生重大的政策後果。後果之一是美國立即決定支持法國重新征服它在中南半島的舊有殖民地，它們才不會也「丟掉」。儘管艾森豪總統和其他人聲稱它的資源豐富，其實中南半島本身不是重點。美國關切的是「骨牌理論」。骨牌沒有倒，經常被人譏笑，但是因為它相當合理，一直都是重要的政策原則。採用季辛吉的說法，一個區域若脫離美國控制，會成為「病毒」，它會「散布傳染」，引誘別人效法跟進。

以越南而言，美國關心的是獨立發展的病毒可能傳染印尼這個的確資源豐富的國家。它也可能導致日本——著名的亞洲歷史學者道爾（John Dahl）所謂的「超級骨牌」——「遷就」獨立的亞洲，成為它的科技和工業中心，屆時這個系統將脫離美國權力的掌控。[16]這一來，實質上就等於美國輸掉第二次世界大戰在太平洋的戰果，因為當時美國浴血作戰就是要阻止日本在亞洲建立一個新秩序。

要對付這個問題，方法很清楚：摧毀病毒，對可能受到感染的國家施行「預防接種」。以越南而言，合理的選擇就是摧毀任何獨立發展能夠成功的希望，在其周邊區域建立殘暴的獨裁政府。這些任務執行得相當成功，不過歷史很詭詐，美國所擔心的狀況後來還是在東亞發展起來，令華府大為驚慌。

中南半島戰爭最重要的勝利出現在一九六五年，美國支持蘇哈托將軍在印尼發動軍事政變，而他執行的大規模罪行讓中央情報局都認為堪可與希特勒、史達林和毛澤東的滔天罪行比擬。《紐約時報》所謂的「駭人的大屠殺」在主流媒體上確實地報導出來，但是卻帶著無盡的欣慰。[17]著名的自由派評論家芮士頓（James Reston）在《紐約時報》上寫道，這是「亞洲的一道光芒」。[18]這場政變透過解散以窮人群眾為基礎的政黨，終結了發展民主政治的威脅，建立起獨裁政府，它進而締造世界最惡劣的人權紀錄，並且把國家豐富資源開放給西方投資人。令人驚訝的是，蘇哈托幹了許多天怒人怨的惡行，包括對東帝汶近乎種族滅絕的入侵，柯林頓政府在一九九五年仍歡迎他是「我們這一國的人馬」。[19]

一九六五年種種大事過後若干年，甘迺迪和詹森兩位總統的國家安全顧問彭岱（McGeorge Bundy）回想，假如當時就結束越戰應該才是明智之舉，因為「病毒」實際上已經消滅，首要骨牌屹立不搖，又有遍布東南亞地區、由美國支持的其他獨裁政府支撐。類似的過程在其他地方也一再上演；季辛吉曾經明白提到智利社會主義民主的威脅，這個威脅因為「第一次九一一事件」、皮諾榭將軍邪惡的獨裁政府上台而終止。病毒也在其他地方，包括中東，引起深刻的關切；中東世俗民族主義的威脅一直讓英國及美國政策規畫官員覺得如芒刺在背，造成他們支持激進的伊斯蘭基本教義派去對抗它。

財富集中和美國式微

儘管有這些勝利成績，美國還是持續衰退。大約一九七〇年代，美國進入一個新階段：有意識的自己造成的衰退，有一部分原因出在國內製造業獲利率降低，民間和國家的策畫人都把美國經濟轉向金融化和境外生產。這些決定啟動惡性循環，財富變成高度集中（最極端的就是財富往占全民頂尖的千分之一人士集中），產生政治權力高度集中，因此出現的立法把這個惡性循環又更加推動。譬如修改稅法及其他財政政策、解除管制、改變公司治理的規則，使得高階主管享有巨額報酬等等。

同時期對大多數人民而言，實質薪資大多停滯不前，人們只能靠增加工作負擔（遠超過歐洲的標準）和無法永續的舉債，勉強過活。自從雷根時代起，一再的出現泡沫，只要泡沫一爆炸，它所創造的紙上財富無可避免也會消失，然後掠奪者又因為政府掏出納稅人的錢而獲得紓困。與此齊頭並進的是，政治制度也愈來愈遭到破壞，由於選舉費用愈來愈高，兩黨都更加靠向企業界的捐獻。共和黨已經到了荒唐可笑的地步，民主黨也相去不遠。

經濟政策研究中心（Economic Policy Institute）多年來是有關這些發展的可靠數據之主要來源，最近它發表厚如一本書的研究報告，叫做《故意設計成失敗》（*Failure by Design*）。「設計」這個字很精確；當然肯定會有其他可能的選擇。這項研究指出，「失敗」與階級有關。設計師本身不會有失敗。政策只會造成極大多數人——「占領運動」（Occupy movements）把它想像為百分之九十九的一般人——以及國家的失敗；國家因之衰敗，由於這些政策更繼續走下坡。

因素之一是生產製造移到境外。如前述中國太陽能電板的例子顯示，製造產能提供基礎，刺激創新，然後在生產、設計和創新上走向更高的精緻階段。它們的獲利也大多外移——對於愈來愈掌握政策設計的「金融大咖」而言這不是問題，但是對勞動階級和中產階級而言，可就問題嚴重了；致於最受壓迫的非洲裔美國人，這更是災厄。他們從來沒有逃出奴隸制度及其醜陋後果的桎梏，他們微不足道的財富在二〇〇八年住宅泡沫爆裂，引爆近年最嚴重的金融危機之後就消失了。

擾亂外國

一方面，有意識的自己造成的衰退在國內持續進行，另一方面，其他地方的「丟失」也持續上升。過去十年是五百年來第一次，南美洲成功地使自己脫離西方的宰制。這個區域已經走向統合，也開始處理在十分歐洲化的菁英統治之下，所發生的一些可怕的內部社會問題；在全民深陷貧困的大洋時，這些菁英吃香喝辣，掌握極端的財富。這些國家也擺脫了美國在其境內設置的所有的軍事基地，以及國際貨幣基金對它們的控制。「拉丁美洲暨加勒比海國家共同體」（Community of Latin American and Caribbean States, CELAC）是個新成立的組織，包含美國和加拿大以外的全部西半球國家。如果它真的能夠運作，那將是美國走向衰退的又一步，而且就發生在一向被視為是美國「後院」的地區。

更嚴重的將是失去中東及北非國家。自從一九四〇年代以來，它們就被政策規畫師視為「戰略力量最巨大的源頭，世界史上最大的物資大獎之一。」[20]我們可以說，如果預設北美洲出現新的能源資源可讓美國保有一個世紀的能源獨立，這個說法能夠成立的話，控制中東及北非國家的重要性就可以稍減，但恐怕減低不了太多。美國最關切的是要如何掌控更多，而不是能買到多少。不過，因為對全球均勢可能的後果太不祥，這些討論可能也只是學術圈在演練而已。

阿拉伯之春（Arab Spring）是另一個極具歷史重要性的發展，它可能預示至少會「失去」一部分的中東及北非國家。美國及其盟國拚命想防止這個結果。到目前為止，算是相當成功。他們對此一全民起義的政策緊守住標準方針：支持對美國的影響力和控制最親善的勢力。

美國必須支持討他歡心的獨裁者，只要他們能夠控制住政權就行（譬如產油大國的獨裁者）。如果此路不通，趕快拋棄他們，設法盡全力恢復舊政權（譬如突尼西亞和埃及的例子）。這個模式在全世界各地都常見，蘇慕薩（Somoza）、馬可仕（Marcos）、杜瓦利（Duvalier）、莫布杜（Mobutu）、蘇哈托（Suharto）和其他許多人都是。以利比亞為例，三個傳統的帝國主義大國違反他們剛贊成的聯合國安全理事會決議，成為叛軍的空軍，急劇升高平民老百姓的傷亡人數，製造出人道災厄和政治紊亂，使得國家陷入內戰，武器外流到西非及其他地方的聖戰士手裡。[21]

以色列與共和黨

同樣的考量也直接進入到前述《外交事務》二〇一一年十一、十二月號所討論的第二個大問題：以色列和巴勒斯坦的衝突。在這個地區，美國對民主的忌憚更加清楚。二〇〇六年一月巴勒斯坦舉行的選舉，被國際觀察團宣布為自由、公平的選舉。但是美國（當然還有以色列）即刻的反應，然後歐洲也恭謹地跟進，竟是對巴勒斯坦人施加嚴懲，只因為他們投票支持的對象不合美國人心意。

這並不是創新之舉。它吻合主流學者承認的一般原則：美國支持民主，但是前提是結果必須吻合美國的戰略與經濟目標。新雷根主義學者卡洛瑟斯（Thomas Carothers）是對「民主推進」倡議論最小心、最受尊敬的分析家，他提出這個令人遺憾的結論。

更廣泛地說，美國過去四十年領導排斥以巴和解的陣營，阻擋呼籲政治解決的國際共識，而這個政治解決方案的條件早已是各方周知，根本毋庸贅言。西方經常掛在嘴上說，以色列尋求談判，並沒有預設條件，可是巴勒斯坦人拒絕和解。其實，反過來恐怕才更正確：美國和以色列提出嚴格的先決條件，這些條件設計來確保談判會使巴勒斯坦人在關鍵重大議題上投降，或是根本不可能接受。

第一個預設條件是必須由華府監督談判，這就好有一比，伊拉克的遜尼派和什葉派穆斯林談判，要由伊朗來監督。認真的談判必須在某些中立國家監督下才能推進，最好是由受到國際尊敬的中立第三者來監督，譬如巴西。這些談判必須要設法解決相對兩大陣營之間的衝突：一造是美國和以色列，另一造是世界上其他大部分國家。

第二個預設條件是，以色列必須有自由、不受限制地擴張它在約旦河西岸非法的屯墾區。理論上，美國反對以色列這些行動，但只是很緩和地表態，另方面卻繼續提供經濟、外交和軍事的援助給以色列。當美國有它本身的目標時，它很容易就制止以色列的行動；譬如以色列有個E1計畫，預備把大耶路撒冷和馬阿勒阿杜明市（Ma'aleh Adumim）串連起來，實質上會把西岸地區切為兩半。這是以色列不分黨派都視為高度優先的項目，但是在華府有些人反對，因此以色列必須搞些小動作，偷偷推動。[22]

美國的虛偽反對在二〇一一年二月達到可笑的地步，歐巴馬否決聯合國安理會要求執行美國官方政策的決議案（決議文另外還有一段文字是沒有爭議的，它認定屯墾區是非法的，不只是擴大屯墾區才構成非法）。從此以後，國際上再也不大討論終止擴大屯墾區，以色列方面的擴張行動繼續不斷，而且有時候是蓄意挑釁。

以色列和巴勒斯坦代表預備二〇一一年一月在約旦會談時，以色列宣布在西岸地區比茲卡澤耶夫（Pisgat Ze'ev）和哈霍瑪（Har Homa）新闢建屯墾區。這塊地區早已經宣布納入大肆擴張的耶路撒冷，而耶路撒冷也早被以色列兼併、移民和興建，擬作為以色列的首都，這可全都直接違反安理會的命令。[23] 其他的動作也在配合宏大的設計，要把西岸地區還能剩下、要交給巴勒斯坦自治政府的區塊，和位於耶路撒冷城裡原有的巴勒斯坦人文化、商業和政治中心切斷關聯。

我們可以理解為什麼巴勒斯坦人的權利，在美國的政策和討論中會居於邊陲地位。巴勒斯坦人既無錢又無勢，他們根本無法對美國的政策有所助益。事實上，他們只有負面價值，只會在「阿拉伯街頭」滋生事端。

反之，以色列是個富裕的社會，有先進的、軍事化的高科技產業。數十年來，它一直是美國非常有價值的軍事和戰略盟友，尤其是一九六七年以來，以色列摧毀納瑟主義「病毒」，與華府建立「特殊關係」持續至今，對美國及其盟友沙烏地阿拉伯助益極大。[24]它也是美國高科技投資的一個重心。事實上，美、以兩國的高科技產業，尤其是軍事工業，有極密切的關聯。[25]

除了大國政治這些基本考量之外，有些文化因素也不容輕忽。英國和美國的基督教錫安主義（Zionism）早於猶太人的錫安主義，一直是重要的菁英現象，具有清晰的政治作用（包括貝爾福宣言（Balfour Declaration）即源自於它）。第一次世界大戰期間，艾倫比（Edmund Allenby）將軍征服耶路撒冷時，美國新聞界稱譽他是「獅心王理查」（Richard the Lion-Hearted）。當年的「獅心王理查」後來贏了十字軍東征，把異教徒趕出聖地。

下一步就是讓「選民」回到上帝應許給他們的土地去。羅斯福總統的內政部長艾克斯（Harold Ickes）反映此一菁英的共同觀點，宣稱猶太人重回巴勒斯坦殖民是「人類史上無與倫比」的成就。[26]這種態度很容易出現在天佑理論（Providentialist doctrine）之中，這是美國立國以來，全民及菁英文化的一個強大元素，相信上帝對世界有一套規畫，而美國在上帝領導下擎起大旗前進，許多開國先賢已一再闡釋它。

再者，福音派基督教一直是美國民間的一股主要勢力。更極端的「末世論」（End Times）福音派基督教勢力也極大，它因為以色列在一九四八年建國而聲勢大振，到了一九六七年，以色列征服整個巴勒斯坦，它的聲勢更是如日中天。根據這一派的觀點，所有的跡象都顯示，末世和「耶穌復臨」（Second Coming）已經近了。

這些勢力自從雷根時期已經變得特別強大，共和黨甚至放棄再扮演傳統意義的政黨，反而專心致志服務一小撮超級巨富和企業界。可是，受到改造過的共和黨全力服務的這一小撮人選票不夠，因此他們必須另闢蹊徑。他們唯一的選擇是動員已經存在的社會趨勢，這些人很少被當作有組織的政治勢力看待：他們主要是陷於恐懼和仇恨的本土主義者，以及以國際標準而言可謂極端份子，但以美國標準則還不是的宗教人士。有一個結果就是尊崇所謂的聖經上的先知；因此不僅支持以色列及其征服與擴張，而熱愛以色列。這又是共和黨公職候選人必須聲聲頌唱的核心主張（民主黨也緊追在後）。

除了這些因素，我們不應忘掉「盎格魯勢力範圍」（Anglosphere）——英國及其後裔——是屯墾、殖民的社會，在原住民被壓制或殲滅之後的餘燼中崛起。過去的做法肯定有些道理。以美國而言，甚至奉了天意而定。因此之故，以色列循著相同的路走來，經常得到美國直覺的支持。不過主要還是地緣政治和經濟利益在起作用，政策並非鐫刻在岩石之上。

伊朗「威脅」和核子問題

現在，我們回到菁英雜誌所提到的第三個重大問題：「伊朗的威脅」。在菁英及政治圈中，一般把它當作是對世界秩序的首要威脅。老百姓可不一定這樣想。在歐洲，民調認為以色列是對世界和平的首要威脅。[27]在中東和北非國家中，美國和以色列並列為威脅和平的禍首，以埃及為例，在解放廣場（Tahrir Square）起義前夕，百分之八十的人認為，伊朗若擁有核子武器，中東地區會更加安全。[28]同一個民調發現，只有百分之十的埃及人認為伊朗是威脅。這和執政的獨裁者的看法不同，獨裁者另有他本身的考量。[29]

在美國，在過去幾年大規模宣傳活動之前，大多數美國人認同大部分世界的看法，認為伊朗已經簽署核子不擴散條約（Non-Proliferation Treaty），它有權利進行提煉濃縮鈾。即使今天，仍有相當大多數人贊成以和平方式和伊朗交往。甚至有人認為，如果伊朗和以色列交戰，都反對軍事介入。只有四分之一美國人認為伊朗是美國的主要煩惱。[30]但是，民意和政策之間出現裂縫——而且往往大如斷層——並不是不尋常的事。

為什麼伊朗會被認為是那麼巨大的威脅呢？這個問題很少受到討論，但是不難找到嚴肅的答案。雖然跟平常一樣，不是在政治菁英的熱烈討論之中。最權威的答案出現在五角大廈和情報機關定期就全球安全向國會提出的報告當中。它指出：「伊朗的核計畫以及它有意願維持開發核武器的可能性，是它嚇阻戰略的中心部分。」[31]

我們當然不用多說，也知道這兒的討論不會窮盡一切題目。譬如，美國軍事政策重心移向亞太地區，就是沒有討論的一個重要議題。南韓的濟州島正在大肆擴建軍事基地，澳洲西北部也有美軍進駐，這些都是「圍堵中國」政策的一部分。美軍在沖繩的基地也有密切的關係，這個問題多年來一直遭到當地人民的激烈反對，一直是美國、東京、沖繩關係的重大危機。[32]

美國戰略分析家說，中國軍事計畫的結果是「典型的『安全兩難』」，就充分顯示雙方的基本假設沒有太多變化。外交政策研究中心（Foreign Policy Research Institute）的高德文（Paul Godwin）寫道：「他們的規畫人員認為是防衛性質的軍事計畫和國家戰略，被另一方視為威脅。」[33]中國外海海域該由誰控制，就出現安全兩難的困境。美國認為它控制這些海域的政策是「防禦性質」，可是中國認為它是威脅；相對的，中國認為它在鄰近地區的行動是「防禦性質」，美國卻認為它是威脅。如果是美國沿海水域，我們可能就無法想像會有這種辯論。「典型的安全兩難」會有道理，是因為它假設美國有權利控制大部分的世界，而美國的安全需要它具有接近絕對控制全球的地位。

雖然帝國主宰的原則沒有太大變化，我們執行它們的能力已經大幅下降，因為在多元化的世界，權力已經愈來愈廣為分散。結果有很多。然而，有一點很重要，必須要記住（很不幸），它們都沒有把籠罩在全球秩序頭上的兩大烏雲：核子戰爭和環境禍害，化解掉；這兩大烏雲都威脅物種的生存。

這兩大威脅都很不祥，也都愈來愈大。

---

1 Elizabeth Becker, "Kissinger Tapes Describe Crises, War and Stark Photos of Abuse," *New York Times*, 27 May 2004.

2 John F. Kennedy, "The President and the Press,"（address before the American Newspaper Publishers Society, Waldorf-Astoria Hotel, New York, NY, 27 April 1961）http://www.jfklibrary.org/Research/Research-Aids/JFK-Speeches/American-Newspaper-Publishers-Association 19610427.aspx.

3 John F. Kennedy as quoted in Thomas G. Paterson, "Fixation with Cuba: The Bay of Pigs, Missile Crisis, and Covert War Against Castro," in *Kennedy's Quest for Victory: American Foreign Policy, 1961–1963*, ed. Thomas G. Paterson（Oxford: Oxford University Press, 1989）, 136.

4 Edward S. Herman and Noam Chomsky, *Manufacturing Consent: The Political Economy of the Mass Media*（New York: Pantheon, 1988）, 183.

5 Jimmy Carter: "The President's News Conference," March 24, 1977. Online by Gerhard Peters and John T. Woolley, *The American Presidency Project*, http://www.presidency.ucsb.edu/ws/?pid=7229.

6 Suzanne Goldenberg, "Bush Commits Troops to Iraq for the Long Term," *Guardian*（London）, 26 November 2007. 另參見Guy Raz, "Long-Term Pact with Iraq Raises Questions," *Morning Edition*, National Public Radio, 24 January 2008. 關於更進一步分析，見Noam Chomsky, *Making the Future: Occupations, Interventions, Empire and Resistance*（San Francisco: City Lights Books, 2012）, 64–66; Charlie Savage, "Bush Asserts Authority to Bypass Defense Act," *Boston Globe*, 30 January 2008.

7 Joseph M. Parent and Paul K. MacDonald, "Th e Wisdom of Retrenchment," *Foreign Affairs* 90, no. 6（November/December 2011）.

8 Yosef Kuperwasser and Shalom Lipner, "The Problem Is Palestinian Rejectionism," *Foreign Affairs* 90, no. 6（November/December 2011）.

9 Ronald R. Krebs, "Israel's Bunker Mentality," *Foreign Affairs* 90, no. 6（November/December 2011）.

10 Matthew Kroenig, "Time to Attack Iran," *Foreign Affairs* 90, no. 1（January/February 2012）.

11 Xizhe Peng, "China's Demographic History and Future Challenges," Science 333, no. 6042, 29 July 2011, 581–87.

12 Daniel Yergin, "US Energy Is Changing the World Again," *Financial Times*（London）, 16 November 2012.

13 Fiona Harvey, "World Headed for Irreversible Climate Change in Five Years, IEA Warns," *Guardian*（London）, 9 November 2011.

14 " 'Monster' Greenhouse Gas Levels Seen," Associated Press, 3 November 2011.

15 Noam Chomsky, *Powers and Prospects*（Chicago: Haymarket Books, 2015）, 220.

16 John W. Dower, "The Superdomino In and Out of the Pentagon Papers," in *The Pentagon Papers: The*

Senator Gravel Edition, Volume 5, eds. Noam Chomsky and Howard Zinn（Boston: Beacon Press, 1972）, 101–42.

17 Seymour Topping, "Slaughter of Reds Gives Indonesia a Grim Legacy," *New York Times*, 24 August 1966.

18 James Reston, "A Gleam of Light in Asia," *New York Times*, 19 June 1966.

19 David Sanger, "Why Suharto Is In and Castro Is Out," *New York Times*, 31 October 1995.

20 Noam Chomsky, *Hegemony or Survival*（New York: Henry Holt, 2003）, 150.

21 Alan J. Kuperman, "Obama's Libya Debacle," *Foreign Affairs* 94, no. 2（March/ April 2015）.

22 Barbara Ferguson, "Israel Defies US on Illegal Settlements," *Arab News*, 6 September 2006.

23 Herb Keinon, "EU Condemns Building in Har Homa, Neveh Ya'akov, Pisgat Ze'ev," *Jerusalem Post*, 6 February 2014.

24 "U.S. Daily Warns of Threat of 'Nasserite Virus' to Moroccan, Algerian Jews," Jewish Telegraphic Agency, 21 February 1961, http://www.jta.org/1961/02/21/archive/u-s-daily-warns-of-threat-of-nasserite-virus-to-moroccan-algerian-jews.

25 Debbie Buchwald, "Israel's High-Tech Boom," in *Focus Quarterly* II, no.2（Summer 2008）.

26 Noam Chomsky, *Making the Future: Occupations, Interventions, Empire and Resistance*（San Francisco: City Lights, 2012）, 251.

27 Peter Beaumont, "Israel Outraged as EU Poll Names It a Threat to Peace," *Guardian*（London）, 19 November 2003. 由Taylor Nelson Sofres/EOS Gallup Europe主持的這項民調是在二〇〇三年十月八至十六日進行。

28 2010 Arab Public Opinion Survey, Zogby International/Brookings Institution, 2010, http://www.brookings.edu/～/media/research/files/reports/2010/8/05-arab-opinion-poll-telhami/0805_arabic_opinion_poll_telhami.pdf.

29 Ibid. 針對「請舉出兩個國家，你認為對你構成最大的威脅」這個問題，百分之八十八受訪人指出以色列，百分之七十七指為美國；而三十六歲以上的受訪人，有百分之九認為是伊朗，三十六歲以下的受訪人：有百分之十一認為是伊朗。

30 Scott Clement, "Iranian Threat: Public Prefers Sanctions over Bombs," *Washington Post,* 14 March 2012; Steven Kull et al., "Public Opinion in Iran and America on Key International Issues, January 24, 2007: A WorldPublicOpinion.org Poll," http://www.worldpublicopinion.org/pipa/pdf/jan07/Iran_Jan07_rpt. pdf.

31 Department of Defense, "Unclassified Report on Military Power of Iran, April 2010," http://www. olitico.com/static/PPM145_link_042010.html.

32 Gavan McCormack, " 'All Japan' versus 'All Okinawa'—Abe Shinzo's Military-Firstism," *Asia-Pacific Journal* 13, issue 10, no. 4（March 15, 2015）.

33 Paul Godwin, "Asia's Dangerous Security Dilemma," *Current History* 109, no. 728（September 2010）: 264–66.

第七章
大憲章及其命運以及我們的命運

《大憲章》（Magna Carta）是建立民權與人權的一道重要里程碑，再隔幾個世代，就是它的一千年紀念日。它究竟是會被謳歌、哀悼或忽視，我們還不清楚。

這是一個目前就該正視的嚴肅課題。我們現在要做的事，或不去做的事，將決定世界對這個事件的評價。如果目前的趨勢持續下去，前景並不樂觀，尤其是《大憲章》目前就在我們眼前遭到踐踏。

《大憲章》第一個學術性的版本，由英國著名的法學家布萊克史東（William Blackstone）校訂出版。這不是一件簡單的工作，過去並沒有良好的文本存在。他寫道，「憲章的原本很不幸被老鼠咬損了」。在今天我們面對老鼠未完成的工作時，這句話頗具嚴峻的象徵意義。[1]

布萊克史東的版本取名《大憲章及森林憲章》（The Great Charter and the Charter of the

Forest），實際上包含兩個憲章。第一個憲章《自由憲章》（Charter of Liberty）公認是說英語的民族基本權利的基礎，或者套用邱吉爾（Winston Churchill）比較廣義的說法，它是「任何國家、任何時刻……每個有自尊的人之憲章。」[2] 邱吉爾指的是國會在「權利請願書」（Petition of Right）中重新確認的《大憲章》，它籲求英王查理一世承認法律至上，而非國王至上。查理一世短暫同意，但立刻違背承諾，以致英國爆發內戰，兵連禍結。

王室和巴力門（parliament，議會）經過一番激烈衝突後，查理二世恢復王權。巴力門雖然失敗，《大憲章》並沒有被人忘記。巴力門的領袖之一范恩（Henry Vane the Younger）被送上斷頭台；站在台上，他試圖宣讀聲明，譴責此一判刑違反《大憲章》，但是號角聲掩蓋他的發言，不讓圍觀群眾聽見他的讜言謬論。他最大的罪行是起草請願書，宣稱在公民社會裡，人民是「所有正義權力的源頭」。不是國王，甚至也不是上帝。[3] 這正是威廉斯（Roger Williams）強烈主張的立場。威廉斯在今天的羅得島州成立第一個自由社團。他的異端思想影響了彌爾頓（John Milton）和洛克（John Locke）。不過，威廉斯更極端，他建立政、教分離的現代理論。直到今天的自由民主政體中仍持續有爭議。

但是，失敗往往使人不輟，仍然繼續爭取自由和權利。范恩被處死之後不久，查理二世頒授皇家特許狀給羅得島殖民地，宣布成立「民主形式的政府」，而且殖民地政府承認教皇派（Papists）、無神論者、猶太人、土耳其人，甚至貴格會（Quakers）的良心自由。貴格會是在那個動盪時代出現的許多教派中最受害怕，也最受壓迫的教派之一。[4]在當時的氛圍中，這都是很不尋常，令人驚訝的動作。

隔了幾年，自由憲章又因一六七九年的《人身保護令法》（Habeas Corpus Act of 1679）而擴充，它的正式名稱是《改善保障臣民自由暨防止海外監禁法》。美國憲法取法英國習慣法，確認除非發生叛亂或入侵，「人身保護令不會暫停」。美國聯邦最高法院亦以全體一致裁定，確認依照這一法律所保障的權利「經（美利堅合眾國）開國先賢確認為對自由最高的保障」。今天我們都應該反覆咀嚼這些字句。

第二憲章及公共持分

另一份憲章——森林憲章——的重要性也不下於自由憲章，甚至在今天更有關係。賴因巴赫（Peter Linebaugh）對《大憲章》及其日後發展歷史做了文獻豐富的研究，深入探討此一主題。[5]森林憲章要求保護「公有持分」（commons）不受外力侵凌。公有持分是一般民眾基本生活所資之來源：他們的燃料、食物、建築材料、生活必需品莫不出自於此。森林並不是原始的曠野之地。它已經經歷許多世代的開發，保持為公有，它的資源供人人利用，並且保留給未來子孫利用。這個做法今天主要存在於傳統社會，而它們在全世界都頻頻受到威脅。

森林憲章對私有化設下限制。羅賓漢神話代表這個主張的精髓。（一九五〇年代熱門的電視影集《羅賓漢歷險記》（*The Adventures of Robin Hood*），是由好萊塢因左翼思想被列入黑名單的劇作家匿名編劇，也就不足為奇。）[6]可是到了十七世紀，這項憲章卻因為商品經濟和資本主義做法及道德的崛起而淪喪。

當公有持分不再受到只能供合作開發及利用的保護之下，平民的權利只限於不能被私有化的部分，而這一部分持續萎縮到實質上看不到的地步。玻利維亞當局企圖將水源私有化，引爆民間起義，最後造成占大多數的原住民有史以來第一次當家掌握政權。[7]世界銀行裁定跨國企業「環太平洋礦業公司」（Pacific Rim Mining Corporation）可以控告薩爾瓦多，而薩爾瓦多只是為了維護土地和社群不受高度破壞的金礦開採所侵襲。環保設限威脅到剝奪該公司未來的獲利，根據被貼上「自由貿易」標籤的投資人權利體制的規則，這是可以懲處的罪行。[8]這只是目前在全世界許多地方出現的鬥爭之小小一部分案例。有些案例涉及到極端暴力，譬如，近年來在剛果東部有數百萬人被殺，只是為了確保某些礦產能夠源源不斷供應手機及其他用途之用，當然這也涉及到極大的獲利。[9]

資本主義做法和道德的崛起也造成如何對待公有持分，以及如何解讀它們的激烈修正。哈定（Garrett Hardin）很有影響力的論據就掌握到今天流行的觀點，他說，「在公有持分上的自由使我們人人受害」，換言之，這是「公有持分的悲劇」：不屬於任何人擁有的東西就會被個人的貪婪所毀滅。[10]

國際上還有一個相似的「無主土地」（terra nullius）的概念，用來合理化在盎格魯勢力範圍內的屯墾殖民社會驅趕原住民，或甚至「消滅」他們。這是美國共和國開國先賢自己說的，當然有時候事後他們也會後悔如此做。根據這個很有用的理論，印第安人沒有財產權，因為他們只是在無主土地上遊蕩。辛勤開發的殖民者因此把沒有價值的土地創造出價值，把曠野之地開發出來供商業利用。

事實上，殖民者心知肚明，因此安排了繁複的購買程序，並經國王及巴力門通過，但是後來因為這些野蠻人拒絕被消滅，因而就強力將它們廢止。一般認為無主土地理論出自洛克的創見，但是這個說法恐怕不能成立。身為殖民行政官員，他明白實際狀況，而且當前學術研究、特別是澳洲學者柯克蘭（Paul Corcoran）的研究，也相當可信地證明在他的著作中找不到這種根據。（事實上，這個理論在澳洲推行得特別凶暴。）[11]

其實也不是沒有人挑戰對公有持分悲劇如此黯淡的預測。已故的歐斯壯（Elinor Ostrom）因為證明使用者管理漁源、牧場、森林、湖泊和地下水十分成功，在二〇〇九年榮獲諾貝爾經濟學獎。但是我們如果接受如下未宣告的假設前提，這個理論就會更有力量：人類受到工業革命初起時美國工人所謂的「新時代精神，只為自己圖謀財富」之盲目驅動。[12]

和他們之前的英國農人及工人一樣，美國工人譴責這種加諸他們身上的新精神，認為它既卑鄙又具破壞性，傷害到自由的男人及女人的本性。我特別要強調「女人」，因為譴責資本主義工業制度破壞自由人的權利和尊嚴最強大的聲音，出自「工廠女郎」，出身農村的年輕婦女。她們也被趕進受人監督、控制的受薪勞工的行列；當時認為它和傳統奴隸制的差別只在於它是臨時性的賣身。這個立場被認為天經地義，因此成為共和黨的口號，北方工人遂在這個旗幟下拿起武器投入南北戰爭。[13]

控制對民主的渴望

那是一百五十年前發生在英國的事情。此後投入相當大的努力諄諄教誨「新時代精神」。公關業、廣告業和行銷業等許多新行業投入這項工作，它們積累起來占了GDP相當大比例。它們專注於偉大的政治經濟學家范伯倫所謂的「製造需求」。[14]套用企業領導人自己的話來說，他們的工作是導引人們走上生活中「表面的東西」，如「時髦的消費」。在這樣做之下，人們變成原子化、彼此隔離、只求個己收穫，離開為自己著想、挑戰權威的危險行為。

伯奈斯（Edward Bernays）是現代公關業始祖之一，把塑造意見、態度和認知的過程稱為「共識工程學」。他是個受尊敬的威爾遜、羅斯福、甘迺迪思想一脈相傳的進步主義者，很像跟他同時代的新聞工作者李普曼（Walter Lippmann）這位二十世紀美國最著名的公共知識份子。李普曼稱贊「製造共識」是實踐民主的「新藝術」。

他們倆人都認為，民眾必須被「擺放在它們的位置上」、邊緣化、控制好。當然，這是為了他們好。人民太「愚笨和無知」，不能讓他們管理自己的事。工作必須交付給「有知識的少數人」；這些「有知識的少數人」必須受到保護，免於「困惑的群眾……無知又好事的外人」——十七世紀的前人所謂的「流氓群眾」——所「踐踏和咆哮」。在運作得宜的民主社會中，一般民眾的角色應該是「旁觀者」，不是「行動的參與者」。[15]

作為旁觀者，你就不能讓他看到太多。歐巴馬總統已經訂下新標準保護這個原則。事實上他所懲罰的吹哨者，人數之多超越以前所有歷任總統之總合。對於一個就職時號稱要公開透明的政府，這還真是了不起的成就。

「困惑的群眾」不必管的許多項目之一就是外交事務。任何人若是研究解密的祕密文件，就會發現在相當大程度下，文件保密是為了保護公職官員不受民眾檢查。在國內，烏合之眾不應該聽到法院給大企業的忠告：大企業應該以大家都看得見的相當努力去做善事，「被感動的民眾」才不會發覺「奶媽國家」給了大企業的巨大好處。[16]

更普遍地說，美國民眾不應該知道「國家政策是一面倒的退步，從而增強及擴大社會不平等」，政策設計的方式導致「人民認為政府只幫助不勞而獲的窮人，允許政客動員及利用反政府言論和價值，即使他們繼續把支持輸送給環境富裕的選民。」我這句話引述自主流媒體《外交事務》，而非某些激進的劣質報刊。[17]

隨著時代進展，社會變得愈加自由，動用國家暴力受到限縮，需要設計更精緻的方法來控制態度與意見就愈加重要。很自然地，巨大的公關業在最自由的社會——美國和英國——就應運而生。第一個現代宣傳機構是第一次世界大戰期間的英國新聞部（Department of Information）。威爾遜總統也在美國成立對應機關公共新聞委員會（Committee on Public Information），把和平主義的老百姓轉化為激烈仇視德國——成效斐然。美國的商業廣告讓其他人嘆為觀止：戈培爾（Joseph Goebbels）非常欣賞它，讓納粹的宣傳師法它的伎倆，果真也成效斐然。[18]布爾什維克領袖也試圖效顰，只不過手法拙劣、成效不彰。

十九世紀中葉，民主的威脅變成很難壓制時，作家艾默生（Ralph Waldo Emerson）敘述政治領導人煩惱的國內首要工作，是「如何讓（民眾）不扼住我們的脖子」。[19]晚近，一九六〇年代的各種社會運動引起菁英關切「過度民主」，因此呼籲要採取措施對民主設限，使它「更加溫和」。

有一項考量就是針對「負責教化灌輸年輕人」的機構，如中小學、大學和教會增進管控，因為它們被認為沒有做好基礎工作。我引述的是主流意識型態光譜的左翼自由派的想法，這些自由主義國際派後來大量進入卡特政府任職，這類人士在其他工業社會也紛紛當道。[20]右翼則更加嚴峻。他們的主張之一是大幅調升大學學費，並不是基於一般人以為的經濟因素。可是，這套設計透過學債坑陷、控制住年輕人，通常使他們終身擺脫不了債台高築，這樣才方便更有效對他們灌輸思想。

五分之三人民

我們再繼續深入探討這些重要議題，就會發現破壞森林憲章、把它從記憶剷除掉，密切攸關到局限自由憲章承諾的持續努力。新時代精神容不下「前資本主義」的概念，這個概念認為森林是廣大社群共有的財富，基於社群及未來世代的福祉共同予以照料，受到保護不會私有化，也不會轉移到私有權力手中去向富人服務。諄諄教誨此一新精神是達成此一目標的基本先決條件，才能防止自由憲章遭到濫用，以便自由公民能決定自己的命運。

民眾爭取要實現更自由、更公義的社會，卻一直遭遇到暴力壓制，以及控制民意和態度的策略之對付。然而，長期下來，即使還有漫長的路有待推進，而且也不時出現倒退，他們仍有相當的建樹。

自由憲章最著名的一部分是第三十九條，它宣稱「不得以任何方式懲罰任何一位自由人」，而且「除非由他的同儕依據國家法律合法審判，我們也不該對付他或起訴他。」

透過多年的奮鬥，這個原則終於能夠大致確立。美國憲法規定，「任何人未經法律正當程序，及（同儕）迅速及公開審判，不得被剝奪其性命、自由或財產。」基本原則是「無罪認定」。法律史學家所謂的「當代英美自由的種籽」，指的就是第三十九條；而且我們也要記住紐倫堡大審（Nuremberg tribunal），這個「特殊的美國尊法主義品牌：唯有透過具有程序保護設計的公平審判證明有罪者，才能予以懲處。」即使他們犯下歷史上最窮凶極惡的罪行並無疑念，也必須遵循此一原則處理。[21]

美國開國先賢當然沒有預備把「人」這個字詞適用到所有的人身上，譬如，美洲原住民就不被當作是人。他們的權利等於零。女性也幾乎不算是人；妻子一般「涵蓋」在丈夫的民權身分下，就和子女隸屬於父母親一樣。布萊克史東的原則認為，「女性的身分和法律存在於婚姻期間暫停，或至少是納入和併入丈夫的身分；在丈夫的羽翼、保護和涵蓋之下她執行一切事務。」[22]女性因此是她們父親或丈夫的財產。這個原則一直持續到相當晚近仍然有效；直到一九七五年聯邦最高法院一項裁定之前，女性仍沒有法定權利可擔任陪審員。她們不是「同儕」。

奴隸當然更算不上是人。按照憲法，他們是五分之三的人，因此賦予他們的主人有更大的投票權。保護奴隸制在開國先賢絕非一樁小事，事實上它是導致美國革命的因素之一。一七七二年的薩默塞特案（Somerset case），曼斯斐德勛爵（Lord Mansfield）裁定，奴隸制非常「可惡」，不容許在英格蘭存在，不過英國屬地卻繼續維繫奴隸制相當多年。[23]美國奴隸主可以看到殖民地若繼續留在英國統治下的惡兆。我們也應該記得，包括維吉尼亞州在內的蓄奴各州，在殖民地內權力及勢力最大。我們也很容易理解詹森博士（Dr. Johnson）著名的嘲諷：「我們聽到驅策黑奴的人叫喊自由的聲音最大。」[24]

南北戰爭之後的憲法增修條文，把人的概念延伸到非洲裔美國人身上，結束了奴隸制。至少理論上是如此。經過約十年的相對自由之後，南北訂定條約、允許將黑人生活實質地定罪，又恢復近似奴隸制的狀況。黑人男子站在街上有可能被依遊蕩罪名逮捕，若是胡亂盯著白人婦女看，可能被控企圖強暴罪。一旦坐牢，他幾乎沒有機會逃脫「換了另一種名義的奴隸制度」。布萊克孟（Douglas Blackmon）在擔任《華爾街日報》分社主任時，研究一個個案後使用的名詞。[25]

這個新版本的「特殊體制」為美國工業革命提供相當大的基礎，為鋼鐵業和礦業，以及農業生產創造美好的勞動力：溫馴、服從、不會罷工，也不要求雇主維持員工溫飽，堪謂奴隸制度大改進。這個新制度大體上維持到第二次世界大戰，因為戰時生產需要自由勞工才告一段落。

戰後的繁榮產生就業機會；黑人可以在成立工會的汽車廠找到工作，賺取不差的薪資、買房子，甚至或許可供子女唸大學。這段榮景持續約二十年，然後就是一九七〇年代，經濟依據新興、強大的新自由主義原則激烈地重新設計，金融化快速成長、生產移向海外。黑人人口現在又過剩，再次被犯罪化。

直到雷根總統年代，美國人的入監率都和其他工業社會相若，但是現在卻大幅超越。它的目標主要是黑人男子，但是愈來愈推及到黑人女子及拉丁裔，大部分犯的是「反毒戰爭」中並沒有受害人的罪行。同時，非洲裔美國人家庭的財富在最近一波金融危機中也實質全部消滅，這都是拜金融機構犯罪行為之賜。這些金融機構的掠奪行徑不虞受罰，反而更加富有。

回顧非洲裔美國人四百年前以奴隸身分抵達美洲迄今的歷史，很明顯看到他們只有短短數十年被當成真實的人對待。要實現《大憲章》的應許，還有很長一段路要走。

神聖人物和未竟過程

南北戰爭之後通過的憲法第十四條修正案，賦予原本的奴隸享有人的權利，不過大部分都只是理論上存在而已。在此同時，它創造出新類型享有權利的人：公司法人。事實上，後來依據憲法第十四條修正案告到法院的案子幾乎全部涉及公司權利，而在一個世紀之前，法院裁定這些透過國家權力建立和維持的集體性質的法人，具有和血肉之軀的自然人完全相同的權利。事實上，由於它們的規模大、永久不滅性質，以及享有只具備有限責任的保護，它們享有更大的權利。公司的權利現在超過自然人的權利。譬如，根據「自由貿易協定」，環太平洋礦業公司可以在薩爾瓦多政府想要保護其環境時提出告訴，個人就不能提告。通用汽車公司可以在墨西哥要求國民待遇，如果一個墨西哥人在美國要求國民待遇，我們就不用細述會是什麼狀況了。

在美國國內，最高法院近年來的裁定大大增加企業和超級富人已經極大的政治權力，更加打擊政治民主搖搖欲墜的遺跡。

同時，《大憲章》現在遭受更直接的打擊。你還記得一六七九年的《人身保護法》吧？它禁止「在海外監禁人」，當然更不准為了用刑而在海外關人這種更惡質的程序。不過現在它換了一個委婉的名詞「引渡」（rendition）。譬如，布萊爾把利比亞異議人士貝哈吉（Abdel Hakim Belhaj）交給格達費（Muammar al-Qaddafi）去發落；美國把加拿大公民阿拉爾（Maher Arar）驅逐出境，交給他的母國敘利亞去監禁和刑求，日後再承認根本沒有根據可以起訴他。[26]其他許多人也遭遇同樣的處置，通常是經由香農機場（Shannon Airport）轉運，引來愛爾蘭勇敢的抗議。

歐巴馬政府在國際間啟動無人機狙殺行動，把自由憲章（以及美國憲法）的核心元素

——正當程序的概念——搞到完全作廢的地步。司法部現在解釋，可以上溯到《大憲章》的憲法所保障的正當程序，只需在行政部門內部研商裁量就行。[27]白宮的憲法律師也同意這個觀點。英王約翰於九泉之下一定也會點頭贊許吧！

這個問題受到重視是因為，阿拉基（Anwar al-Awlaki）被控的罪名是以演講、著述和其他未詳細敘明的行動煽動聖戰，遭到歐巴馬總統下令以無人機將他狙殺。當他和常見的「連帶傷害」一起遭到無人機攻擊喪生之後，《紐約時報》的標題反映出一般菁英的想法。它的標題是：「西方慶賀一名教士死亡」。[28]然而，有些人覺得不妥，因為阿拉基是美國公民，這就涉及到正當程序的問題。當非公民在行政首長一聲令下遭到謀殺時，是否吻合正當程序一般就不去講究。現在，在歐巴馬政府對正當程序的創新法律解釋下，連狙殺公民也可以不講求遵守正當程序了。

無罪推定也得到新的解釋。《紐約時報》後來報導，「歐巴馬先生採取一個有爭議的方法計算平民傷亡人數，這個方法等於是對他毫無規範。根據好幾位政府官員的說法，它實質上把在攻擊區內所有足可當兵年齡的男性統統視為戰鬥員，除非事後有明白的情報可以證明他們無辜。」[29]因此，殺了人之後才斷定是無辜，用來維持無罪推定的神聖原則。

如果我們要提作為現代人道法律基礎的日內瓦公約（Geneva Conventions），那就太不上道了。（《紐約時報》的報導就避免這麼白目。）可是，公約明文規定：「未經正常組成的法庭宣布裁判，提供經文明人認為不可或缺的所有的司法保障，不得處決任何人。」[30]

近來由行政部門下令暗殺最著名的案例，就是賓拉登手無寸鐵，只有妻子陪伴在側下遭到七十九名海軍特戰部隊逮捕之後，遭到殺害。不論你對他有什麼看法，他只是嫌犯，還未正式定罪。即使聯邦調查局也同意這一點。

美國國內壓倒性彈冠慶賀賓拉登授首，但是對於漠然摒斥無罪推定原則，不是沒有人提出質問。特別是把他押回來審判並非不可能。歐巴馬政府這麼做遭到嚴厲譴責。但是最有意思的是，受人尊敬的左翼自由派政治評論家伊格列希亞斯（Matthew Yglesias）的反應。他說，「國際體制秩序的主要功能之一，就是『合法化』西方大國使用致人於死的軍事力量」，因此如果要求美國應該遵守國際法，或我們義正辭嚴要求弱國遵守的其他條件，那就「令人驚訝的天真」了。[31]

這麼說，似乎變成對神聖國家為了服務人類進行侵略、謀殺、網路攻擊或其他行動，只能提出戰術性的反對。如果傳統的受害者略有不同見解，那只代表他們的道德和知識落後。偶爾如有西方評論家不能理解這些基本真理，也可以被斥為「愚蠢」，伊格列希亞斯如此解釋。順便說一句，他是專門指我，我很高興承認我犯了他所指責的過錯。

行政部門的恐怖份子名單

對於傳統自由的根基最凶猛的攻擊，或許是歐巴馬政府提告到聯邦最高法院的一個外界不大知名的案子：「霍德控人道法律計畫案」（Holder v. Humanitarian Law Project）。人道法律計畫因為提供「實質協助」給游擊隊組織庫德工人黨（Kurdistan Workers' Party, PKK）而惹上官司；而庫德工人黨為土耳其境內庫德族人爭取權利奮鬥已有多年，被行政部門列為恐怖團體。所謂「實質協助」是法律意見。聯邦最高法院裁決書的用詞遣字將會相當廣泛適用，譬如也可適用到討論和研究。即使是忠告庫德工人黨要採取非暴力手段。同樣地，只有少許人批評政府提告這個案子，而且甚至批評者一般也接受國家列出恐怖份子名單之合法性。其實這是行政部門專斷的決定，並無法律追索權。[32]

恐怖份子名單的紀錄挺有意思。使用這份恐怖份子名單有一個極醜惡的案例，涉及到飽受磨難的索馬利亞人民。九一一攻擊事件之後，美國立刻關閉索馬利亞慈善機構「巴拉卡」（Al Barakaat）*，理由是它資助恐怖活動。[33]這個成績被讚譽為「反恐戰爭」的重大成就之一。反之，華府在一年之後因為事證不足而撤銷告訴，並沒有引起外界太大注意。

索馬利亞旅外僑民每年有五億美元僑匯匯回國內，巴拉卡經手約一半。聯合國一項評估報告指出，它「超過（索馬利亞）從其他經濟部門賺到的金額，也是它收到的外國援助之十倍。」[34]這個慈善機關在索馬利亞也經營主要商業，但全都毀了。瓦德（Ibrahim Warde）是研究小布希總統「反恐經濟戰」的主要學者，他認為除了破壞經濟之外，對一個非常脆弱的社會如此輕率地攻擊，「可能助長……伊斯蘭基本教義派的崛起」，這是「反恐戰爭」另一個常見的後果。[35]

國家有權力在不受節制下做出如此判斷，這種行為嚴重牴觸自由憲章，它被認為沒有爭議，也有違憲章精神。如果憲章繼續像過去這幾年如此受到漠視，權利和自由的前途就很黯然。

誰會最後笑傲江湖？

關於森林憲章的命運，我還要補充幾句話。它的目標是要保護平民基本生活所資的源頭，不受外力侵奪。早期指的是不受皇室徵用，後來演變成為不受掠奪者企業之包圍和其他形式的私有化。國家當局卻與企業合作，近年來更變本加厲，而且獲利累累。它所造成的傷害非常廣大。

如果我們聆聽今天來自南半球的聲音，就會發現「透過把我們原本共同持有的天然環境私有化，而把公共財轉化為私有財產，是新自由主義機制剷除把非洲國家團結住的脆弱絲線的方法。今天的政治已經淪為有利可圖的生意，從政者主要關心的是投資報酬率，而不是如何能夠貢獻，重建已經受傷慘重的環境、社會和國家。這是施加於大陸的結構性調整計畫——貪瀆當道——的好處之一。」我這段話引自奈及利亞詩人、社運人士巴賽（Nnimmo Bassey）在他探討非洲財富受到破壞的專書《烹燒一個大陸：非洲的破壞性開採和氣候危機》（*To Cook a Continent: Destructive Extraction and Climate Crisis in Africa*）。他是「地球之友國際組織」（Friends of the Earth International）主席，這本書剖析西方欺負非洲的最新階段狀況。[36]

迫害一向都是在最高層級規畫，我們應該記住這一點。第二次世界大戰結束時，美國躍居史無前例的全球大國地位。不足為奇，它發展出詳細、精緻的計畫要組織全世界。國務院政策計畫局由著名的外交官肯楠主持，每個區域都賦予「功能」。肯楠決定，美國在非洲沒有特殊利益可言，因此把它交給歐洲去「榨取利用」——這是他說的——作為歐洲重建復興之需。[37]從歷史去回顧，有人或許會想像歐洲和非洲之間若是關係不同，會是什麼狀況？不過，並沒有跡象顯示有人這樣思索。

近來，美國認識到它也必須加入榨取利用非洲的博奕，跟新投入的中國一起爭搶。中國正忙著積累破壞環境和壓迫受害人的惡劣紀錄。

我們不必再多費唇舌討論正在全世界製造災禍的一個重要要素所構成的極端危險，它就是過度依賴化石燃料；它們可能在不大遙遠的未來就會給全球帶來災害。細節或許有辯論，但是問題即使還不可怕，也已經相當嚴重，我們愈是遲延不去處理它，貽禍未來世代的災難就會更可怕。目前雖然已經有些面對現實的努力，但是太少、太不夠。

同時，在世界史上最富裕、強大國家帶頭下，權力集中正往不同方向邁進。國會共和黨人正在拆卸尼克森總統所起動的有限度的環境保護措施，若是以今天的政治場域來看，他會被認為是危險的激進派。[38]主要的企業遊說團體公開宣布他們的宣傳運動，試圖說服民眾，不需要杞人憂天。民調顯示，它們已經出現某些成效。[39]

媒體也配合，不大報導國際機構，甚至美國環保署對氣候變遷日益嚴峻的消息。標準的呈現方式是警覺派和懷疑派之間的辯論：一邊實際上全是夠格的科學家，另一邊卻是少數冥頑不靈的人。沒有介入辯論的還有相當多數的專家，包括麻省理工學院研究氣候變遷的學者，他們也批評科學界的共識，認為它太保守、太謹慎，因為氣候變遷的真相其實更加嚴峻。難怪民眾一頭霧水，莫名所以。

歐巴馬總統在二〇一二年發表的國情咨文演說中，稱許未來一個世紀美國可望能源自給自足，因為新科技已經做到可以從加拿大的頁岩提煉碳氫化合物，及其他原本無法提煉的資源。[40]其他人也同聲附和；《金融時報》預測美國會享有一個世紀的能源獨立。[41]在這些樂觀的預測中卻沒人問一個問題：在如此貪婪榨取之下，將剩下一個什麼樣的世界？

領導全世界對抗此一危機的是一向堅持森林憲章的原住民社會，立場最堅定的是原住民執政的國家玻利維亞。玻利維亞是南美洲最貧窮的國家，在哥倫布還未抵達西半球之前，是西半球最先進的已開發社會之一，爾後它的豐富資源遭到西方嚴重破壞。

二〇〇九年哥本哈根全球氣候變遷高峰會議可恥的失敗之後，玻利維亞發起成立「世界人民氣候變遷會議」（World People's Conference on Climate Change），有一百四十個國家、三萬五千人參加。他們不只是政府代表，也有公民社會及環保團體人士。會議產生一項「人民協議」（People's Agreement），呼籲急遽降低廢氣排放量，並且發表「大地之母權利普世宣言」（Universal Declaration on the Rights of Mother Earth）。[42]建立地球的權利是全世界原住民社會的主要要求。世故的西方人訕笑它，但是除非我們也有某些原住民的敏感，最後可以大笑的可能就是他們。

---

1 William Blackstone, *The Great Charter and the Charter of the Forest*（Oxford, 1759），大英圖書館蒐藏。

2 Winston S. Churchill, *A History of the English Speaking Peoples, Volume 2: The New World*（London: Bloomsbury, 2015）.

3 James Kendall Hosmer, *The Life of Young Sir Henry Vane, Governor of Massachusetts Bay, and Leader of the Long Parliament: With a Consideration of the English Commonwealth as a Forecast of America*（Boston: Houghton Mifflin, 1888）, 康乃爾大學圖書館蒐藏，頁四六二。

4 *The Famous Old Charter of Rhode Island, Granted by King Charles II, in 1663*（Providence, RI: I. H. Cady, 1842）. 另參見 Wikipedia, "Rhode Island Royal Charter," https://en.wikipedia.org/wiki/Rhode_Island_Royal _Charter.

5 Peter Linebaugh, *The Magna Carta Manifesto: Liberties and Commons for All*（Berkeley: University of California Press, 2009）.

6 Dudley Jones and Tony Watkins, eds., *A Necessary Fantasy?: The Heroic Figure in Children's Popular Culture*（New York: Taylor and Francis, 2000）.

7 Emily Achtenberg, "From Water Wars to Water Scarcity: Bolivia's Cautionary Tale," *NACLA Report on the Americas*, 6 June 2013, https://nacla.org/blog/2013/6/5/water-wars-water-scarcity-bolivia%E2%80%99s-cautionary-tale.

8 Randal C. Archibold, "El Salvador: Canadian Lawsuit over Mine Allowed to Proceed," *New York Times*, 5 June 2012.

9 Erin Banco, "Is Your Cell Phone Fueling Civil War in Congo?," *Atlantic*, July 11, 2011.

10 Garrett Hardin, "The Tragedy of the Commons," Science 162, no. 3859, 13 December 1968, 1243–48.

11 見Paul Corcoran, "John Locke on the Possession of Land: Native Title vs. the 'Principle' of *Vacuum domicilium*." Paper presented at the Australian Political Studies Association Annual Conference, September 2007, https://digital.library.adelaide.edu.au/dspace/bitstream/2440/44958/1/hdl 44958 . pdf.

12 Norman Ware, *The Industrial Worker 1840–1860: The Reaction of American Industrial Society to the Advance of the Industrial Revolution*（Chicago: Ivan Dee, 1990）. This is a reprint of the first edition from 1924.

13 Michael J. Sandel, *Democracy's Discontent: America in Search of a Public Philosophy*（Cambridge, MA: Belknap Press, 1996）.

14 Thorstein Veblen, *The Theory of the Leisure Class: An Economic Study of Institutions*（London: Macmillan, 1899）.

15 Clinton Rossiter and James Lare, eds., *The Essential Lippmann: A Political Philosophy for Liberal Democracy*（Cambridge, MA: Harvard University Press, 1982）, 91–92; Edward Bernays, *Propaganda*（Brooklyn, NY: Ig Publishing, 2005）.

16 Scott Bowman, *The Modern Corporation and American Political Thought: Law, Power, and Ideology*（University Park: Penn State University Press, 1996）, 133.

17 Desmond King, "America's Hidden Government: The Costs of a Submerged State," review of *The Submerged State: How Invisible Government Policies Undermine American Democracy*, by Suzanne Mettler, in *Foreign Affairs* 91, no. 3（May/June 2012）.

18 Robert W. McChesney, "Public Scholarship and the Communications Policy Agenda," in *And Communications for All: A Policy Agenda for a New Administration*, ed. Amit M. Schejter（New York: Lexington Books, 2009）, 50.

19 Ralph Waldo Emerson, *The Prose Works of Ralph Waldo Emerson: In Two Volumes*（Boston: Fields, Osgood, and Company, 1870）.

20 Michael Crozier, Samuel P. Huntington, and Joji Watanuke, *The Crisis of Democracy: Report on the Governability of Democracies to the Trilateral Commission*（New York: New York University Press, 1975）, http://www.trilateral.org/download/doc/crisis_of_democracy.pdf.

21 Margaret E. McGuinness, "Peace v. Justice: The Universal Declaration of Human Rights and the Modern Origins of the Debate," *Diplomatic History* 35, no. 5（November 2011）, 749.

22 William Blackstone, *Commentaries on the Laws of England, Vol. 1*（University of Chicago Press, 1979）.

23 *Somerset v. Stewart*, 1772, English Court of King's Bench, http://www.commonlii.org/int/cases/EngR/1772/57.pdf.

24 Samuel Johnson, *Taxation No Tyranny; An Answer to the Resolutions and Address of the American Congress*（London, 1775）.

25 Douglas Blackmon, *Slavery by Another Name: The Re-Enslavement of Black Americans from the Civil War to World War II*（New York: Anchor Books, 2009）.

26 Ian Cobain, "Revealed: How Blair Colluded with Gaddafi Regime in Secret," *Guardian*（London）, 23 January 2015; Benjamin Wieser, "Appeals Court Rejects Suit by Canadian Man over Detention and Torture Claim," *New York Times*, 3 November 2009.

27 Department of Justice, "Lawfulness of a Lethal Operation Directed Against a US Citizen Who Is a Senior Operational Leader of Al-Qa'ida or an Associated Force," undated white paper released by NBC, 4 February 2013.

28 Anthony Shadid and David D. Kirkpatrick, "As the West Celebrates a Cleric's Death, the Mideast Shrugs," *New York Times*, 1 October 2011.

29 Jo Becker and Scott Shane, "Secret 'Kill List' Proves a Test of Obama's Principles and Will," *New York Times*, 29 May 2012.

30 *Convention (IV) Relative to the Protection of Civilian Persons in Time of War*, Article 3, Geneva, 12 August 1949, https://www.icrc.org/applic/ihl/ihl.nsf/Article.xsp?action=openDocument&documentId=A4E145A2A7A68875C12563CD0051B9AE.

31 Matthew Yglesias, "International Law Is Made by Powerful States," *Think-Progress*, 13 May 2011.

32 Holder v. Humanitarian Law Project, 561 U.S. 1（2010）, http://www.supremecourt.gov/opinions/09pdf/08-1498.pdf.

* 譯注：「巴拉卡」在阿拉伯文意即「保佑」（Blessing），是一九八六年在索馬利亞成立的一個公司群體，從事現代版的非官方的轉匯業務。

33 Paul Beckett, "Shutdown of Al Barakaat Severs Lifeline for Many Somalia Residents," *Wall Street Journal*, 4 December 2001.

34 Ibrahim Warde, *The Price of Fear: The Truth Behind the Financial War on Terror*（Berkeley: University of California Press, 2007）, 101–02.

35 Ibid., 102.

36 Nnimmo Bassey, *To Cook a Continent: Destructive Extraction and Climate Crisis in Africa*（Oxford: Pambazuka Press, 2012）, 25.

37 Melvyn P. Leffler, *A Preponderance of Power: National Security, the Truman Administration, and the Cold War*（Palo Alto, CA: Stanford University Press, 1993, 144.

38 John M. Broder, "Bashing E.P.A. Is New Theme in G.O.P. Race," *New York Times*, 17 August 2011.

39 "57% Favor Use of 'Fracking' to Find More US Oil and Gas," Rasmussen Reports, 26 March 2012, http://www.rasmussenreports.com/public_content/business/gas_oil/march_2012/57_favor_use_of_fracking_to_find_more_u_s_oil_and_gas; "Who's Holding Us Back: How Carbon- Intensive Industry Is Preventing Effective Climate Change Legislation," report by Greenpeace, November 2011, http://www. greenpeace.org/international/Global/international/publications/climate/2011/391%20- 20WhosHoldingUsBack.pdf.

40 "Remarks by the President in State of the Union Address," White House Office of the Press Secretary, 24 January 2012, https://www.whitehouse.gov/the-press-office/2012/01/24/remarks-president-state- union-address.

41 Guy Chazan, "US on Path to Energy Self- Sufficiency," *Financial Times*（London）, 18 January 2012.

42 「人民協議」和「大地之母權利普世宣言」的全文，見 https://pwccc.wordpress.com/programa /.

第八章
世界靜止不動的一週

五十多年前，十月的最後一週，世界靜止不動；從獲悉蘇聯把核子飛彈部署在古巴那一刻，到危機正式終止，大家屏息不動。其實，民眾不知道，那只是官方宣布危機終止。世界靜止不動，其實是任職甘迺迪總統圖書館的歷史學者史騰（Sheldon Stern）的傳神形容。他把白宮國家安全會議執行委員會（Executive Committee, ExComm）會議的錄音帶整理成為權威性的紀錄，讓我們明白甘迺迪及其親信顧問是如何辯論應該怎麼應對危機的經過。這些會議被總統祕密錄音下來，因此我們發現在所有的錄音討論中，比起其他與會人士，他的立場相對溫和，別人並不曉得他們是在向歷史發言。

史騰就此重要的文獻紀錄整理、發表準確的評論，它們在一九九〇年代末期才解密。我在本章將謹守他的文字。他的結論是，「前無古人、後無來者，從來沒有過人類文明的存亡絕續繫於那短短幾週的危險評估、討論」，而在「世界靜止不動的一週」達到最高潮。[1]

全世界有很好的理由應該提心吊膽。核子戰爭迫在眉睫，艾森豪總統曾經提出警告，這樣的戰爭可能「摧毀北半球」。[2]甘迺迪本身的判斷是，爆發戰爭的或然率高達百分之五十。[3]新聞記者鐸布斯（Michael Dobbs）就古巴飛彈危機寫了一本縝密研究的暢銷書，提到對峙達到最高點，華府「啟動末日祕密計畫，確保政府猶能存在運作」時，估計爆發核戰的機率更加上升。（不過，鑒於核戰的性質，他沒有更進一步說明為何需要這麼做。）[4]

鐸布斯引述「中央情報局監視蘇聯部署飛彈進展情形的團隊成員」布魯吉歐尼（Dino Brugioni）的話：布魯吉歐尼認為，時鐘走向「午夜前一分鐘」之下，除非「戰爭和全面毀滅」，看不出有其他解套方法。鐸布斯的書名就取為《午夜前一分鐘》（*One Minute to Midnight*）。[5]甘迺迪的親信顧問、歷史學者史勒辛格（Arthur M. Schlesinger Jr.）形容這是「人類史上最危險的一刻」。[6]國防部長麥納馬拉（Robert McNamara）也懷疑自己「是否還能活著再看到另一個星期六夜晚的來臨」，後來他更表示，「我們幸運脫險」。[7]

最危險的一刻

我們深入當時的情況，就對這些判斷益發增加嚴峻的感受，事件的迴響迄今不減。

「最危險的一刻」其實不只一個。其中之一是一九六二年十月二十七日，美國驅逐艦在古巴四周水域執行檢疫隔離行動時，朝蘇聯潛水艇投擲深水炸彈。國家安全檔案館（National Security Archive）指出，根據蘇聯記載，潛艇指揮官「被震得考慮要發射核彈頭魚雷，它的一萬五千公噸級爆炸威力大約相當於一九四五年八月夷平廣島的原子彈。」[8]

據報導，副艦長阿基波夫（Vasili Arkhipov）在最後一分鐘取消核彈頭魚雷上膛待發的命令，他可能拯救全世界免於一場核災。[9]蘇聯若是發射魚雷，美國會有什麼反應，殆無疑念；蘇聯遭到攻擊後，俄國人會有什麼反應，也令人毛骨悚然。

甘迺迪已經宣布最高級的核子警戒，只差沒有啟動第二級備戰狀態（DEFCON 2），消息靈通的哈佛大學戰略分析家艾利森（Graham Allison）在《外交事務》上撰文說，這一等級的備戰狀態批准「土耳其……（或其他國家）……飛行員駕駛的北約組織飛機起飛，飛到莫斯科投擲炸彈。」[10]

B-52飛行員柯勞森（Don Clawson）少校認為一九六二年十月二十六日堪稱「最危險的一刻」。他駕駛一架北約軍機執行「鉻鍍圓頂任務」（Chrome Dome mission）*，後來對此提供令人毛骨悚然的報告──「B-52升空備戰」，「機上載著核武器，準備使用」。

他在「一個空軍飛行員不敬的軼聞」中寫道，十月二十六日當天「全國最接近核子戰爭」。這一天，柯勞森本人極有可能啟動終極劇變。他說：「我們真是好狗運沒有炸掉整個世界，但是不必感謝這個國家的政治和軍事領導人物。」

柯勞森所報導的錯誤、混亂，差點爆發意外，以及領導階層的誤判，但是最可怕的是作業的指揮和控制規定；或者應該說是缺乏明確的規定最可怕。柯勞森敘述他執行十五次二十四小時全天候鉻鍍圓頂任務的經歷，這是最高上限；他說，指揮官「沒有辦法防止莽撞的一個機組或個別成員裝彈、發射他們的熱核武器」，或者甚至廣播一個可以發動「整個機載警戒力量而沒有可能召回」的任務。一旦機組人員攜帶熱核武器升空，他寫道：「很可能在沒有地面指令之下，把武器全部投擲下去。任何系統裡都沒有抑制機制。」[11]

空軍總部參謀本部計畫主官柏奇納（David Burchinal）將軍說，大約三分之一的總兵力全部升空備戰。技術上，總司其事的戰略空軍司令部（Strategic Air Command），顯然沒有什麼控制可言。根據柯勞森的說法，戰略空軍司令部並沒把詳情向文官主持的全國指揮本部（National Command Authority）報告；換句話說，國家安全會議執行委員會的「決策者」在考量世界命運時，更不清楚全盤狀況。柏奇納將軍的口述歷史也令人毛骨悚然，透露出對文官指揮本部更大的輕蔑。根據他的說法，軍方一直深信俄國人會投降。鉻金圓頂任務就是要讓俄國人透明清晰地明白，他們根本沒有能力在軍事對抗中競爭，只會被迅速摧毀。[12]

史騰從執行委員會的紀錄得出結論，甘迺迪總統在十月二十六日「傾向以軍事行動消滅（在古巴的）飛彈」，然後再按照五角大廈計畫，出兵攻占古巴。[13]當時就很清楚，這項行動可能導致終極戰爭，日後顯示的證據更強化此一結論，因為戰術核武器已經部署了，而且俄國人的兵力比美國情報機關所估計要大出許多。

十月二十六日下午六點，執行委員會會議即將結束時，蘇聯總理赫魯雪夫（Nikita Khrushchev）直接指名給甘迺迪總統的一封信送到白宮。史騰寫道，他的「訊息似乎很清楚。如果美國承諾不入侵古巴，飛彈可以撤離。」[14]次日上午十點，甘迺迪又打開祕密錄音機。他朗讀他剛收到的一則通訊社報導：「赫魯雪夫總理今天致函告訴甘迺迪總統，如果美國從土耳其撤走火箭〔他指的是具有核彈頭的丘彼得飛彈（Jupiter missile）*〕，他可以把攻擊性武器撤離古巴。」[15]這項報導很快就經證明所言不虛。

雖然這封信像是晴天霹靂突如其來傳到執行委員會，實際上美方已經預期會有這項提議。甘迺迪告訴大家：「我們知道可能會有這個要求，已經有一個星期了。」他知道，要拒絕公開默認會很困難：這些是過時的飛彈，很快就將換上更有殺傷力，更實質難以抵抗的潛基北極星飛彈（Polaris missiles）。甘迺迪知道，「如果這成為（赫魯雪夫的）提議」，他將處於「無法獲得支持的地位，因為駐紮在土耳其的地位沒有作用，而且遲早要撤走，而且也因為在聯合國的任何人或其他任何理性的人，也都會覺得這是公平的交易。」[16]

維持美國力量不受拘束

因此計畫人員面臨嚴重的兩難。他們手上有兩個來自赫魯雪夫略有不同，可以終止災難大戰的威脅之提議，而且在任何「理性的人」看來，每一項提議都是公平的交易。美國要如何反應呢？有一種可能性就是鬆了一口氣，文明終於可以存續，趕快全部接受兩項提議；宣布美國將遵守國際法，取消入侵古巴的任何威脅；並且執行從土耳其撤走老舊的飛彈，按照既定計畫，提升針對蘇聯的核子威脅，防備蘇聯更大的威脅。當然，這只是在全球包圍蘇聯的部署之一環。但是，這是無法想像的選項。

國家安全顧問彭岱說出為何這個想法不可行的基本原因。這位哈佛前任院長，是甘美樂朝廷（Camelot firmament）最明亮的明星。他堅稱，世界必須要了解，「當前對和平的威脅不在土耳其，而是在古巴。」因為古巴的飛彈直接指向美國。[17]更加強大的美國飛彈部隊目標指向相當弱小的蘇聯敵人，不能被認為是對和平的威脅，因為我們是好人，在西半球及其他地區的許多人都可以證明這一點。但是，許許多多的其他人，是美國當時針對古巴的恐怖戰爭之受害人，還有許多令艾森豪總統困惑不解、國家安全會議卻心知肚明捲入「仇恨運動」的阿拉伯人，都會有異議。

接下來的討論當中，甘迺迪強調，如果我們拒絕在倖存者（如果還有人介意倖存者的話）看來是相當合理的提議，而選擇觸發國際大兵災的話，我們將「處於很惡劣的地位」。這個「務實」的立場代表道德考量的極致。[18]

哈佛大學拉丁美洲事務專家多明奎茲（Jorge Dominguez）檢視近年才公布的甘迺迪時期

恐怖活動的文件，觀察到「在這些將近一千頁的文件當中，只有一次，有一位美國官員針對美國政府資助的恐怖主義，提出近似薄弱的道德反對。」有位國家安全會議幕僚提到，「隨意攻擊、殺害無辜……可能在某些友好國家引起輿論負面評論。」[19]

古巴飛彈危機期間內部討論中，一直有相同的態度，譬如，羅伯・甘迺迪（Robert Kennedy）提出警告：全面入侵古巴會「殺死許多人，我們將會因此遭到各方猛烈抨擊。」[20]這種態度直到今天都占上風，只有非常罕見的例外，而且很容易找到紀錄。

如果世界更清楚美國當時做了什麼，我們可能「陷入更惡劣的地位」。最近我們才知道，古巴飛彈危機前六個月，美國在沖繩祕密部署俄國人將送到古巴的相似的飛彈。[21]當時，此一地區的緊張上升，它們當然是目標針對中國。直到今天，縱使沖繩居民激烈反對，它仍然是美國重要的攻勢軍事基地。

完全不尊重人類輿論

後來的討論有許多內情，但是我在這裡先擱下不談。他們的確獲致結論。美國答應從土耳其撤走過時老舊的飛彈，但是不會公開做，也不會寫成書面文件：很重要的一點是，必須看起來是赫魯雪夫屈服、退讓。美方提出一個有趣的解說，學術界和評論家也都認為它合理。鐸布斯說：「如果顯得是美國在蘇聯壓力下片面拆卸飛彈基地，（北約組織）同盟可能會爆裂。」或者換個比較精確的文字來敘述，如果美國按照原定計畫，以更有殺傷力的威脅取代老舊的飛彈，來和俄國交易，而任何「理性的人」會覺得相當公平，那北約同盟可能會爆裂。[22]

公允地說，當俄羅斯撤走古巴唯一可以對抗美國進攻的嚇阻力量——美國的確還以直接入侵作為更嚴重的威脅——並且悄悄退出古巴時，古巴人將會大為憤怒（事實上，他們的憤怒是可以理解的）。但是依據標準的理由，這是不公平的比較：我們是人類，這才重要；套用歐威爾的字詞，他們只是「非人」，怎麼能相提並論。

甘迺迪另外也有一個非正式的承諾：美國不入侵古巴，不過附有條件：蘇聯不僅要撤走飛彈，還有終止或至少「大幅減少」在當地駐軍。（和在蘇聯邊境的土耳其不同，休想美方軍隊在當地會撤走。）套用甘迺迪總統的話，當古巴不再是「武裝營區」，「我們或許就不會侵犯他們」。他又說，如果古巴希望擺脫掉美國入侵的威脅，就必須停止在拉丁美洲的「政治顛覆」（這是史騰用的字詞）。[23]「政治顛覆」多年來一直是美國的口頭禪，譬如艾森豪總統就以此為理由推翻瓜地馬拉的議會民主政府，使這個可憐的國家陷入深淵，迄今還未爬出來。這個藉口直到一九八〇年代還未消褪，雷根仍在中美洲進行邪惡的恐怖戰爭。古巴的「政治顛覆」就是支持反抗美國荼害人命的攻擊及其扈從政權的團體，有時候或許——最為可怕——提供武器給受害人。

雖然這些假設已經深鑄在常見的理論當中，大家習以為常、視如不見，偶爾也會出現在內部紀錄當中。以古巴為例，國務院政策計畫局解釋，「我們在卡斯楚身上遭遇的首要危險是……他的政權之存在會影響拉丁美洲國家的左翼運動……最簡單的事實就是卡斯楚代表反抗美國成功，推翻我們將近一個半世紀以來在西半球的整個政策。」美國宣布門羅主義（Monroe Doctrine）就是想要主宰整個西半球，只不過當時實力不足，無從實現而已。[24]

有權利主宰是美國外交政策的主要原則，幾乎出現在所有各地區，只不過典型上會拿防禦性的說詞來掩飾。譬如，冷戰期間動輒拿「俄國人的威脅」做藉口，即使根本看不到俄國人的蹤影。伊朗學者阿布拉哈米安（Ervand Abrahamian）就美、英聯手在一九五三年推翻伊朗議會民主政府這一重大事件寫了一本重要著作。他嚴謹地檢驗內部紀錄後，提出可信的證據指出標準的說法不能成立。主要原因不是冷戰因素，不是伊朗的不理性破壞華府「善意意圖」，也不是為了取得石油或獲利，而是因為美國所要求的「全面控制」——也就是獨霸全球——受到獨立的民族主義之威脅。[25]

我們在調查古巴危機在內的種種特殊案例時，一再發現相似的狀況，只不過針對古巴這個特殊案例的狂熱程度值得我們更加注意。美國對古巴的政策在整個拉丁美洲，乃至世界大部分地區，都受到嚴厲批評，但是「合理尊重人類的輿論」只是在七月四日隨意頌唱，毫無意義的言辭。自從對這個題目進行民意調查以來，占相當多數的美國人贊成與古巴關係正常化，但是這也起不了作用。[26]

摒棄民意當然也是司空見慣，相當正常的現象。在這個案例上挺有意思的是，竟然摒棄美國經濟勢力極強大的一些部門，它們贊成美、古關係正常化，通常在制訂政策方面也有相當高的影響力：它們是能源、農產商業、製藥業等行業。這表示除了甘迺迪的甘美樂朝廷知識份子在歇斯底里中洩露的文化因素之外，懲罰古巴也涉及到強大的國家利益。

拯救全世界免於核子毀滅的威脅

古巴飛彈危機按照官方的說法，是在十月二十八日結束。它的結束轟動天下。當天晚上，哥倫比亞廣播公司新聞網特別節目中，主播柯林伍德（Charles Collingwood）報導，全世界走出「二次大戰以來最恐怖的核子浩劫的威脅」，「蘇聯政策慘敗」。[27]鐸布斯評論說，俄國人試圖掩飾為這個結果是「莫斯科愛好和平的外交政策大勝窮兵黷武帝國主義者的又一場勝利」，「無上智慧、一向理性的蘇聯領導人拯救了全世界免於核子毀滅的威脅。」[28]

從流行的譏諷中汲取基本的事實，赫魯雪夫同意退讓，的確「拯救全世界免於核子毀滅的威脅」。

可是危機並沒有完。十一月八日五角大廈宣布，所有已知的蘇聯飛彈基地都已拆除。[29]史騰報導，同一天，「一支爆破隊對一家古巴工廠執行攻擊」，不過甘迺迪這個恐怖行動「貓鼬行動計畫」（Operation Mongoose）*在飛彈危機鬧到最頂峰時已經減低規模。[30]十一月八日的恐怖攻擊支持彭岱的觀察，即對和平的威脅是古巴而不是土耳其，讓俄羅斯人不再對美國執行致命的攻擊。儘管這肯定不是彭岱腦子裡的想法，或能夠理解的。

受尊敬的學者賈特浩夫（Raymond Garthoff）也有豐富的政府公職經驗。他在一九八七年詳細研究飛彈危機，補充了更多詳情。他寫道，在十一月八日，「從美國派出的一支古巴祕密行動爆破隊，成功地炸毀古巴一座工業設施」，而依據古巴政府發給聯合國祕書長的信函，共有四百名工人喪生。

賈特浩夫評論說：「蘇聯只能認為（這項攻擊）是對他們而言，仍是關鍵問題——美國保證不會進攻古巴——的反悔」，特別是這項恐怖攻擊是從美國發動。他的結論是，這些攻擊以及「第三方行動」再次透露，「對於雙方，風險和危險會很極端，不排除發生大災難。」賈特浩夫也檢討了甘迺迪恐怖行動的屠害人命及破壞作業，我們可以肯定地說，如果美國或其盟國或扈從國家是受害人，而非加害人，勢必被拿來當作發動戰爭的正當理由。[31]

從同一個資料來源，我們又知道，甘迺迪總統在一九六二年八月二十三日下達「一八一號國家安全行動備忘錄」〔National Security Action Memorandum（SAM）No.181〕，「指示策畫一項內部叛亂，然後美國即發動軍事介入」，美方的軍事介入將涉及「重大的美國軍事計畫、運作和部隊及器械的調動」，肯定古巴和蘇聯會知道。[32]同樣在八月份，美國增強對古巴的恐怖攻擊，包括以快艇掃射攻擊「蘇聯軍事技術人員喜愛去的一處古巴海濱旅館，殺害數十名俄國人和古巴人」；攻擊英國和古巴的船隻；汙染古巴出口的糖；以及其他的暴行和破壞；它們極大部分是由美國允許在佛羅里達州自由活動的古巴流亡團體所執行。過後不久發生的「人類史上最危險的一刻」絕不是無緣無故發生的。

甘迺迪總統在飛彈危機沉寂下去後，又正式恢復恐怖行動。他在遭到暗殺身亡之前十天，批准中央情報局一項「破壞作業」的計畫，准許美國的代理人部隊「攻打一座大型煉油廠和儲油設施，一座大型發電廠，糖廠，鐵路橋，港口設施，以及水下爆破碼頭和船隻。」甘迺迪遇刺當天，暗殺卡斯楚的行動顯然也獲得核准。賈特浩夫報導，針對古巴的恐怖活動在一九六五年才取消，但是「尼克森一九六九年上台後的第一個動作，就是指示中央情報局增強對付古巴的祕密作業。」[33]

我們後來終於在加拿大歷史學者波連德（Keith Bolender）《來自另一方的聲音》（*Voices from the Other Side*）這本書中，聽到受害人的心聲。這是針對美國恐怖行動的第一部口述歷史。由於其內容太勁爆，這樣一本書在西方世界通常不大可能受到注意。[34]

《政治學季刊》（*Political Science Quarterly*）是美國政治學會發行的專業刊物，克恩

（Montague Kern）發表專文提到，古巴飛彈危機是一項「重大危機……一個意識型態敵人（蘇聯）被普世認為發動攻擊，造成全民團結的效應，大大擴張對總統的支持，增加他的政策選擇方案。」[35]

克恩說「普世認為」是對的，只不過另外有些人掙脫他們的意識型態枷鎖，注意到事實真相；事實上，克恩就是頭腦清醒的一員。史騰也是頭腦清醒的人，他注意到長久以來存在的異常現象。從他的寫作，我們現在知道，「赫魯雪夫對運送飛彈到古巴的原始解釋，基本上是說真話：這位蘇聯領導人從來無意以這些武器威脅美國的安全，而是要部署它們作為保護其古巴盟友不受美國攻擊的防禦動作，也是拚命要表現蘇聯在核子均勢上和美國力量相當的一種作態。」[36]鐸布斯也注意到，「卡斯楚及其蘇聯靠山的確有理由擔心美國企圖推翻其政權，包括以美國入侵古巴為最後手段……（赫魯雪夫）也的確真心希望保衛古巴革命，不讓它的北方強鄰顛覆。」[37]

全世界驚怖的事情

美國評論界通常把美國發動的攻擊輕描淡寫道是愚蠢的惡作劇，是中央情報局玩弄心機鬧過了頭。這絕對不是事實。美國決策菁英對豬灣入侵（Bay of Pigs invasion）失敗的反應可謂已近乎歇斯底里，甘迺迪總統本人就鄭重地向全國宣告：「自滿自大、自我放縱、軟弱的社會即將和歷史的殘渣一道被沖走，只有強者……才可能生存。」他明顯地相信，只有透過大規模的恐怖行動，它們才能存活。只不過這個補充被當作祕密，對外祕而不宣，忠心耿耿，認為意識型態敵人「發動攻擊」的人迄今也不知道（這就是克恩所謂的幾近普世的認知）。歷史學者吉列傑西（Piero Gleijeses）寫道，「豬灣入侵失敗之後，甘迺迪發動千鈞之力的禁運，懲罰古巴擊敗美國發動的進攻，並且交代他弟弟、司法部長羅伯・甘迺迪領導高階的跨部會小組主導貓鼬行動計畫，讓一九六一年他發動的這一個準軍事作戰、經濟戰和破壞行動，重懲卡斯楚，讓他飽嘗『全世界驚怖的事情』，也就是推翻他。」[38]

「全世界驚怖的事情」是史勒辛格寫的羅伯・甘迺迪正式傳記中採用的字詞。羅伯・甘迺迪奉命負責指揮此一恐怖戰爭，他指示中央情報局，古巴問題是「美國政府的最高優先，其他一切都屬於次要」，為了推翻卡斯楚政權，「不惜投入一切時間、努力和人力。」[39]貓鼬行動的實際指揮官藍斯岱有豐富的「剿叛」（counterinsurgency）經驗——這是美國指揮的恐怖行動的標準代名詞。他提出的時間表，要在一九六二年十月製造「公開起事、推翻共產政權」。這項計畫的「最後定義」承認，「最後的成功需要」在恐怖及顛覆活動奠定基礎之後，「美國決定性的軍事介入」。他的意思是美國需要在一九六二年十月軍事介入，正好飛彈危機就在這個時候爆發。我們剛提到的事件可以說明，為什麼古巴和蘇聯有理由嚴肅看待美國的威脅。

多年之後，麥納馬拉承認古巴有理由擔心會遭到攻擊。他在飛彈危機四十週年的一項大型會議中提到：「如果我處於古巴或蘇聯的地位，我也會這樣認為。」[40]

至於史騰所說的「要表現蘇聯在核子均勢上和美國相當」，讓人想起甘迺迪在一九六〇年大選以些微差距險勝，就是依賴編造「飛彈差距」來嚇唬老百姓，以及譴責艾森豪政府在國家安全上立場軟弱。[41]美蘇之間的確存在「飛彈差距」，但是美國堅強領先蘇聯。

戰略分析家包爾（Desmond Ball）對甘迺迪政府的飛彈計畫有權威性的研究。他指出，政府對真相第一次「公開、明確的聲明」是在一九六一年十月，國防部副部長吉爾派垂克（Roswell Gilpatric）告訴「商業理事會」（Business Council）：「美國在遭遇突襲後剩下的核武投射系統，會比蘇聯發動第一擊動用的核武力還更多。」[42]當然俄國人很清楚他們的相對弱勢。當赫魯雪夫提議大幅削減攻擊性軍事武器，並且逕自片面推行時，蘇聯也很清楚甘迺迪的反應：甘迺迪沒理睬赫魯雪夫，反而進行大規模的武裝整備。

擁有世界，今昔對比

關於古巴飛彈危機有兩個最重要的問題：它是怎麼開始的？它又是怎麼結束的？它開

始於甘迺迪對古巴的恐怖攻擊，並且威脅要在一九六二年十月入侵古巴。它結束於甘迺迪拒絕「理性的人」都會認為公平的蘇聯之提議，只是因為它們會傷害美國有片面權利在任何地方，甚至就在中、蘇邊境地區部署核子飛彈，瞄準中國或蘇聯或其他任何地方的根本原則，以及古巴沒有權利擁有飛彈以防禦美國迫在眉睫的入侵此一附帶的原則。要堅決確立這些原則，美國可以無視爆發難以想像的重大破壞之高度戰爭風險，並且峻拒公認公平的方式去終止威脅。

賈特洛夫注意到，「在美國，幾乎全國一致贊許甘迺迪總統處理危機的做法。」[43]鐸布斯寫道，「堅定不移的樂觀調子是甘家朝廷歷史學者史勒辛格建立的。史勒辛格寫道，甘迺迪『結合強硬和克制，具備堅定的意志、神經和智慧，巧妙的控制，無與倫比的協調』，『讓全世界折服』。」[44]史騰就比較清醒，只有部分認同，他指出甘迺迪一再拒絕顧問們主張動用軍事力量、摒除和平手段的好戰建議。一九六二年十月事件被普遍稱譽是甘迺迪表現最亮眼的時刻。艾利森跟著其他許多人稱贊，「可作為如何化解衝突、管理大國關係，以及在整體外交政策做出堅實決定的指南。」[45]

從非常狹義的角度來看，這個評斷算是合理。白宮國家安全會議執行委員會會議的錄音帶透露，總統與其他與會者迥然不同，有時候幾乎與所有的人都不同調，他排斥太早採取武力。然而，我們要提出一個問題：甘迺迪在危機管理上相對溫和，擺在我們剛說過的廣泛考量的背景下，應該如何評價？但是這個問題在知識圈和道德文化中並沒有人提出來，一般都不加質疑地接受美國擁有世界這個基本原則，而且儘管偶爾會犯錯和誤解，從定義而言，美國是善的力量；依據這個原則，美國完全適合在全世界各地部署大規模攻勢力量，但是別人（盟國和扈從除外）若是朝這個方向略有舉動，或甚至想要阻礙善意的全球霸主威脅要動用武力，那就萬萬不可。

這個理論就是目前針對伊朗的首要指控：伊朗可能對美國和以色列的兵力構成阻礙。這也是古巴飛彈危機期間的顧慮。在內部討論中，甘迺迪兩兄弟表示擔心古巴飛彈可能遏阻美國正在考量的入侵委內瑞拉的計畫。甘迺迪總統的結論是：「豬灣行動的確正確。」[46]

這些原則仍然影響到核子戰爭的持續風險。自從古巴飛彈危機以來，已經多次發生嚴重危險。譬如，十年之後的一九七三年以阿戰爭期間，美國國家安全顧問季辛吉發布更高等級的核子警報（第三級備戰狀態），警告俄國人不要插手；可是他自己卻祕密准許以色列違背美國和俄國訂下的停火協議。[47]隔不久，雷根就任總統後，美國發動行動測試俄國的防務，並且模擬演練海空進擊，同時又在德國部署潘興飛彈（Pershing missile），在五至十分鐘之內就可打到俄國境內目標，賦予美國中央情報局所謂的「超級突襲第一擊」力量。[48]這當然引起俄國人極大的警覺，俄國可不像美國，它曾經一再受到外國入侵，而且破壞極鉅。這導致蘇聯在一九八三年產生戰爭恐慌。另外也有好幾百次案例，靠著人為干預，在自動系統發出假警報之後，於發射核彈之前幾分鐘擋下第一擊。我們沒有俄方的紀錄，但是毫無疑問，他們的系統比起我們更容易出現意外事故。

與此同時，印度和巴基斯坦好幾次瀕臨核戰邊緣，迄今他們衝突的根源仍然存在。他們和以色列都拒絕簽署核子不擴散條約，而且在發展核武器計畫時，都得到美國的支持。

一九六二年，因為赫魯雪夫願意接受甘迺迪的霸權要求才避免戰爭。但是我們不能永遠依賴這種理智。核子戰爭迄今都還能避免，可以說是近乎奇蹟。我們有更多理由要注意羅素和愛因斯坦在六十年前提出的警告，我們必須面對「嚴峻、可怕和無法逃避的抉擇：我們應該消滅人類？還是人類應該捨棄戰爭？」[49]

---

1 Sheldon Stern, *The Week the World Stood Still: Inside the Secret Cuban Missile Crisis*（Palo Alto, CA: Stanford University Press, 2005）, 5.

2 Noam Chomsky, *Hegemony or Survival*（New York: Henry Holt, 2003）, 74.

3 Michael Dobbs, *One Minute to Midnight: Kennedy, Khrushchev, and Castro on the Brink of Nuclear War*（New York: Vintage, 2008）, 251.

4 Ibid., 310.

5 Ibid., 311.
6 Ibid., xiii.
7 Chauncey G. Parker III, "Missile Crisis: Cooked Up for Camelot?" *Orlando Sentinel*, 18 October 1992; Robert McNamara, interview by Richard Roth, CNN, aired 28 November 2003. Transcript published by CNN.com, http://www. cnn.com/TRANSCRIPTS/0311/28/i_dl.00.html.
8 "The Submarines of October," in *National Security Archive Electronic Briefing Book* No. 75, William Burr and Thomas S. Blanton, eds., 21 October 2002, http://nsarchive.gwu.edu/NSAEBB/NSAEBB75/.
9 Edward Wilson, "Thank You Vasili Arkhipov, the Man Who Stopped Nuclear War," *Guardian*（London）, 27 October 2012.
10 Graham Allison, "The Cuban Missile Crisis at 50: Lessons for U.S. Foreign Policy Today," *Foreign Affairs* 91, no. 4,（July/August 2012）.
* 譯注：鉻鍍圓頂任務是美國空軍在冷戰時期從一九六〇至六八年執行的備戰任務，B-52空中堡壘戰略轟炸機配備熱核武器，持續保持空中警戒狀態，在蘇聯邊境巡弋。
11 Don Clawson, *Is That Something the Crew Should Know?: Irreverent Anecdotes of an Air Force Pilot*（Twickenham, UK: Athena Press, 2003）, 80–81.
12 Office of Air Force History, Oral History Interview of General David A. Burchinal, USAF, by Col. John B. Schmidt and Lt. Col. Jack Straser, 11 April 1975, Iris No. 01011174, in USAF Collection, AFHRA.
13 Stern, *The Week the World Stood Still*, 146.
14 Ibid., 147.
* 譯注：丘彼得飛彈是美國空軍第一代核彈頭、中程彈道飛彈，一九六一年部署在義大利和土耳

其，鎮懾蘇聯。

15 Ibid., 148.

16 Ibid., 149. Italics in the original.

17 Ibid., 154.

18 Summary Record of the Seventh Meeting of the Executive Committee of the National Security Council, 27 October 1962, John F. Kennedy Presidential Library and Museum, http://microsites.jfklibrary. org/cmc/oct27/doc1.html.

19 Jorge I. Domínguez, "The Cuban Missile Crisis（Or, What Was 'Cuban' About U.S. Decisions During the Cuban Missile Crisis," *Diplomatic History* 24, no. 5（Spring 2000）: 305–15.

20 Ernest R. May and Philip D. Zelikow, *The Kennedy Tapes: Inside the White House During the Cuban Missile Crisis*, concise edition（New York: W. W. Norton, 2002）, 47.

21 Jon Mitchell, "Okinawa's First Nuclear Missile Men Break Silence," *Japan Times*, 8 July 2012.

22 Dobbs, *One Minute to Midnight*, 309.

23 Sheldon M. Stern, *Averting "The Final Failure": John F. Kennedy and the Secret Cuban Missile Crisis Meetings*（Palo Alto, CA: Stanford University Press, 2003）, 273.

24 Piero Gleijeses, *Conflicting Missions: Havana, Washington, and Africa, 1959–1976*（Chapel Hill: University of North Carolina Press, 2003）, 26.

25 Ervand Abrahamian, The Coup: 1953, the CIA, and the Roots of Modern U.S.-Iranian Relations（New York: New Press, 2013）.

26 "Most Americans Willing to Re- Establish Ties with Cuba," Angus Reid Public Opinion Poll, February

2012, https://www.american.edu/clals/upload/2012-02-06Polling-on-Cuba_USA-1.pdf.

27 Dobbs, *One Minute to Midnight*, 337.

28 Ibid., 333.

29 Stern, *Averting "The Final Failure."*

* 譯注：「貓鼬行動計畫」是艾森豪總統一九六〇年三月，在任最後一年所核定，意在對付古巴卡斯楚政權的一項中央情報局祕密行動計畫。

30 Ibid., 406.

31 Raymond L. Garthoff, "Documenting the Cuban Missile Crisis," *Diplomatic History* 24, no. 2（Spring 2000）: 297–303.

32 Papers of John F. Kennedy, Presidential Papers, National Security Files, Meetings and Memoranda, National Security Action Memoranda [NSAM]: NSAM 181, Re: Action to be taken in response to new Bloc activity in Cuba（B）, September 1962, JFKNSF-338-009, John F. Kennedy Presidential Library and Museum, Boston, Massachusetts.

33 Garthoff, "Documenting the Cuban Missile Crisis."

34 Keith Bolender, *Voices From the Other Side: An Oral History of Terrorism Against Cuba*（London: Pluto Press, 2010）.

35 Montague Kern, review of *Selling Fear: Counterterrorism, the Media, and Public Opinion* by Brigitte L. Nacos, Yaeli Bloch- Elkon, and Robert Y. Shapiro, *Political Science Quarterly* 127, no. 3（Fall 2012）: 489–92.

36 Stern, *The Week the World Stood Still*, 2.

37 Dobbs, *One Minute to Midnight*, 344.

38 Gleijeses, *Conflicting Missions*, 16.

39 Arthur M. Schlesinger Jr., *Robert Kennedy and His Times*（Boston: Mariner Books, 2002）, 480; Noam Chomsky, *Hegemony or Survival: America's Quest for Global Dominance*（New York: Henry Holt, 2003）, p. 83.

40 Chomsky, *Hegemony or Survival*, 78–83.

41 Stern, *The Week the World Stood Still*, 2.

42 Desmond Ball, *Politics and Force Levels: The Strategic Missile Program of the Kennedy Administration*（Berkeley: University of California Press, 1980）, 97.

43 Garthoff , "Documenting the Cuban Missile Crisis."

44 Dobbs, *One Minute to Midnight*, 342.

45 Allison, "The Cuban Missile Crisis at 50."

46 Sean M. Lynn- Jones, Steven E. Miller, and Stephen Van Evera, *Nuclear Diplomacy and Crisis Management: An International Security Reader*（Cambridge, MA: The MIT Press 1990）, 304.

47 William Burr, ed., "The October War and U.S. Policy," National Security Archive, published 7 October 2003, http://nsarchive.gwu.edu/NSAEBB/NSAEBB98/.

48 The phrase "super-sudden first strike" was coined by McGeorge Bundy and cited in John Newhouse, *War and Peace in the Nuclear Age*（New York: Knopf, 1989）, 328.

49 Noam Chomsky, *Failed States: The Abuse of Power and the Assault on Democracy*（New York: Henry Holt, 2006）, 3.

第九章
奧斯陸協議：脈絡與結果

一九九三年九月，柯林頓總統在白宮草坪觀禮，以色列總理拉賓和巴勒斯坦解放組織主席阿拉法特（Yasser Arafat）當著他的面握手。新聞界也充滿敬意，形容這是「令人敬畏的一天」。[1]這一天，他們公布以巴衝突政治解決方案的「原則宣言」，而這是挪威政府主辦的一項祕密會議之成果。

第一次伊拉克戰爭美方大勝，建立起老布希總統得意洋洋所謂的「我們說的話算數」的信心之後，美國於一九九一年十一月發動以色列和巴勒斯坦談判。[2]談判先在馬德里召開一次簡短的會議揭開序幕，然後在美國指導下持續進行。（為了維持國際主持的幻象，即將落幕的蘇聯也掛名指導。）巴勒斯坦代表團是由住在占領區內的巴勒斯坦人組成（以下稱為「區內巴勒斯坦人」），團長是清廉無比的左翼民族主義者夏飛（Haidar Abdul Shafi），堪稱全巴勒斯坦最受尊敬的人物。「區外巴勒斯坦人」——阿拉法特領導、流亡在突尼斯的巴解組織——並未參與談判，只派了一位非官方的觀察員胡塞尼（Faisal Husseini）。人數極多的巴勒斯坦難民更是完全排除在外，完全沒考量他們的權利，即使聯合國大會承認的權利也未受到重視。

要了解奧斯陸協議（Oslo Accords）的性質和重要性，以及因之衍生的後果，有一點很重要，我們必須了解出現馬德里和奧斯陸談判的背景和脈絡。我將先從檢視替談判訂下脈絡的若干重點背景做開端，然後轉到原則宣言，以及一直延續至今天的奧斯陸過程的後果，最後再談到應該學習的教訓。

巴解組織、以色列和美國剛就馬德里和奧斯陸談判的主題之相關基本議題，發表正式立場。巴解組織的立場呈現在一九八八年十一月巴勒斯坦全國委員會（Palestinian National Council）宣言，它提出一系列外交倡議，但過去統統被摒棄不理。它主張在以色列一九六七年以來占領的地區，建立一個巴勒斯坦人國家，並且要求聯合國安全理事會「制訂和保證本地區相關各國，包括巴勒斯坦人國家和以色列在內的安全與和平之安排。」[3] 巴勒斯坦全國委員會宣言接受壓倒性的國際共識，尋求外交解決，它實際上和阿拉伯「對抗國家」（埃及、敘利亞和約旦）在一九七六年一月向安理會提出的「兩國方案」相同。美國在當時以及一九八〇年，兩度否決它。一連四十年，美國只講些外交漂亮話，其實一直阻擋國際共識至今。

到了一九八八年，華府拒絕和談的立場變得愈來愈難維持。當年十二月，即將卸任的雷根政府成為國際笑柄，舉目全球，只有它聽不進去巴解組織和阿拉伯國家的和解提議。華府不得已，決定「宣布勝利」，聲稱巴解組織終於被迫講出國務卿舒茲的「魔術字語」，表示願意追求民主。[4]舒茲在他的回憶錄裡清楚透露，他的目標是確保巴解組織受到最大的羞辱，但是他也承認和平提議再也無從否定。他告訴雷根總統，阿拉法特只能在某地說「安、安、安」，在另一地說「可、可、可」，可是無法在同一個地方講出「安可」（uncle），以低下的姿態承認全面屈服。因此美方允許和巴解組織展開低階層的討論，但是有一個諒解，即這些討論不具意義。特別是，它明確規定巴解組織必須放棄召開國際會議的要求，美國才能維持住控制。[5]

一九八九年五月，以色列聯合黨（Likud Party）及勞工黨（Labor Party）的聯合政府，針對巴勒斯坦接受兩國方案做出正式回應，宣稱在約旦和以色列之間不可能再出現「另一個巴勒斯坦人國家」（不論約旦人和巴勒斯坦人可能有什麼想法，按照以色列的定義，約旦已經是巴勒斯坦人國家）；同時又說：「除了依據（以色列）政府基本方針，猶大—撒馬利亞地區和加薩（即西岸和加薩）的地位不會改變。」[6]甚且，以色列不會和巴解組織進行談判，不過會允許在以色列軍事統治下舉行「自由選舉」。其實大部分巴勒斯坦領袖沒被起訴就關在牢裡，或已被逐出巴勒斯坦。

一九八九年十二月，國務卿貝克（James A. Baker）提出一個計畫，老布希總統新政府不附加條件，接受以色列這項提議。這就是馬德里會議前夕三方的正式立場，而華府宣稱它將以「誠實的中人」身分居間調停。

阿拉法特一九九三年九月前往華府參加「令人敬畏的一天」談判，《紐約時報》的頭條新聞稱許以、巴雙方領袖握手是「戲劇化的景像」，「將把阿拉法特先生轉化為政治家及和平創造者」，他終於在華府指導下放棄使用暴力。[7]《紐約時報》專欄作家劉易士站在主流媒體最苛評的一端寫道，直到這一刻，巴勒斯坦人一直「拒絕妥協」，但是現在他們終於願意「讓和平有可能出現」。[8]當然，真正拒絕外交解決的是美國和以色列，巴解組織多年來都表示願意妥協，不過，劉易士倒轉事實卻是相當常見，在主流媒體上不會受到挑戰。

在馬德里及奧斯陸談判之前幾年，另外還有其他幾件關係重大的發展。一九八七年十二月，加薩地區爆發「抵抗運動」（Intifada），很快就散布到整個占領地區。[9]這場基礎廣泛，可是又十分節制的起義，不僅對具有龐大軍隊及民兵部隊、監視及輸誠合作者系統的以色列占領當局是個意外，就連遠在突尼斯的巴解組織也吃了一驚。「抵抗運動」不僅限於反對占領，也是巴勒斯坦社會內部的社會革命，打破婦女服從、權貴權威及階層主導等各種模式。

雖然「抵抗運動」發生的時機出乎意料之外，起義本身並非意外，至少就注意以色列在美國支持下於占領區內行動的人士而言，它的發生事出有因。某些事情一定會爆發；人們已經忍無可忍。過去二十年，巴勒斯坦人生活在軍事占領下，受到嚴厲的壓迫、暴虐和殘忍的羞辱，還眼睜睜看著他們剩下的家園逐漸消失，因為以色列推動屯墾計畫、執行巨大的基礎設施開發，要把占領區有價值的部分併入以色列，搶走他們的資源，並且推動其他措施阻止獨立發展，而且一直得到美國在軍事、經濟和外交方面的重大支持，甚且美國還從意識型態方面幫他們建構議題的論述。

我們舉一個在西方不受注意或關心的案例：在「抵抗運動」爆發之前不久，有個巴勒斯坦小女孩阿拉塔（Intissar al-Atar）在加薩的一所學校校園，被附近猶太人屯墾區的一個居民開槍射殺身亡。[10]根據以色列學者拉澤（Avi Raz）的話說：數以千計的以色列人在國家大量補助下在加薩地區屯墾，他們在強大的駐軍保護下，占走許多土地和稀有的水源，「在一百四十萬赤貧的巴勒斯坦人當中，奢華地住在二十二個屯墾區裡。」而凶手就是其中之一。[11]殺害小女生的凶手伊夫拉（Shimon Yifrah）被捕，但是法院裁定「犯行尚未嚴重到必須拘禁」，很快就准予保釋在外。法官認為，伊夫拉朝校園裡的阿拉塔開槍，只是想要嚇她，並沒有意圖要殺她，因此「這不是一件必須把犯人關起來懲罰、嚇阻、教訓的刑事案件。」伊夫拉被判處緩刑七個月，在法院旁聽的屯墾區居民為之喝采，載歌載舞。各界對此靜默，畢竟這是司空見慣的常事。

的確就是如此稀鬆平常。伊拉夫當庭開釋之時，以色列報章又報導，陸軍巡邏隊開槍射擊西岸難民營一所學校，打傷五名學童。沒錯，又只是想「嚇唬他們」。根本沒有人受起訴，事件也沒引起人注意。這只是以色列媒體所謂「不識字就是懲罰」策略之一的插曲，手法包括關閉學校、動用汽油彈、用槍托毆打學生，以及不提供受害人醫治。除了學校之外，「抵抗運動」期間在國防部長拉賓命令下，以色列施行更嚴峻的殘暴統治。經過兩年暴力和殘酷的鎮壓，拉賓告訴「現在就和平」（Peace Now）*領導人，「占領區內居民受到嚴厲的軍事和經濟壓力，他們最後將會屈服」，將會接受以色列的條件。當阿拉法特透過奧斯陸過程，恢復控制權之後，果真如此。[12]

以色列和「區內巴勒斯坦人」之間的馬德里談判從一九九一年開始，一直沒有結果，主要原因是夏飛堅持以色列必須停止擴張屯墾區。屯墾區全都不合法，國際組織、聯合國安理會，一再如此認定（其中之一是安理會四四六號決議文，以十二票贊成，零票反對，而美、英、挪威三國棄權而通過。）[13]國際法院（International Court of Justice）後來又確認以色列屯墾區為非法。一九六七年底，以色列展開屯墾計畫時，以色列最高法院和政府官員也承認不合法。以色列的不法行為包括大肆擴張及兼併大耶路撒冷，明明白白違反安理會一再的命令。[14]

以色列記者魯賓斯坦（Danny Rubinstein）是對占領區議題最有研究的分析家之一，他在馬德里會議召開時對以色列的立場，做出相當準確的摘要。[15]他寫道，在馬德里，以色列和美國將依據一九七八年大衛營協議（Camp David Accords）的要求，同意某種形式的巴勒斯坦人「自治」，但它將會像是「戰俘營中的自治，戰俘可以不受干擾『自治』，決定如何作飯燒菜及組織文康活動。」[16]巴勒斯坦人將不會得到比目前已有更大的權力，只能管管地方性質的服務項目，以色列屯墾計畫還會繼續下去。

馬德里談判和奧斯陸祕密談判進行期間，屯墾計畫先後在夏米爾和拉賓兩位總理主政下快速擴張。拉賓一九九二年出任總理，「自誇在他任期內，比起一九六七年以來任何時候，在占領區內增建更多的住宅。」拉賓很簡潔地說明他的指導原則：「重要的是在區界內是什麼，區界在哪裡不重要，只要（以色列）國家涵蓋大部分以色列地域（Land of Israel, Eretz Israel，即前巴勒斯坦），其首都是耶路撒冷就行。」

以色列研究人員報導，拉賓政府的目標是劇烈擴大「大耶路撒冷勢力區」，從拉馬拉（Ramallah）延伸到希伯崙（Hebron），到鄰近耶利哥（Jericho）的馬阿勒阿杜明市邊境，「在大耶路撒冷勢力區完成一個猶太人屯墾區連結起來的圈子，以便更加包圍巴勒斯坦人社區，限制他們的發展，並防止東耶路撒冷成為巴勒斯坦國首都的可能性。」甚且，以色列「已在興建龐大的公路網，構建屯墾模式的骨架。」[17]

奧斯陸協議之後，屯墾計畫更加快擴張，包括開闢新屯墾區、「厚實」舊屯墾區，以特別激勵方案吸引新屯墾者，以及興建公路區隔占領區。根據「現在就和平」的研究，從一九九三至九五年，除了已兼併的東耶路撒冷之外，房屋起造案增加四成以上。[18]一九九四年，也就是奧斯陸協議簽訂後次一年，政府資助在占領區闢建屯墾區增加百分之七十。[19]執政黨勞工黨刊物《文字報》（*Davar*）報導，拉賓政府維持前任極右派夏米爾政府的優先政策。勞工黨假裝凍結屯墾，其實「比夏米爾政府提供更大的財務協助」，在「西岸地區到處」擴大屯墾區，「甚至在最具挑釁意味的地點」也不例外。[20]這個政策在後來幾年持續進行，也是目前納坦雅胡（Benjamin Netanyahu）政府方案的基礎。它被設計來讓以色列控制約旦河西岸百分之四十至五十的土地，其他部分則區隔開來，在以色列占領約旦河谷（Jordan Valley）之下封鎖它們，並與加薩隔離開來，這是明顯違反奧斯陸協議的動作，目的在於確保日後倘若出現任何巴勒斯坦實體，都無法與外部世界連通。

「抵抗運動」是由「區內巴勒斯坦人」發起及執行。位於突尼斯的巴解組織試圖掌控事件發展，但是並不成功。一九九〇年代初期以巴談判進行中所推動的計畫，加劇「區內巴勒斯坦人」和流亡在外的巴解組織領導人之間的疏離。

在這種情況下，阿拉法特設法重建巴解組織權威也就不足為奇。阿拉法特和以色列在挪威主持下進行祕密談判，賜給他機會，因為祕密談判削弱了在地領導人。祕密談判在一九九三年八月告一段落，此時密切關注占領區及在鄰國難民營的巴勒斯坦人動態的記者安多尼（Lamis Andoni），就巴解組織的格格不入提出她的觀察。

安多尼報導，巴解組織「面臨它成立為巴勒斯坦人團體以來最慘的危機，法塔（Fatah）是例外，獨立派人士和巴解組織及阿拉法特周圍日益萎縮的一派保持距離。」她又報導，「巴解組織執行委員會兩位重要成員，巴勒斯坦詩人達威許（Mahmoud Darwish）以及阿侯特（Shafiq al-Hout）辭掉巴解組織執行委員職務」，同時，巴勒斯坦談判代表也紛紛辭職，甚至還留在巴解組織內的團體也與阿拉法特保持距離。流亡黎巴嫩的法塔領導人要求阿拉法特辭職，而占領區內反對他個人及巴解組織貪瀆和專制的聲音也甚囂塵上。伴隨著「主流團體的快速分裂和阿拉法特在本身組織中失去支持……巴解組織體系的快速分裂，和巴解組織支持者的逐步消蝕，和談即使有任何突破，也沒有意義。」

安多尼說：「巴解組織歷史上從來沒有過對領導層對阿拉法特的反對，是如此的強大。同時這也是第一次，大家愈來愈覺得保衛巴勒斯坦國家權利，不再繫於保衛巴解組織的角色。許多人認為，領導層的政策正在摧毀巴勒斯坦體制，破壞巴勒斯坦國家權利。」

她認為，基於這些原因，阿拉法特追求奧斯陸協議提出的耶利哥—加薩方案，希望它能「增強巴解組織的權威，尤其是已有跡象顯示以色列政府會更加退讓，願意與巴解組織直接對話，因此可以拯救它在內部逐漸喪失的正當性。」

以色列當局當然知道巴勒斯坦內部的發展，可能因而認為有機可乘，搶在巴勒斯坦人尋求以其他方式實現其國家目標和權利之前，與「摧毀巴勒斯坦體制，破壞巴勒斯坦國家權利」的人士打交道。

「區內巴勒斯坦人」對奧斯陸協議的反應，正反不一。有些人抱持高度希望，也有些人覺得沒什麼值得慶賀。安多尼報導：「協定的條文讓最溫和的巴勒斯坦人都緊張起來，他們擔心協定會鞏固以色列在占領區的控制。」巴勒斯坦高階談判代表艾瑞凱特（Saeb Erekat）評論，「很顯然這個協定意在重新組織以色列的占領，而不是逐漸終止其占領。」[21] 甚至與阿拉法特關係親密的胡塞尼也說，奧斯陸協議「肯定不是我們族人盼望的開端」。夏飛批評巴解組織領導層接受的協定，允許以色列持續其屯墾政策和土地徵收，以及將它擴張的耶路撒冷地區「兼併及猶太化」，並且對巴勒斯坦人實施「經濟霸權」。夏飛因此拒絕出席在白宮草坪舉行的慶祝儀式。[22] 伊布拉辛（Youssef Ibrahim）在《紐約時報》報導，許多人特別不痛快「巴解組織領導人的吃相難看，忽略巴勒斯坦人二十七年來在以色列占領下受苦受難，反而偏袒從突尼斯回來的流亡人士接掌大權。」他又說，巴解組織代表「坐著以色列陸軍的吉普車進入（耶利哥），遭到巴勒斯坦青年投擲石頭。」[23]《金融時報》記者歐贊尼（Julian Ozanne）從耶路撒冷報導阿拉法特臨時政府的人事名單顯示，「他決心安插忠心份子和巴勒斯坦僑外人士」，其中只有兩個「區內巴勒斯坦人」：胡塞尼和阿拉嘉（Zakaria al-Agha），他們都效忠阿拉法特。[24] 其他人選全都來自占領區之外「效忠（阿拉法特）的政治派系」。

仔細再檢查奧斯陸協議的實際內容，會發現這些反應還是過分樂觀。「原則宣言」很明白地滿足了以色列的要求，但是對巴勒斯坦的建國權利卻沉默不語。它吻合羅斯（Dennis Ross）所提出的概念。羅斯是柯林頓總統中東事務顧問，二〇〇〇年大衛營會議談判代表，後來又是歐巴馬總統倚重的顧問。羅斯解釋，以色列有需求，巴勒斯坦人只有要求，很顯然比較不重要。[25]

「原則宣言」第一條表明，奧斯陸過程的終極目標是「依據安理會二四二號決議和三三八號決議的永久解決方案」。熟悉以巴衝突外交交涉的人士很容易就了解這段話的意思。二四二號決議和三三八號決議除了含糊提到「公平解決難民問題」之外，根本沒有提到巴勒斯坦人的權利。[26]「原則宣言」沒有提到安理會後來有關巴勒斯坦建國權利的任何決議。如果「和平進程」的高潮是沿著這一路線推進，那麼巴勒斯坦人就可以告別盼望在前巴勒斯坦地域享有有限度建國權利的的心願。

「原則宣言」其他條款講得更清楚。規定，「除了將在永久地位談判中談判的議題，即耶路撒冷、屯墾、軍事位置和以色列人等之外」，巴勒斯坦權力及於「西岸和加薩走廊」。換句話說，每個重要議題都不在其權力範圍之內。[27]甚且，「以色列人撤退後，以色列將繼續負責對外安全，以及屯墾區和以色列人的內部安全及公共秩序。以色列軍隊和平民可以繼續自由使用加薩走廊和耶利哥地區之內的道路。」以色列承諾最後將會從這兩個地區撤出。[28]簡而言之，沒有什麼有意義的改變。「原則宣言」也隻字不提以巴衝突的核心問題：屯墾區計畫；它在奧斯陸進程之前已經大肆擴張，破壞達成任何有意義的巴勒斯坦自決之希望。

換句話說，只能說是陷入所謂的「蓄意無知」，我們才能相信奧斯陸進程是通往和平的道路。縱使如此，這個信念成為西方評論家和知識份子的實質教條。

奧斯陸協議之後，以色列和阿拉法特的巴解組織又達成其他若干協議。第一，也是最重要的後續協議是，一九九五年拉賓總理遇刺身亡之前不久所訂立的「奧斯陸第二號協議」（Oslo II）。即使編造出來的「拉賓是個和平締造者」的幻象經不起分析，他遇刺身亡仍然是一樁悲劇。

奧斯陸第二號協議是聰明的法律專家的傑作，這份文件讓美國和以色列當局可以隨意動作，卻又留下空間讓人臆測會有更可接受的結果。當這些結果仍未能實現時，又可怪罪到「極端份子」破壞承諾。

奧斯陸第二號協議規定，占領區的屯墾者（不合法）將繼續接受以色列的管轄及法令。套用正式的字句：「（占領區的）以色列軍事政府遵循國際法，應保留必要的立法、司法和行政權力及責任。」美國和以色列已經一向按自己的意旨解讀國際法，歐洲也默認。如此寬裕的餘地等於賦予以色列當局，對巴勒斯坦人訂的法律握有否決權。奧斯陸第二號協議明文表示，「任何修訂或廢止既有（由以色列頒布）的法律或軍事命令的立法……若超過（巴勒斯坦）全國委員會的管轄範圍，或是不符本協議或其他任何協議，將自始無效。」巴勒斯坦全國委員會在占領區大部分地區本來就沒有權力，而在其他地方的權力也必須經以色列准許。再者，「巴勒斯坦方面應尊重以色列人（包含以色列人擁有的公司），關係到位於全國委員會轄區內的土地之合法權利。」換句話說，在巴勒斯坦當局能有管轄權的相當有限地區，它還要經由以色列人核准；明白地說，他們涉及到與政府有關或「缺席人」土地的權利要受限。這是一項很複雜的法律設計，實質上把不住在以色列占領區內的巴勒斯坦人所擁有的土地，轉移給以色列人管轄。[29] 後面這兩類土地占占領區土地相當大比例。不過，片面決定其區界的以色列政府，並沒有提供正式的數字。以色列媒體報導，「未開墾的國有土地」約占西岸地區一半面積，整體國有土地約占百分之七十。[30]

奧斯陸第二號協議因此等於廢除了整個世界、以及所有相關法律權威的決定：舉世都說以色列對一九六七年占領的地區沒有任何權利主張，也都認為屯墾區不合法。巴勒斯坦卻承認合法，還承認以色列人在整個占領區，包括A區及B區（即受巴勒斯坦人有條件控制的地區），其他未一一敘明的法定權利。奧斯陸第二號協議強化了奧斯陸第一號協議的主要成就：聯合國關係到巴勒斯坦人權利的決議統統作廢，包括涉及到屯墾區合法性、耶路撒冷地位，以及歸鄉權等等的各項決議。它實質上一筆勾銷中東外交交涉的整個紀錄，只留下美國片面主導的「和平進程」的部分。基本事實不僅從歷史上挖掉，至少是從美國評論界抹煞掉，也從官方紀錄上剷除掉。

事情就如此這般延續到現在。

我們在前文提到，可以理解，阿拉法特會抓住機會削弱「區內巴勒斯坦人」領導層，試圖重振他在占領區日益衰退的勢力。但是，挪威談判代表究竟認為他們有什麼成就呢？就我所知，對這個問題唯一認真的學術研究，是挪威外交部委託瓦爾季（Hilde Henriksen Waage）的研究報告，准許她接觸一切內部文件。不料，她卻有驚人的發現：關鍵時期的文獻紀錄竟然不見了。[31]

瓦爾季觀察到，奧斯陸協議肯定是以巴衝突史上的轉捩點，也確立奧斯陸是世界「和平之都」的地位。瓦爾季寫道，各方期許奧斯陸進程「給中東帶來和平」，但是「就巴勒斯坦人而言，它導致分割約旦河西岸，以色列屯墾者倍增，興建令人癱瘓的隔離高牆，一個嚴酷的封閉政權，以及加薩走廊和西岸地區之間前所未有的隔離。」[32]

瓦爾季提出一個似乎有道理的結論，她說：「奧斯陸進程可作為小國家在高度不對稱的衝突進行第三方調停，出現瑕疵的完美案例。」她也尖銳地提到：「奧斯陸進程是依據以色列的前提進行，挪威替以色列跨刀當跑腿的小廝。」

她寫道：「挪威人認為透過對話和逐漸建立互信，可以創造無可逆轉的和平動力，推動和解的進程。整個做法的問題出在，這個問題不是信賴與否的問題，而是權力大小的問題。推進的過程遮蓋住現實。到頭來，薄弱的第三方推進者所能達成的結果，不脫強國願意允許的範圍……應該要問的問題是：這個模式適合嗎？」[33]

這個問題問得好，值得深思，尤其是西方知識界現在採信相當可笑的假設，以為在美國擔任「誠實的中間人」主持下，以、巴雙方可以認真進行有意義的談判。實際上美國和以色列在過去四十年聯手合作，封殺幾乎全世界都支持的外交解決方案。

---

1 例如見 David M. Shribman, "At White House, Symbols of a Day of Awe," *Boston Globe*, 29 September 1995; Maureen Dowd, "Mideast Accord: The Scene; President's Tie Tells It All: Trumpets for a Day of Glory," *New York Times*, 14 September 1993（"the jaded were awed"）.

2 George H. W. Bush, interview on *NBC Nightly News*, 2 February 1991.

3 Deputy Permanent Observer of the Palestine Liberation Organization to the United Nations secretary general, 16 November 1988, http://domino.un.org/UNISPAL.NSF/0/6EB54A389E2DA6C6852560DE0070E392.

4 R. C. Longworth, "Shultz Helps Arafat Get Right Words," *Chicago Tribune*, 15 December 1988.

5 George P. Shultz, *Turmoil and Triumph: My Years as Secretary of State*（New York: Scribner, 1993）, 1043.

6 "Israel's Peace Initiative," U.S. Embassy in Israel Archive, 14 May 1989.

7 Elaine Sciolino, "Mideast Accord: The Ceremony; Old Enemies Arafat and Rabin to Meet," *New York Times*, 12 September 1993.

8 Anthony Lewis, "Abroad at Home; A Chance to Live," *New York Times*, 13 September 1993.

9 Edward W. Said, "Intifada and Independence," in *Intifada: The Palestinian Uprising Against Israeli Occupation*, eds. Zachary Lockman and Joel Beinin（Boston: South End Press, 1989）, 5–22.

10 Dan Fisher, "Israeli Settlers Kill Arab Girl, 17, at Gaza Protest," *Los Angeles Times*, 11 November 1987.

11 Avi Raz, *The Bride and the Dowry: Israel, Jordan, and the Palestinians in the Aftermath of the June 1967 War*（New Haven, CT: Yale University Press, 2012）.

＊譯注：「現在就和平」是一九七八年以色列總理比金和埃及總統沙達特的和談似乎將要破局時，三百多位以色列作戰部隊後備役官兵簽署公開信，呼籲以色列不要放棄和平的歷史機遇，得到各方熱切支持之後所成立的一個非政府組織。

12 Noam Chomsky, *Fateful Triangle: The United States, Israel, and the Palestinians*（Chicago: Haymarket Books, 2015）, 542–87.

13 UN Security Council Resolution 446, 22 March 1979, http://domino.un.org/UNISPAL.NSF/0/ ba123cded3ea84a5852560e50077c2dc.

14 "Legal Consequences of the Construction of a Wall in the Occupied Palestinian Territory," International Court of Justice, 30 January 2004, http://www.icj-cij.org/docket/files/131/1591.pdf; Gershom Gorenberg,

The Accidental Empire: Israel and the Birth of the Settlements, 1967-1977（New York: Times Books, 2006）.

15 Danny Rubinstein, *Ha'aretz*, 23 October 1991. 在此及以下的資料出處，見Noam Chomsky, *World Orders Old and New*（New York: Columbia University Press, 1994）.

16 Chomsky, *Fateful Triangle*, 612.

17 Chomsky, *World Orders Old and New*, 261–64.

18 Dean Andromidas, "Israeli 'Peace Now' Reveals Settlements Grew Since Oslo," *EIR International* 27, no. 49（15 December 2000）; Chomsky, *World Orders Old and New*, 282.

19 Chomsky, *World Orders Old and New*, 282.

20 *The Other Front*, October 1995; *News from Within*, November 1995. 另參見Noam Chomsky, *World Orders Old and New and Powers and Prospects*（Chicago: Haymarket Books, 2015）.

21 除非另有註明，前述材料引自Lamis Andoni, "Arafat and the PLO in Crisis," *Middle East International* 457（28 August 1993）and Lamis Andoni, "Arafat Signs Pact Despite Misgivings All Around Him," *Christian Science Monitor*, 5 May 1994.

22 Chomsky, *World Orders Old and New*, 269.

23 Youssef M. Ibrahim, "Mideast Accord: Jericho; Where P.L.O. Is to Rule, It Is Nowhere to Be Seen," *New York Times*, 6 May 1994.

24 Chomsky, *World Orders Old and New*, 269.

25 針對羅斯立場的詳細分析，見Norman Finkelstein, *Dennis Ross and the Peace Process: Subordinating Palestinian Rights to Israeli "Needs"*（Washington, DC: Institute of Palestine Studies, 2007）.

26 UN Security Council Resolution 242, 22 November 1967, http://domino.un.org/unispal.nsf/0/7D35E1F729DF491C85256EE700686136; UN Security Council Resolution 338, 22 October 1973, https://unispal.un.org/DPA/DPR/unispal.nsf/181c4bf00c44e5fd85256cef0073c426 / 7fb7c26fcbe80a31852560c50065f878? OpenDocument.

27 Israeli-Palestinian Interim Agreement on the West Bank and the Gaza Strip, Article XI, 28 September 1995, http://www.unsco.org/Documents/Key/Israeli- Palestinian%20Interim%20Agreement%20on%20the%20West%20Bank%20and%20the%20Gaza%20Strip.pdf.

28 Chomsky, *World Orders Old and New*, 248.

29 Israeli-Palestinian Interim Agreement on the West Bank and the Gaza Strip, Article XI, 28 September 1995.

30 Chomsky, *World Orders Old and New*, 278.

31 Hilde Henriksen Waage, "Postscript to Oslo: The Mystery of Norway's Missing Files," *Journal of Palestine Studies* 38（Autumn 2008）.

32 例如見Edward Said, "Arafat's Deal," *Nation*, 20 September 1993, 以及"The Israel-Arafat Agreement," *Z Magazine*, October 1993.

33 Waage, "Postscript to Oslo."

第十章
毀滅的前夕

如果想問未來會是什麼模樣，有個合理的角度或許就是試圖從外頭反觀人類在做什麼。因此，不妨想像你是外星來的觀察員，想以中立的立場搞清楚地球發生什麼事；或者想像你是一百年後的歷史學家（假設一百年後還有歷史學家存在的話，不過這一點其實不是那麼清楚明白），你要回顧今天正在發生的狀況。你會發現某些相當特殊的情況。

人類史上第一次，我們已經清楚地發展出毀滅自己的能力。從一九四五年以來就如此。現在我們也終於體認到，有些更長期的進程，譬如環境破壞，也正走向相同的方向。或許不致於全面毀滅，但至少是毀滅適當生存的能力。

另外還有些危險，如流行性疫疾，也和全球化及人類互動有關係。因此，已經有些過程正在進行中，也有些機制已經出現，譬如如核武器系統，可能會對人類的生存產生嚴重打擊或甚至造成終結。

如何不費吹灰之力就毀滅星球

問題是：人類採取了什麼對策？這根本不是祕密。一切都十分公開。事實上，你必須很努力才能視若無睹。而且回應的範圍很廣。有人非常認真要對付這些威脅，也有人卻採取行動升高它們。如果你身為未來的歷史學家或外星來的觀察員，只要瞧瞧誰在不同群組裡，就會發現一些怪事：想要紓緩或克服這些威脅的竟是低度開發社會，原住民或是其殘餘後裔、部落社會，和加拿大的原住民（first nations）。他們沒有談論核子戰爭，他們只談論環境災害，而且他們的確認真想要克服它們。

事實上，在世界各地：澳洲、印度、南美洲，都在作戰，甚至進行大型戰爭。在印度，這是針對環境直接大破壞的大戰，部落社會試圖對付對本地環境構成極端傷害的開採資源的作業。在原住民很有影響力的社會，有許多採取強硬立場。對全球暖化立場最強硬的一個國家是玻利維亞，它的原住民占過半數，憲法也明文要求保護「自然權利」。厄瓜多也有許多原住民，這是我所知道唯一一個石油輸出國家，其政府尋求援助，希望能把石油保留在地下，儘量不要煉油和出口，地下就是它應該停留的地方。

前幾年才過世的委內瑞拉總統查維茲（Hugo Chavez）被西方世界嘲笑、侮辱和仇視，他曾經出席聯合國大會，因為抨擊小布希總統是「妖魔」而招致各種謾罵。他也在聯合國發表相當有趣的演講。委內瑞拉是個產油大國，石油實際上就是它全國GDP之所恃。查維茲在演講中提出警告，過度使用化石燃料相當危險，因此他促請產油國和消費國合作，設法降低使用化石燃料。以產油國家而言，這是十分令人驚訝的行為。查維茲有部分印第安人血統，具有原住民的背景。和他幹過的許多可笑事情相反，他在聯合國的這番言行卻從來沒有人報導。[1]

因此，在這一極端，你看到原住民、部落社會努力抑制奔向災禍。而在另一個極端，世界史上最強大、最富裕的社會，如美國和加拿大，卻全速奔向儘快破壞環境。他們和厄瓜多及全世界原住民社會不一樣，希望以最快速度從地下擷取化石燃料。民主、共和兩黨、歐巴馬總統、媒體和國際傳媒，似乎都熱切盼望他們所謂的「能源獨立的世紀」來到美國。「能源獨立」是幾乎沒有意義的觀念，但是我們先把它們擱在一旁。它們的意思是：我們將有一個世紀可以最大化使用化石燃料，並且致力毀滅世界。

其實到處都是如此。我們必須承認，談到替代能源的開發，歐洲相當努力。與此同時，美國身為世界史上最富強的國家，或許是一百多個相關國家當中唯一的一國，沒有限制使用化石燃料的國家政策，甚至沒有制訂再生能源的目標。這不是因為老百姓不要，美國人關心全球暖化並不亞於國際常態，但是美國的體制結構阻礙改革。企業利益不想要，在決定政策上又具有壓倒性的強大力量，因此，一般民意和許多議題（包括這一方面）的政策出現巨大落差。

因此，這就是未來的歷史學家（如果的確還存在的話），會看到的情形。他或許也會讀到今天的科學期刊，就和你今天打開的科學期刊一樣，一個比一個提出更可怕的預測。

另一個議題是核子戰爭。長久以來大家都知道，如果某個大國發動第一擊，即使沒有別人反擊報復，光是隨之而來的核子寒冬後果就可能摧毀了人類文明。你可以在《原子科學家快訊》（*Bulletin of the Atomic Scientists*）上讀到這種分析；大家都很清楚後果嚴重。因此，危險一向都比我們想像還來得更加嚴重。

我們最近才度過古巴飛彈危機五十週年。那次千鈞一髮，差點就出大事，而且也不是唯一一次。然而，從某些方面來講，這些嚴峻事件最慘烈的一面是，我們沒有從中學到教訓。古巴飛彈危機過後十年，國務卿季辛吉在一九七三年發出高層級的核子警戒。他以這個方法警告蘇聯不要介入正在進行中的以阿戰爭，尤其是在他已照會以色列，他們已經違反美、蘇雙方剛講好的停火之後，不要再介入。[2]很幸運，當時沒有出事。

再過十年，雷根總統當家主政。雷根入主橢圓形辦公室之後不久，他和他的顧問就命令美國空軍開始深入蘇聯領空，試圖蒐集有關蘇聯警報系統的相關資訊；這就是所謂「優秀射手」行動（Operation Able Archer）。[3]本質上，這是模擬攻擊。俄國人對於如何反應拿捏不定，有些高階官員擔心這是美方走向真正第一擊的一步。幸運的是，他們沒有做出反應，不過也已經險象環生。爾後雙方也如此劍拔弩張。

如何理解伊朗和朝鮮核子危機

伊朗和北朝鮮核子問題一直是媒體的頭版重大新聞。處理這些持續中的危機有許多方法。或許不會奏效，但至少可以試試看。可是，這些方法沒被列入考量，甚至也沒被報導。

先以伊朗為例，西方世界認為它是對世界和平最嚴重的威脅，可是阿拉伯世界和亞洲就不這麼認為。這是西方世界的偏執，了解箇中原因會很有意思，但是我現在先不談它。有什麼方法可以對付這個對世界和平最嚴重的威脅嗎？事實上，是有好幾個方法。譬如，不結盟國家二〇一三年在德黑蘭開會，就提出一個相當合理的辦法。事實上，他們只是重申已有數十年之久的一項提議，埃及最賣力提倡這項提議，也得到聯合國大會贊同。

這項提議建議在本區域建立一個「無核武區域」。它解決不了所有的問題，但將是向前邁進的重要一步。而且也可以有辦法推動：在聯合國主持下，國際社會訂於二〇一二年十二月在芬蘭召開會議，試圖推動這個計畫。後來怎麼了？你不會在報章上讀到有關的消息，因為只有專業刊物才報導。十一月初，伊朗同意出席會議。但是隔了幾天，歐巴馬取消會議，聲稱時機不對。[4]歐洲議會（European Parliament）發表聲明，呼籲繼續開會，阿拉伯國家也響應，但是以後就沒有下文了。

東北亞方面，情形也一樣。北朝鮮可能是全世界最瘋狂的國家，它肯定當得起這個頭銜。但是，搞清楚行為舉止瘋狂的人腦子裡想些什麼，應該也有必要。他們為什麼會有這種行為呢？讓我們設身處地想像一下。想像一下一九五〇年代初期，在韓戰當中，你的國家被徹底剷平。所有的東西全被一個巨大的超級強國摧毀殆盡，而且又洋洋得意它的成績。你想想看這會留下什麼樣的印記。

請記住，北朝鮮領導人很可能也讀到這個超級大國當時公開的軍事刊物，這些刊物提到，既然北朝鮮什麼東西都給炸毀了，我們可以派空軍去摧毀他們的水壩。這些巨型水壩控制著北朝鮮的水源供應。炸毀它們乃是戰爭罪行，依據紐倫堡大審判例是要送上絞刑台的。這些官方刊物興奮地大談大水沖下來，淹沒河谷，「亞洲人」四竄逃命，可真美妙啊。[5]刊物對這些亞洲人狼狽逃命大為興奮。這才是超乎想像的可怕。這意味會毀掉他們的作物收成，換言之，不知多少人會因飢荒而喪生。真是壯觀！我們的記憶庫裡沒有這一幕，但是他們永生難忘。

讓我們轉到現在。近年有一段很有趣的歷史：一九九三年，以色列和北朝鮮即將達成協議，北朝鮮停止輸送任何飛彈或軍事技術到中東，以色列可以承認它。柯林頓總統介入，封殺它。[6]過後不久，北朝鮮進行小型的飛彈試射，以示報復。然後美國和北朝鮮在一九九四年達成框架協議，擋下北朝鮮的核子計畫，雙方也大半都能遵守協議。小布希總統上台時，北朝鮮可能已有一種核子武器，而且經檢查證明不再製造核武器。

小布希立即就發動積極的武裝軍備，威脅北朝鮮（痛斥它是「邪惡軸心」等等），因此北朝鮮回過頭又推動核子計畫。等到小布希總統卸任時，它已經有八到十種核武器及一個飛彈系統，這可說是新保守主義好大的一個新成就呀！[7]在這段期間，又有其他的發展。二〇〇五年，美國和北朝鮮的確達成協議，北朝鮮答應停止所有核子武器和飛彈的研發計畫；西方——主要是美國——投桃報李，將提供一座輕水反應爐，供其醫療需求之用，並且停止侵略性的聲明。它們將進一步締結互不侵犯條約，走向相互容忍，接納對方。

這項協議相當令人振奮，但小布希總統幾乎立刻就破壞它。他取消輕水反應爐計畫，也發起方案迫使銀行停止處理北朝鮮的任何交易，即使完全合法的交易也禁止。[8]北朝鮮的回應就是重啟核子武器計畫。然後就一路走到現在。

這個模式很清楚。你在美國主流學界分析就看得到。他們說的是：北朝鮮是個瘋狂的政權，但是它也遵循一種針鋒相對的政策。你們做出敵對的姿態，我們就以某種瘋狂姿態回應。你們如果擺出遷就姿態，我們也會有某種方式回報。

譬如，近來南韓和美國在朝鮮半島進行軍事演習，從北朝鮮角度來看，這具有威脅性。如果他們瞄準美國或加拿大的目標，美國會認為具有威脅性。在這些演習中，史上最先進的轟炸機，有匿蹤能力的B-2和B-52轟炸機執行針對北朝鮮邊境的模擬核彈轟炸。[9]

這肯定會觸響過去的警鈴。北朝鮮記得往日的景象，因此他們以非常具有侵略性的極端方式反應。西方國家從這兒一般就得出結論，北朝鮮領導人太瘋狂、太可怕。是的，他們是既瘋狂又可怕，但這不是故事的全貌。

我們不是沒有別的選項。只是這些選項不被採行。這才是危險。因此，如果你要問未來世界會是什麼模樣，景象不會太漂亮，除非我們肯改弦更張，而且我們是可以改弦更張的。

---

1 Statement by Hugo Chavez at 61st United Nations General Assembly, 20 September 2006, http:// www.un.org/webcast/ga/61/pdfs/venezuela-e.pdf.

2 National Security Archive, "Kissinger Gave Green Light for Israeli Offensive Violating 1973 Cease-Fire," press release, 7 October 2003, http://nsarchive.gwu.edu/NSAEBB/NSAEBB98/press.htm.

3 Nate Jones, "The Able Archer 83 Sourcebook," National Security Archive, 7 November 2013, http:// nsarchive.gwu.edu/nukevault/ablearcher/.

4 Jillian Kestler- D'Amours, "Opportunity Missed for Nuclear-Free Middle East," Inter Press Service, 2 December 2012.

5 關於轟炸水壩乃是罪行，例如見 Gabriel Kolko, “Report on the Destruction of Dikes: Holland, 1944–45 and Korea, 1953,” in *Against the Crime of Silence: Proceedings of the Russell International War Crimes Tribunal, Stockholm and Copenhagen*, 1967, ed. John Duffett（New York: O’Hare Books, 1968）, 224–26; 另參見 Jon Halliday and Bruce Cumings, *Korea: The Unknown War*（New York: Viking, 1988）, 195–96; Noam Chomsky, *Towards a New Cold War: Essays on the Current Crisis and How We Got There*（New York: Pantheon, 1982）, 121- 22.

6 Oded Granot, “Background on North Korea–Iran Missile Deal,” *Ma’ariv*, 14 April 1995.

7 Fred Kaplan, “Rolling Blunder: How the Bush Administration Let North Korea Get Nukes,” *Washington Monthly,* May 2004.

8 Shreeya Sinha and Susan C. Beachy, “Timeline on North Korea’s Nuclear Program,” *New York Times,* 19 November 2014; Leon Sigal, “The Lessons of North Korea’s Test,” *Current History* 105, no. 694（November 2006）.

9 Bill Gertz, “U.S. B-52 Bombers Simulated Raids over North Korea During Military Exercises,” *Washington Times,* 19 March 2013.

第十一章

以色列—巴勒斯坦：實質選項

二〇一三年七月十三日，俗稱「辛貝特」（Shin Bet）的以色列國家安全局（Israel Security Agency）前任局長狄斯金（Yuval Diskin）向政府提出可怕的警告，若不趕緊達成某種形式的兩國制解決方案，將會「迅速轉向近乎無可避免的唯一結果：『從海洋到大河』的一個國家。」這個近乎無可避免的結果：「一個國家、兩個民族」，將構成「即刻的生存威脅，會抹滅掉以色列作為猶太人、民主國家的認同意識」，因為很快就會變成巴勒斯坦人和阿拉伯人占多數的國家。[1]

基於相似的理由，兩位著名的中東事務專家瓊斯（Clive Jones）和米爾敦—愛德華茲（Beverly Milton-Edwards）在英國重要的國際事務期刊上撰文，提到：「如果以色列希望兼顧猶太人及民主」這兩大目標，它必須擁抱「兩國制方案」。[2]

要舉其他許多例子很容易，但是沒有必要，因為幾乎普世都認為處理巴勒斯坦問題有兩個選擇方案：一是兩國制，分別成立巴勒斯坦人國家和猶太人的民主國家；另一是「從海洋到大河」只有一個國家。以色列評論家都相當關切「人口問題」：太多巴勒斯坦人存在於猶太人國家當中。許多巴勒斯坦人和支持者則支持「一國制解決方案」，期待民權、反種族隔離的鬥爭將導向世俗化的民主。其他分析家也一再以類似的說法主張這個選擇方案。

這個分析幾乎被普世接受，但是它有重大瑕疵。還有第三種選擇方案，亦即以色列在美國不斷支持下所採行的選擇方案，而這個第三種選擇方案才是取代兩國制解決方案唯一切實的方法。

我個人認為，思考未來在前巴勒斯坦地區，從海洋到大河建立一個兩個民族並存的世俗民主國家，有道理。我這麼主張，已經有七十年了。但是我要強調「主張」。主張和只是提議不同，主張需要描繪出從這兒走到那兒的路徑圖。真實主張的形式已隨著環境變遷而改變。自從一九七〇年代中期以來，當巴勒斯坦人建國權利成為顯著的議題時，唯一似乎可行的主張形式是以兩國制解決方案起始，逐步推進。其他的建議路徑都沒有成功的機會。提出兩個民族（「一國制」）解決方案，卻未進入到主張擁護，實質上就是支持第三種選擇方案，也就是目前就在我們眼前進行的實際方案。以色列有系統地延伸它在一九六七年戰爭之後不久所描繪和啟動的計畫，戰爭之後十年，比金領導的聯合黨執政更完整地予以體制化。

第一步就是建立孟德爾（Yonatan Mendel）所謂的「一個令人焦慮的新城市」，名字還叫「耶路撒冷」，但遠遠超過原本的耶路撒冷，新城市併入幾十個巴勒斯坦人村莊及周圍土地，但是把它設計為一座猶太人城市及以色列的首都。[3]這一切都直接違反聯合國安全理事會明明白白的命令。通往此一新的大耶路撒冷東邊的走廊，把馬阿勒阿杜明市（創建於一九七〇年代，但主要是在一九九三年奧斯陸協議後才興旺起來）併進來，實際上直通到耶利哥，因此實質把西岸切割成兩半。走廊往北併入屯墾者開闢的艾里爾（Ariel）和凱杜明（Kedumim）城鎮，更進一步切割仍由巴勒斯坦人保持某種程度控制的地區。[4]

同時，以色列併入在非法的「隔離牆」（其實是一道「兼併牆」）靠以色列這一方的地區，搶走可耕地和水源，以及許多村莊，扼遏蓋勒吉利耶（Qalqilya），把巴勒斯坦村民和他們的田地分隔開來。在以色列所謂的隔離牆和邊界之間的「空隙」——約占西岸地區百分之十面積——除了巴勒斯坦人之外，人人可以進入。住在本地區的巴勒斯坦人必須經過錯綜複雜的官僚程序，才能暫准進入。要出來，譬如就醫治病，也一樣困難重重。可想而知，結果就是嚴重干擾巴勒斯坦人生活，而根據聯合國的報告，除了其他種種有害的結果，耕作土地的農民人數降低百分之八十以上，橄欖園的總產量也下降百分之六十。[5]設置隔離牆的理由是基於安全考量，但是它指的是非法屯墾的以色列人之安全；大約百分之八十五的隔離牆穿過西岸占領區。[6]

以色列也占領約旦河谷，因此把還剩下的村莊完全關禁閉。他們興建大型公共設施，把屯墾者和以色列的城市中心連結起來，確保他們不會看到巴勒斯坦人。遵循傳統的新殖民主義模式，拉馬拉仍然保持為現代化中心城市，供巴勒斯坦菁英進出起居，可是其餘人民大多還是貧苦潦倒。

為了完成把大耶路撒冷和剩餘的巴勒斯坦村莊隔離，以色列必須接管E 1地區。目前，這個行動仍遭到華府阻擋，以色列被迫另想辦法，譬如在當地蓋一個警察局。歐巴馬是第一個不對以色列行動設限的美國總統。他是否會允許以色列接管E 1地區，還有待觀察。或許只是表達不滿，但又在外交上使個眼色，讓人清楚這並不是真正的意圖。

巴勒斯坦人一再被驅趕離開家園。光是約旦河谷地區，一九六七年巴勒斯坦人口有三十萬人，今天已降到六萬人；其他地區也一樣。[7]遵循已有一百年之久的政策，每項行動的範圍都小心控制，以免引起國際上的注意，但是它們積漸而升的效應很大，意圖也很清晰。

甚且，奧斯陸協議宣布加薩和西岸是巴勒斯坦臨時政府不可分割的領土區以來，美、以兩國就攜手合作分隔這兩塊地區。有一項重大效應就是，確保受限重重的任何巴勒斯坦實體不能進出外在世界。

在以色列接管的地區，巴勒斯坦人口不多又分散，更因不時遭到驅趕而更加減少。結果就形成一個猶太人占相當多數的大以色列。在這個第三種選擇方案下，不用擔心「人口問題」，也不會有民權或反種族隔離政策的鬥爭。一切都與以色列受承認的國境之內，目前已存在的狀況相似。在這個世界裡，「猶太人及民主」的口頭禪大家朗朗上口，渾然不覺其間固有的矛盾。

除非分階段做，「一國制方案」將是幻想。若沒有得到國際上的支持，以色列和它的美國金主也沒有理由接受。

經常有人提到一個問題：鷹派的納坦雅胡總理會接受一個「巴勒斯坦國家」嗎？其實這個問題會誤導。事實上，納坦雅胡政府在一九九六年繼拉賓和裴瑞斯之後執政，是第一個支持這個可能性的政府；前面兩任政府則都反對它。納坦雅胡的公關及政策規畫主任巴—伊蘭（David Bar-Illan）解釋，有些地區會交給巴勒斯坦人，他們若是要稱它為「國家」，以色列不反對。他們若是稱之為「炸雞」，也不會有人在意。[8]他的回答反應美、以同盟對巴勒斯坦人權利採取實際的態度。

美國和以色列要求談判不能預設條件。兩國以及西方其他國家的評論典型都聲稱，巴勒斯坦人訂了許多預設條件，因此阻礙了「和平進程」。事實上是美國和以色列堅持重大的預設條件。第一個條件是談判必須由美國調停，當然任何實實在在的談判必須由某些具有國際聲望的中立國家來斡旋。第二個條件是不合法的屯墾區擴張必須允許繼續進行，在奧斯陸協議之後二十年，以方也果真如此不停地持續擴張。

占領初期，美國和全世界同一步調，認為以色列人的屯墾不合法，這是聯合國安理會和國際法院一致的看法。雷根時期，已被降低為「阻礙和平」。歐巴馬更貶抑為「無助於和平」。[9] 歐巴馬極端排斥和解的政策，在二〇一一年二月的確惹起國際注意，因為安理會的決議支持美國官方立場，要求以色列終止擴張屯墾區，不料美國竟予以否決。[10]

只要這些預設條件繼續存在，外交交涉就很可能原地踏步。自從一九七六年一月以來，除了短暫、罕有的例外之外，一向就是遲滯不前。當時，埃及、約旦和敘利亞向安理會提案，主張在國際承認的國界——綠線（Green Line）——之內設置兩個國家，並且保證在大家承認、穩定的界域之內所有國家的安全，但是美國否決了此一決議案。[11] 基本上這是國際共識，現在更是舉世公認，只有美、以兩國反對。引用美國在和全世界立場分道揚鑣之前的官方說法，這項共識已經修改，對綠線做了一些「小小的調整」。[12]

在華府或是在別的地方舉行，但由美國督導的任何談判也都是如此。鑒於這些預設條件，除了讓以色列持續進行它在約旦河西岸和敘利亞戈蘭高地（Golan Heights）恣意侵占它看上眼的土地，不顧安理會命令而兼併之外，不大可能達成突破。與此同時，以色列還繼續包圍加薩。當然我們可以期盼情勢會好轉，但是實在很難樂觀。

歐洲如果願意走獨立路線，可以扮演角色促進全世界期待的和平外交解決。歐盟決定在未來和以色列交涉中排除西岸地區的屯墾區，可能是往這個方向走的一大步。美國的政策雖有深刻的戰略、經濟和文化根源，但也不是一成不變。在未有任何改變之下，我們有理由預期「從海洋到大河」的圖象將吻合第三種選擇方案。巴勒斯坦人的權利和期望將被束諸高閣，至少暫時會是如此。

如果以巴衝突不能解決，區域和平就高度不可能實現。中東不能和平，其影響非常深遠，特別是涉及到美國媒體界所謂的「對世界和平最嚴重的威脅」：伊朗的核武計畫。當我們正視對付此一所謂威脅及其命運的最明顯方式時，就更清楚其影響。首先，可以先考量幾個初步問題：是誰認為威脅具有那麼大的鋪天蓋地影響？我們所認為的威脅又是什麼？

伊朗「威脅」根本就是西方自己想像出來的那麼嚴重；不結盟國家——占世界絕大部分國家——強烈支持伊朗既已經簽署了核子不擴散條約，有權利提煉濃縮鈾。[13]在西方的談論裡，普遍聲稱阿拉伯人支持美國對伊朗的立場，但是他們指的是阿拉伯獨裁者，而非一般民眾。另一個標準說法是目前學界文獻上所謂的「國際社會和伊朗之間的對峙」。這裡所謂的「國際社會」指的是美國，以及追隨美國路線的任何國家。在這方面，其實它們只占國際社會的少數人。

那麼我們所看到的威脅是什麼？美國情報機關和五角大廈在例行檢討全球安全時，提出權威性的解答。他們的結論是，伊朗不是軍事上的威脅。即使以中東地區的標準而言，它的軍事經費並不高，也只有有限的能力部署其部隊。它的戰略理論是守勢原則，意在抵抗敵人進攻。情報機關也提不出證據說伊朗正在開發核子武器，但是如果伊朗的確在研發核子武器，他們認為，那也是伊朗嚇阻戰略的一環。

我們很難想像世界上還有哪一個國家比伊朗更需要嚇阻力量。自從一九五三年它的議會制政府被美、英聯手策動軍事政變推翻以來，就毫無喘息餘地遭受西方欺凌，先是遭受到伊朗國王的殘暴統治，然後又受到西方國家在背後力挺的海珊的瘋狂進襲。[14]美國介入，逼伊朗在兩伊戰爭向伊拉克屈服；過後不久，老布希總統邀請伊拉克核子工程師到美國，接受生產先進武器的訓練，對伊朗構成非常的威脅。[15]

伊拉克很快就和美國反目成仇，但是同一時期，伊朗也受到在美國發動下更加嚴厲的制裁。它也不斷受到美國和以色列軍事攻擊的威脅。如果還有人介意的話，那是違反聯合國憲章的行為。

然而，我們可以理解美國和以色列會把伊朗的嚇阻力量視為不可容忍的威脅。這會限制住他們如果想以暴力控制本地區的能力，他們過去即經常如此做。這才是認定伊朗是威脅的本質。

伊朗教士政府威脅到自身人民，並沒有疑問，然而遺憾的是，迫害人民並非新鮮故事。但是我們要十分的天真，才會相信伊朗對國內人民的高壓統治會受到大國的關切。

不論你是如何看待這個威脅，有什麼辦法可以緩和嗎？事實上，方法還不少。我在前文提到，最合理的方法之一是設法在本地區建立一個「無核武區」。阿拉伯國家和其他國家呼籲立即行動，消除大規模毀滅性武器，作為走上區域安全的第一步。但是美國和以色列卻反其道而行，要求以區域安全——其實就是以色列的安全——為先決條件，才能消除這些武器。在不是很遙遠的背景中，我們知道以色列是本地區唯一具有先進核武系統的國家，它也和印度、巴基斯坦兩國一樣，拒絕簽署核子不擴散條約；而印、巴兩國的核武計畫也都受到美國的支持。

以巴衝突和所謂的伊朗威脅兩者之間的關聯因此就很清楚。只要美國和以色列堅持他們的拒和立場，封殺國際上對兩國制解決方案的共識，就不會有區域安全安排可言，因此也不會走向建立無核武區，緩和或甚至終結美、以所謂的對和平的最嚴重威脅，至少不會以最明顯、最廣泛的方法去做。

我們應該強調一點，美國和英國有特殊責任要專注建立中東無核武區。美、英兩大侵略者為了替二〇〇三年進攻伊拉克拿出法律掩護，他們祭出聯合國安理會一九九一年的六八七號決議，聲稱海珊違背停止研發核武器計畫的要求。這項決議還有另一段文字，呼籲「採取行動，走向在中東建立一個無大規模毀滅性武器區的目標。」它讓美國及英國比起其他國家更有責任認真看待此一倡議。[16]

這些評論很自然漏掉許多迫切議題，譬如，敘利亞可怕地墜入自殺毀滅，以及埃及的不祥發展，對中東地區肯定會有重大影響。縱使如此，至少我認為這些將是核心問題。

1 Yuval Diskin, "Israel Nears Point of No Return on Two-State Solution," *Jerusalem Post*, 13 July 2013.

2 Clive Jones and Beverly Milton-Edwards, "Missing the 'Devils' We Knew? Israel and Political Islam Amid the Arab Awakening," *International Affairs* 89, no.2（March 2013）: 399–415.

3 Yonatan Mendel, "New Jerusalem," *New Left Review* 81（May/June 2013）.

4 Amos Harel, "West Bank Fence Not Done and Never Will Be, It Seems," *Ha'aretz,* 14 July 2009.

5 見United Nations Office for the Coordination of Humanitarian Affairs, "How Dispossession Happens: The Humanitarian Impact of the Takeover of Palestinian Water Springs by Israeli Settlers," March 2012; United Nations Office for the Coordination of Humanitarian Affairs, "10 Years Since the International Court of Justice Advisory Opinion," 9 July 2014; United Nations Office for the Coordination of Humanitarian Affairs, "Case Study: The Impact of Israeli Settler Violence on Palestinian Olive Harvest," October 2013; United Nations Office for the Coordination of Humanitarian Affairs, Humanitarian Monitor Monthly Report, December 2012.

6 UN Office for the Coordination of Humanitarian Affairs, "The Humanitarian Impact of the Barrier," July 2013.

7 "A Dry Bone of Contention," *The Economist*, 25 November 2010.

8 David Bar- Illan, "*Palestinian Self-Rule, Israeli Security,*" *Palestine-Israel Journal* 3, nos. 3–4（1996）.

9 "Obama Calls Israeli Settlement Building in East Jerusalem 'Dangerous,' " *Fox News*, 18 November 2009.

10 "United States Vetoes Security Council Resolution on Israeli Settlement," United Nations News Service, 18 February 2011, http://www.un.org/apps/news/story.asp?NewsID=37572# .VoLKpxUrKhc.

11 United Nations Security Council Official Records, 1879th Meeting Notes, 26 January 1976.

12 Noam Chomsky, *Hegemony or Survival: America's Quest for Global Dominance*（New York: Henry Holt, 2003）, 168.

13 Marwan Bishara, "Gauging Arab Public Opinion," *Al Jazeera*, 8 March 2012.

14 Joyce Battle, "Shaking Hands with Saddam Hussein, The US Tilts Toward Iraq 1980–1984," National Security Archive Briefing Book No. 82, 25 February 2003, http://nsarchive.gwu.edu/NSAEBB/NSAEBB82/ .

15 Gary Milhollin, "Building Saddam Hussein's Bomb," *New York Times Magazine*, 8 March 1992, 30.

16 United Nations Security Council Resolution 687, 1991, http://www.un.org/Depts/unmovic/documents/687.pdf.

第十二章
不留東西給其他人：美國的階級鬥爭

衛爾（Norman Ware）對工業工人的經典研究出現在九十年前，可謂開山之作。[1]它的重要性迄今猶存。衛爾從密切調查新興工業革命對勞動人民生活，以及社會整體的影響所得到的教訓，不僅適用於他撰文之當時，於今天一樣富有啟發性，因為一九二〇年代與今天實在有太多類似的狀況。

有一點很重要，我們應該記得衛爾撰文時，勞動人民的環境。十九世紀興起的美國的強大工會運動正受到凶暴的打擊，而以第一次世界大戰之後威爾遜總統時期的「赤色恐慌」（Red Scare）達到最高潮。到了一九二〇年代，勞工運動已經元氣大傷；著名的勞工歷史學者蒙哥馬利（David Montgomery）的經典研究，書名就叫做《勞工之屋的傾塌》（*The Fall of the House of Labor*）。傾塌發生在一九二〇年代。他寫道，到了一九二〇年代末期，「企業界主宰美國人生活似乎已經屹立不搖……企業的理性化終於可以在必不可少的政府支持下推進。」此時政府大體上已經被企業界控制。[2]這絕不是一個和平的進程，美國的勞工運動史非常不平常的暴力頻仍。有一項學術研究得出結論，「美國在十九世紀末因為勞工暴力事件而死亡的人數，除了沙皇俄羅斯之外，以絕對值及人口比例而計，都超過其他任何國家。」[3]「勞工暴力」這個字詞是對國家機關和民間保安部隊攻打勞動人民的委婉說法，這種情形持續到一九三〇年代末期；我還記得童年時看到的種種景象。

因此，蒙哥馬利寫道，「現代美國是在工人的抗議下創造出來，即使它構建中的每一步都受到源自工人階級生活的活動、組織和建議的影響」，更不用說他們還貢獻勞力、腦力進行工作。[4]

勞工運動在經濟大蕭條時期又告復活，大大影響立法，也讓工業巨子膽顫心驚。工業巨子紛紛奔向走告，大談勞工在「新近覺醒的群眾政治力量」支持下，對他們構成的「風險」。

雖然施暴鎮壓仍未停止，強硬手段已經不足以壓抑勞工運動。企業界有必要設計更細膩的方法來確實掌握局勢，主要是大量的精緻宣傳，以及「打破罷工的科學方法」，由專精這類工作的企業開發成為一門高級藝術。[5]

企業界在第二次世界大戰期間暫時停住反攻，但是戰後立刻就恢復，通過嚴峻的法令限制工人的權利，並且針對工廠、學校、教會和各種社團發動不尋常的宣傳攻勢。每一種用得上的宣傳方式統統派上用場。到了一九八〇年代，強烈反勞工的雷根政府當政，攻擊再度全力進擊。雷根總統向企業界明確表態，從來就不夠強大的保護勞工權利的法令，不會落實執行。不法開革組織工會人士的案例飛躍上升。美國又恢復使用「工賊」（scab），已開發國家，除了南非之外，幾乎都已經認定這是不法的行為。自由派的柯林頓政府則以不同的方法傷害勞工。有一個高度有效的手法就是成立北美自由貿易協定，把加拿大、墨西哥和美國結合為一體。

基於宣傳的目的，北美自由貿易協定打出「自由貿易協定」的旗號。其實根本就不是。和其他這類協定一樣具有強烈的保護主義元素，而且大部分與貿易無涉；它是一份投資人的權利協定。也和其他類似的「自由貿易協定」一樣，預想得到會傷害參與國家的勞動人民。影響之一是傷害勞工的組織。在北美自由貿易協定主持下進行的一項研究顯示，拜資方提出警告，若是成立工會，企業就要遷廠到墨西哥之賜，成立工會的成功率大幅下降。[7]當然，這種警告是違法的做法，但是沒有關係，只要企業能得到蒙哥馬利所謂的「必不可少的政府之支持」就行。

儘管事實上絕大部分勞動者願意參加工會，在這種方法下，民間部門的工會會員人數降低到不到勞動力的百分之七。[8]攻擊旋即轉向理應受到立法保障的公家部門的工會。這種拆解目前正在強力推進，當然這也不是歷史上第一次。我們或許還有人記得金恩（Martin

Luther King Jr.）一九六八年遇刺身亡時，他正在田納西州孟斐斯市聲援公家部門員工的罷工。

從許多方面來講，衛爾寫作時勞動人民的環境條件，和我們今天所見類似，貧富懸殊再度升高到和一九二〇年度末期同樣令人驚駭的高點。超乎我們所能想像的貪婪，財富集中在極少數的一小撮人手中。過去十年，百分之九十五的增長成果落入百分之一的人口袋。而且大部分財富更集中在其中一小部分人手中。[9]中間值實質所得已經低於二十五年前的水平。以男性而言，中間值實質所得低於一九六八年的水平。[10]勞工所得的占比已下降到二次大戰以來的最低水平。[11]這不是市場的神祕作用或經濟法則的結果，大部分是已經遭到企業界控制的政府「必不可少」的支持和倡議的結果。

衛爾注意到，美國的工業革命在一八四〇年代和一八五〇年代「為美國人生活創造一個主旋律」。雖然其最終結果「在現代眼光來看尚稱可喜，但是在早期美國社會卻令人驚奇有許多人覺得它極端可惡。」衛爾檢討原本獨立作業的工匠和農民，以及從農村進入波士頓附近紡織廠工作的「工廠女郎」，所陷入的可怕環境條件。但是他的主要焦點擺在革命更根本的特質，即使經歷多年努力奮鬥，某些條件已有改善，但是仍然相當可怕。

衛爾強調「工業工人遭到的生活降級」，以及喪失他們身為共和國自由公民此一最珍貴的「地位和獨立」，這種損失即使物質環境大有改善也無法彌補。他探討「激進的資本主義社會革命」破壞重大的影響，在這種革命下，「經濟事務的最高主權，從社群整體移轉到特殊的（主人）階級手中」，這些主人「殊異於生產者」，通常與生產線相當遙遠。他指出，「針對機械工業的每一抗議，都可看到上百人反對資本主義生產及其紀律的新力量。」

借用傳統的工運口號來說，工人不僅為麵包罷工，也為玫瑰而罷工。他們追求尊嚴和獨立，要求承認他們是自由的男女之權利。他們創辦生動活潑、獨立自主的勞工報紙，由在工廠勞動的人撰稿及印製。他們在刊物上譴責「在民主土壤上君主制度原則的爆破影響」。他們認知到除非「在工廠工作的人擁有它們」，主權回到自由的生產者手中，對基本人權的此一侵襲不會被克服。然後，勞動者將不再是「外來暴君（即「外來主人」）的奴婢或謙卑的臣民，也不是最嚴格字義下的奴隸……為主子而勞動。」他們將要重新恢復身為「美國自由的公民」的地位。[12]

資本主義革命產生一個重大變化，從價格變薪資。衛爾寫道，生產者為某一價格出售他的產品時，「他還維持住人的身分。但是當他出售勞力時，他等於出售自己」，因為成為奴隸——通常所謂的「薪資奴隸」——他失去作為一個人的尊嚴。薪資奴隸被認為和「財產奴隸」相似，只不過理論上他們是臨時性的奴隸。這是普遍認知的了解，因而成為共和黨的口號，被它的領導人林肯所支持。[13]

生產事業應該由勞動者擁有，在十九世紀中葉是個常見的觀念，不僅馬克思和左派支持，當時最著名的古典自由主義人物穆勒也支持。穆勒認為，「如果人類繼續改進，那麼必須預期最強大的聯合形式是……勞動者本身平等的聯合，集體擁有他們執行營運的資本，並且在管理人員可由他們自行選舉和免職之下工作。」[14]這個概念確實有堅實的見識基礎，有助於激發古典自由主義思想。只差一小步就可以把它連結到一個自由聯合及聯邦組織的架構之內，控制其他機構和社群，和包括大部分無政府主義傳統和左派反布爾什維克的馬克思主義，還有柯爾（G. D. H. Cole）的行會社會主義（guild socialism）和更近期的理論著作等廣泛的思想結合。[15]更重要的是，它包括許多行業的從業人員試圖控制他們的生活和命運之行動。

為了破壞這些顛覆性的理論，「人類的主人」必須設法改變培養它們的態度和信念。衛爾報導說，工運人士提出警告，有一種新的「時代精神：爭取財富，除了自己，忘掉其他所有人。」這就是主子的「卑鄙的金科玉律」，他們很自然會想套用到他們的臣民身上，曉得這些人只能取得非常少的財富。針對這個貶損人的精神激烈反應，新興的勞動人民和激進派農民這兩股美國歷史上最重要的民主運動，全力團結和相互援助。[16]他們被擊敗，而且大多是被武力鎮壓下去。但是儘管有挫敗，且經常遭到武力鎮壓，戰鬥根本沒有完，資方發動大規模活動向民眾灌輸卑鄙的金科玉律，動員教育系統、巨大的廣告業和其他宣傳機構全力推動。

在爭取正義、自由和尊嚴的奮鬥中，有許多嚴峻的障礙有待克服，甚至超越了具有高度階級意識的企業界，在他們大半已經控制的政府的「必不可少的支持下」，持續不斷地進行的艱鉅的階級戰爭。衛爾提到勞動者很清楚的一些陰險招數。他提到一百七十年前紐約技術工人的想法，這些人重申普遍的觀點，認為每日領薪資只是另一種形式的奴隸制度，並且敏銳地提出警告，遲早有一天，薪資奴隸「將會忘掉人類之自尊，有如因為他們有需求，不顧他們對獨立和自尊的感受所強加於身上的榮耀。」[17]他們盼望這一天會「非常遙遠」。今天，這種跡象很常見，但是要求獨立、自尊、個人尊嚴和控制自己的工作和生命的心理，就如馬克思的老鼴鼠，繼續在地表不遠之處鑽洞，只要環境和好戰的積極份子一出面呼喚，就會重新出現。

---

1 Norman Ware, *The Industrial Worker 1840–860*（Chicago: Ivan Dee, 1990）.

2 David Montgomery, *The Fall of the House of Labor: The Workplace, the State, and American Labor Activism, 1865–925*（Cambridge: Cambridge University Press, 1989）.

3 Charles Lindholm and John A. Hall, “Is the United States Falling Apart?” *Daedalus* 26, no. 2（Spring 1997）, 183–209.

4 Montgomery, *The Fall of the House of Labor*.

5 Alex Carey, *Taking the Risk out of Democracy: Corporate Propaganda Versus Freedom and Liberty*（Champaign: University of Illinois Press, 1997）, 26.

6 Adam Smith, *The Wealth of Nations*（New York: Bantam Classics, 2003）.

7 Kate Bronfenbrenner, " We'll Close! Plant Closings, Plant- Closing Threats, Union Organizing and NAFTA," *Multinational Monitor* 18, no. 3（March 1997）: 8–14.

8 Richard B. Freeman, "Do Workers Still Want Unions? More than Ever," Economic Policy Institute, 22 February 2007, http://www.sharedprosperity.org/bp182.html; Gallup Poll, "In U.S. Majority Approves of Unions, but Say They'll Weaken," 30 August 2013, http://www.gallup.com/poll/164186/majority-approves-unions-say-weaken.aspx.

9 Richard Fry and Rakesh Kochhar, "America's Wealth Gap Between Middle-Income and Upper-Income Families Is Widest on Rec ord," Pew Research Center, 17 December 2014, http://www.pewresearch.org / fact–tank/2014/12/17/wealth-gap-upper-middle-income/.

10 "Income and Poverty in the United States: 2013, Current Population Report," U.S. Census Bureau Publication, September 2014.

11 John Bellamy Foster and Robert W. McChesney, *The Endless Crisis: How Monopoly-Finance Capital Produces Stagnation and Upheaval from the USA to China*（New York: Monthly Review Press, 2012）, 21.

12 除非另有註明，前述材料引自 Ware, *The Industrial Worker 1*840–860.

13 Abraham Lincoln, "First Annual Message," December 3, 1861. Online by Gerhard Peters and John T.

Woolley, *The American Presidency Project*, http://www.presidency.ucsb.edu/ws/?pid=29502.

14 John Stuart Mill, *Principles of Political Economy with Some of Their Applications to Social Philosophy*, 3rd ed.（London: John W. Parker, 1852）.

15 G. D. H. Cole, *Guild Socialism: A Plan for Economic Democracy*（New York: Frederick A. Stokes Company, 1921）.

16 Lawrence Goodwyn, *The Populist Moment: A Short History of the Agrarian Revolt in America*（New York: Oxford University Press, 1978）.

17 Ware, *The Industrial Worker* 1840–860.

第十三章

誰的安全？華府如何保護本身及企業界

「外交政策是如何決定的？」這是國際事務上極為重要的一個問題。我在本章的評論中，只能提供我對如何有建設性地討論這個議題的個人管見，而且只著重在美國身上。我有幾個理由：第一，美國的全球地位和影響舉世無匹。第二，美國是非常不尋常的開放社會，或許更獨特，這代表我們對它更熟悉。第三，對美國人而言，最重要的是，他們能夠影響美國的政策選擇，因而就影響別的國家。然而，同樣的原則也延伸到其他大國。

學界研究、政府宣示和民眾討論，常見一個「公認的標準版本」。認為政府的首要承諾是確保安全，而美國及其盟國自從一九四五年以來的首要關切就是來自俄羅斯的威脅。

要評估這個理論有好幾個方法。我們有個明顯的問題要問：來自俄羅斯的威脅在一九八九年消失時，究竟下文如何？答案是：世事照常運轉，大半不變。

美國立刻入侵巴拿馬，可能殺害數千人，並且扶立一個扈從政府。這是在美國主宰地域常見的做法。但是這一次不尋常。因為這是第一次，美國的主要外交政策動作不能拿俄國威脅做藉口。

美國拿出一堆騙人的藉口掩飾其侵略行為，但是稍一檢驗，這些說法統統站不住腳。媒體熱切地幫腔，稱贊擊敗巴拿馬的精彩成就，一點都不顧藉口可笑，也不問入侵本身嚴重違反國際法，以及它在其他地方備受抨擊，拉丁美洲的反應尤其強烈。媒體另外也不追究，美國否決聯合國安理會全票一致通過——只有英國棄權——譴責美軍暴行的決議案。[1]一切都照常運轉，一切都被人遺忘。這也是例行的情況。

從薩爾瓦多到俄羅斯邊界

針對全球敵人垮台，老布希政府頒布新的國家安全政策和國防預算。它和過去大體相似，只是必須端出新的藉口。結果就是，美國有必要維持一個幾乎與全世界其他國家統統加總起來同等規模的軍事體制，而且技術精緻度比起其他任何國家都更先進。但是，不是用來防衛已經消失的蘇聯。現在換上的藉口是，第三世界國家的「科技愈來愈精進」。[2]受過訓練的知識份子明白，隨便啟齒必被訕笑，所以他們保持沉默。

新政策堅稱，美國必須維持「國防工業基礎」。這個字詞其實指的是一般高科技工業，它們的研發工作非常依賴政府的大規模介入，尤其是經常需要五角大廈力挺，可是許多經濟學家還是繼續稱呼美國是「自由市場經濟」。

新計畫最有意思的一部分涉及到中東。宣稱華府必須在中東維持干預兵力，是因為這個重要區域的主要問題「不在克里姆林宮門口」。和過去五十年的欺瞞相反，它悄悄承認在這個地區主要的關切與俄國人無關，而是所謂的「激進的民族主義」，其實指的就是不受美國控制、獨立自主的民族主義。[3]在普遍公認的標準版本上，這些都有清楚的痕跡，但是沒有人注意。或者應該說，「因此」沒受到注意。

柏林圍牆傾塌，結束了冷戰之後，也立刻發生其他重要事件。其中之一發生在薩爾瓦多。薩爾瓦多是除了以色列和埃及之外，接受極大量美國軍援的國家，也是人權紀錄極糟的一個國家。這是我們很熟悉，也有很深的連帶關係。

薩爾瓦多最高軍事當局命令艾特拉卡特營（Atlacatl Battalion）*侵入耶穌會辦的一所大學，殺害校長厄拉庫里亞神父等六位拉丁美洲知識份子——他們全是耶穌會傳教士——以及所有的證人：意即他們的管家及其女兒。艾特拉卡特營在美國主導的國家恐怖活動中已經是薩爾瓦多惡名昭彰的部隊，至少殺害數千人；而這只是美國在拉丁美洲更廣泛的恐怖和刑求行動之一部分。[4]這也都是司空見慣的事，在美國及其盟國不受重視，甚至遺忘。如果我們願意正視真實世界的話，它可以告訴我們許多驅動政策的因素。

另一個重要事件發生在歐洲。蘇聯總統戈巴契夫（Mikhail Gorbachev）同意讓東西德再統一，及加入對蘇聯懷抱敵意的軍事同盟：北約組織。以近年的歷史觀之，這是最為驚人的重大讓步。這裡頭涉及到交換條件：老布希總統和貝克國務卿同意，北約組織不會「向東方擴張一英寸」，換言之，不會進入東德。但是他們立刻食言，把北約組織擴張進入東德。戈巴契夫當然氣壞了。但是他一抱怨，華府就告訴他，這只是口頭承諾，所謂的君子協議，因此不具法律效力。[5]如果他天真地接受美國領導人說的話，那是他的問題。

這也都是司空見慣的事，美國和西方一般都默默接受，並贊成北約東擴。然後柯林頓總統又把北約組織擴張到俄羅斯邊界。今天，世界面臨一個嚴重危機，很大部分就是這些政策造成的結果。

掠奪窮人的訴求

另一個證據的來源是解密後的歷史紀錄，包含對國家政策實際動機的內情記載。故事很豐富也很複雜，但是有幾個一貫的主題扮演重要角色。一九四五年二月，美國在墨西哥召開一項西半球國際會議，就針對一個主題有明確的表態。會中，華府提出《美洲經濟憲章》（Economic Charter of Americas），預備消除「所有形式」的經濟民族主義。[6]但是有一個沒有說出來的例外：美國可以保留經濟民族主義，它的經濟非常依賴國家大規模干預。

消除經濟民族主義與當時拉丁美洲國家的立場立刻衝突，國務院官員形容這些國家「新民族主義哲學擁抱的政策是在促成財富更廣泛分配，以及提高群眾生活水平」。[7]美國政策分析家說：「拉丁美洲人相信，國家資源開發後第一個受益人應該是該國人民。」[8]

這當然不行。華府認為「第一個受益人」應該是美國投資人，拉丁美洲只要履行服務功能就行。杜魯門政府和艾森豪政府都清楚表示，它不應該有「過度的工業發展」，因為這可能牴觸美國的利益。因此巴西可以生產美國企業不想生產的低品質的鋼鐵，但是若想跟美國業者競爭，那就「過分」了。

整個後二戰時期，不時出現類似的關切之聲。美國主導的全球體制受到其內部文件所謂的「激進的民族主義政權」所威脅，而這些政權卻是回應民間要求獨立發展的壓力而出現。[9]這種關切促成了一九五三和五四年分別推翻伊朗和瓜地馬拉的議會民主政府，以及其他許多政府。以伊朗而言，主要的關切是深怕伊朗的獨立自主會對埃及產生影響，當時的埃及為了反抗英國的殖民統治動盪不安。以瓜地馬拉而言，除了新的民主政府賦予農民民眾權力，損及聯合水果公司（United Fruit Company）權益的罪行——已經足夠冒犯——之外，華府還關切在美國撐腰的鄰國獨裁政權出現的勞工騷亂和民眾動員。

這兩個個案的後果一直影響到今天。從一九五三年以來，美國幾乎無一天不在欺負伊朗人民。瓜地馬拉仍然是全世界最惡劣的刑訊室；直到今天，馬雅人仍在逃躲政府在高原地帶近乎種族滅絕的軍事行動之效應，而政府是受到雷根政府及其高級顧問所支持。樂施會（Oxfam）駐瓜地馬拉執行長是一位瓜地馬拉醫生，他在二〇一四年報告說：「政治、社會和經濟脈絡急劇惡化。去年一年對（人權）運動者的攻擊增加三倍。有明顯證據顯示，民間部門和軍方有組織良好的策略，他們已經掌握政府，俾使維持現狀，實行榨取的經濟模式，把原住民大量驅離他們自己的土地，供礦業開採、非洲油棕和甘蔗田之用。除了保衛土地和權利的社會運動已被打為非法行為之外，許多領導人被抓去坐牢，更有不少人慘遭殺害。」10

美國並沒有人知道這種情況，造成這種狀況的原因仍然受到壓制。

一九五〇年代，艾森豪總統和杜勒斯國務卿相當清楚地說明美國面臨的兩難。他們抱怨共產黨握有不公平的優勢：他們可以「直接向群眾訴求」和「控制群眾運動」，這是「我們沒有能力複製的。他們向窮人訴求，而且他們一直想掠奪富人。」11

這的確是問題。美國的理論是富人應該掠奪窮人，它很難吸引窮人。

古巴的例子

這個模式最清楚的例證就是古巴。古巴在一九五九年終於取得獨立。稍後不久，艾森豪政府做出祕密決定，要推翻古巴新政府。甘迺迪旋即接任總統，他有心更專注拉丁美洲事務，因此在就任後就成立一個政策研究小組，由歷史學者史勒辛格主持，向總統提出建議。

按照史勒辛格的說法，獨立自主的古巴所造成的威脅是「卡斯楚提倡自立自主的思想」。很不幸，這個思想打動拉丁美洲廣大民眾的心弦，因為「土地及其他形式的國家財富之分配，大大有利有產階級，窮人及弱勢族群受到古巴革命的激勵，現在也要求能有過好日子的機會。」[12]華府又陷入兩難。

按照中央情報局的解釋，「『卡斯楚主義』會有那麼大影響力並不是古巴力量強大……卡斯楚會有那麼大影響力，是因為整個拉丁美洲的社會與經濟環境邀請各方反對執政權威，鼓勵激烈改變」，而古巴提供了效仿的樣板。[13]甘迺迪擔心俄國人的援助可能使古巴成為發展的「櫥窗」，進而使蘇聯在整個拉丁美洲占了上風。[14]

國務院政策計畫局提出警告，「我們從卡斯楚身上面臨的首要危險是……他的政權之存在影響拉丁美洲許多國家的左翼運動……一個很簡單的事實，卡斯楚代表違抗美國成功，否定我們幾近一個半世紀以來在整個西半球的政策。」意即自一八二三年門羅主義以來的政策，當時美國宣示有意主宰整個西半球。[15]

門羅主義當時的目標是征服古巴，但是因為英國作梗，無法如願。可是，偉大的戰略家亞當斯——門羅主義和「明顯命運」（Manifest Destiny）理論的創始人——告訴他的同僚，日後古巴將會類似蘋果從樹上掉下來一樣，「因為政治吸引力法則」落到我們手中。[16]換句話說，英、美勢力將會彼消此長。

一八九八年，亞當斯的預測實現了。美國打著解放古巴的旗號入侵古巴。其實，引述歷史學者梅伊（Ernest May）和哲力考（Philip Zelikow）的話來說，美國阻止了古巴從西班牙解放出來，把它化為美國「實質的殖民地」。[17]古巴一直是美國實質的殖民地，直到一九五九年一月才獲得獨立。從此以後，古巴一直遭受美國恐怖戰爭所威脅，尤其是在甘迺迪時期，以及經濟扼殺。原因並不在於俄國人。

我們一直堅持的掩飾是，我們在保衛美國不受俄國威脅。這個荒謬的解釋一般都沒遭人質疑。要測試這個理論能不能成立，還是一句話，試問俄國威脅消失後是怎麼樣的情況？——美國對古巴的政策變得更嚴厲，自由派民主黨人帶頭衝，譬如，柯林頓在一九九二年大選時從右翼猛轟老布希。表面上看，這些事件應該對討論外交政策及驅動它的因素之理論框架是否有效，會有相當大的影響。可是，我們再次看到，影響很小。

民族主義的病毒

季辛吉把獨立的民族主義稱為「病毒」，可能「散播傳染病」，可謂一語中的，抓住美國真正外交政策的精髓。[18]季辛吉提到的案例是阿彥德總統的智利；病毒指的是，或許可以走議會制道路，通向某種社會主義民主的思想。對付這種威脅的方法就是消滅病毒，對可能受感染的人施加預防接種，典型做法就是冊立視人命如草芥的國家安全國家機制。美國在智利成功地推翻了阿彥德政府，但是有一點很重要，這種思想在全世界仍然存在。

譬如，這種思維使得美國在一九五〇年代初期決定反對越南的民族主義，並支持法國重新征服舊日的殖民地。美國擔心越南獨立自主的民族主義可能成為病毒，把傳染病散播到鄰近地區，包括資源豐富的印尼。也可能導致日本成為獨立的新秩序之工業和商業中心。前不久，日本帝國發動戰爭，它拚命想要建立、反而慘敗。現在，補償非常清楚，而且相當成功。越南實質上遭到摧毀，出現一系列軍人獨裁政府，控制「病毒」沒有散播傳染病。

同一時期，拉丁美洲也是如此：一個又一個的病毒遭到猛烈攻擊，不是摧毀就是弱化到只能苟延殘喘。從一九六〇年代初起，高壓統治籠罩西半球，在西半球長年暴政統治史上堪謂史無前例，在一九八〇年代延伸至中美洲，其詳情我們已不必細贅。

中東也是如此。一九六七年，以色列對埃及——世俗的阿拉伯民族主義的中心——施以致命打擊，美國就與以色列建立屹立至今的獨特關係。美國藉此保護它的盟國沙烏地阿拉伯；當時，沙烏地阿拉伯與埃及在葉門交戰。沙烏地阿拉伯當然是最極端激進的伊斯蘭基本教義派國家，也是以宣傳聖道為使命的國家，花費鉅資到國外建立其瓦哈比—沙拉菲教義

（Wahhabi-Salafi doctrines）。值得注意的是，美國和英國一樣，傾向於支持激進的伊斯蘭基本教義派，反對世俗的民族主義，一直到最近都認為後者構成更大的獨立自主和傳染之威脅。

保密的價值

我們還有許多話可以說，但是歷史紀錄清楚顯示標準理論不足採信。常態意義的安全並不是制訂政策的重要因素。

再說一遍：「常態意義」。但是在評估標準理論時，我們必須問一個問題：「安全」的真實意義是什麼？為誰謀求安全？

答案之一是：為國家權力著想。我們有許多實例。譬如，二〇一四年五月，美國同意支持聯合國安全理事會一項決議，要求國際戰爭犯行法院調查敘利亞境內的戰爭犯行，但是附有一道但書：不能調查以色列可能涉及的戰爭犯行。[19]或者華府可能犯下的罪行，雖然並不需要特別強調這一點。美國已經十分獨特地免疫，不受國際法律體系羈束。事實上，美國國會還有議員提出立法，授權總統動用武裝部隊「拯救」被送到海牙法院審判的任何美國人——歐洲有人謔稱它是《侵略荷蘭法》。[20]這是保衛國家權力的安全極為重要的一個例證。

但是要保護它對抗誰呢？事實上，政府有個首要的關切：國家權力必須對人民保持安全。花費時間研究政府檔案的人士應該理解，政府事事保密很少是因為真正的安全需求，但保密肯定可以讓人民不明究理。著名的自由派學者、曾經擔任政府顧問的杭廷頓就提出令人醍醐灌頂的說明。他說：「美國的權力設計必須創造一股可以感覺到、但又見不到的力量。權力停留在黑暗中，才能有強大的權力；權力一旦曝光在陽光下，它就開始蒸發。」[21]

杭廷頓這段話寫在一九八一年，冷戰再度熾熱起來之時，他更進一步解說，「你或許必須推銷（干預或其他軍事行動），創造一種錯誤印象，讓人以為你是在對抗蘇聯。美國自從杜魯門主義以來，就一直這麼做。」[22]

這些簡單的真相很少受到承認，但是讓我們明白國家權力和政策，其迴響迄今還影響我們。國家權力必須保護、不受國內敵人侵犯；可是形成尖銳對照的是，人民卻無法安全無虞不受國家權力侵擾。有一個驚人例證，就是歐巴馬政府大規模監視人民的方案，嚴重違反憲法。當然，政府祭出「國家安全」的大帽子辯護。所有的國家都會例行拿這套理由為其行為辯護，因此了無新意。

史諾頓（Edward Snowden）爆料，揭穿國家安全局監聽內幕時，政府高階官員宣稱，透過監聽，防止了五十四次恐怖活動。一經調查，數字削減到只剩十二次。再經過政府高階層小組一深入調查，發現實際上只有一件：某人匯了八千五百美元到索馬利亞。那就是政府大舉侵犯憲法以及侵犯全世界其他國家所得到的總成果。[23]

英國的態度也很有意思：《衛報》（*Guardian*）報導，在二〇〇七年，英國政府拜託華府這個龐大的間諜機關「分析和保留透過其網路所掃描到的所有英國公民之手機、傳真機號碼、電子郵件和伺服器IP地址。」[24]這是很明顯的例證，讓我們看清楚，在政府心目中，本身公民的隱私和華府的要求，孰輕孰重。

另一個關切是私人權力的安全。有一個例證就是目前正在談判的大型貿易協定——跨太平洋和跨大西洋的協定。它們都在「保密」之下進行談判，但又不全然保密。對起草詳細條款文字的數百位公司律師而言，它們不是祕密。大家不難猜測將會有什麼結果，少許外洩的消息也告訴我們，這種預期相當準確。和北美自由貿易協定及其他類似協定一樣，這些並非自由貿易協定。事實上，它們根本不是貿易協定，主要是投資人權利協定。

我們再強調一遍，保密對於保護政府的國內首要選民——企業界——非常非常重要。

人類文明最後一個世紀？

還有其他許許多多案例，族繁不及備載。我們已有太多的事實真相，可在自由社會的小學中傳授講解。

換句話說，我們已有充分證據證明，確保國家權力不受國內人民侵擾，以及確保民間權力集中，是政策形成的驅動力量。當然，詳情不是簡單一兩句話就能解說清楚。有一些有趣的案例，而且有些還是最近才發生的案例，與這些承諾牴觸，不過我們可以拿它們當作與公認的標準理論激烈悖反的例子，是有益的例證。

讓我們轉到另一個問題，怎麼看待老百姓的安全？我們很容易就可以證明，在決策者心目中，這只是位於邊陲的關切。舉兩個目前最著名的議題，地球暖化和核子武器作為例子好了。任何稍具知識的人毫無疑問都知道，這些是對人類安全極可怕的威脅。轉到國家政策來觀察，我們發現政府卻努力加劇這些威脅。只求迎合其主要關切對象的利益，保衛國家權力，以及掌握國家政策方向的集中化的私人權力。

以地球暖化來講，美國現在大家都很熱鬧地討論「百年來的能源獨立」，我們即將成為「下個世紀的沙烏地阿拉伯」。如果目前的政策持續不改，說不定就是人類文明最後一個世紀。

很明顯證明，考量安全肯定不是為了全民考量。也證明當代國家資本主義的道德盤算：與提升明天的獲利相比，我們子孫的命運算不了什麼。

我們若再仔細觀察宣傳系統，就更增強這些結論。美國有個強大的公關活動，是由能源巨擘和企業界相當公開地組織起來，試圖說服民眾，地球暖化不是事實，或不是人類活動的結果。它已經產生相當作用。美國民眾對地球暖化的關心和其他國家一比，相當消極，結果已經出現：共和黨人比較傾向專注富人和企業界的利益，遠比全球常態更不關心環境議題。[25]

《哥倫比亞新聞評論》(*Columbia Journalism Review*)是針砭媒體的重要刊物，曾經對這個題目刊載一篇有趣的文章，把這個結果歸因於傳媒「公平及平衡」報導的原則。[26]也就是說，假設一家刊物刊載一篇投書，反映百分之九十七科學家的結論，也必須刊登一篇反方意見，呈現能源公司的觀點。

實情的確如此，但肯定跟「公平及平衡」報導原則不相干。如果媒體刊登投書，痛批俄羅斯總統普丁(Vladimir Putin)占領克里米亞，肯定不需要另外刊登一篇文章，指出這種行為的確違反國際法，但是俄羅斯今天的行為比起美國人一百多年前強占古巴東南部(包括關達納摩)還站得住腳。古巴獨立以來一直要求美國歸還失土，美國也置之不理。其他許多案例也莫不如此。當涉及到集中的私人權力所關心的議題時，「公平及平衡」報導原則就端出來，但是在別的議題上，肯定不是如此。

在核子武器這個議題上，紀錄一樣有趣，並且很可怕。它很清楚顯示，從非常早期算起，全民安全就不是重點，直到今天仍然如此。我們沒有必要在這裡贅述可怕的紀錄，但是決策者把人類的命運當作俄羅斯輪盤賭博在玩，則沒有太大疑問。

大家都清楚，今天我們面臨人類史上最不祥的決定。有許多問題必須面對，其中兩項的重要性最大：環境破壞和核子戰爭。人類史上第一次，我們面臨毀滅存活的可能性，而且毀滅的可能性迫在眉睫。光是這個原因，我們就迫切需要摒除意識型態烏雲，誠實地、踏實地面對決策究竟是如何制訂這個問題，思考如何在太遲之前有辦法改變它們。

---

1 Don Shannon, "U.N. Assembly Condemns U.S. Invasion," *Los Angeles Times*, 30 December 1989.

2 "National Security Strategy of the United States," White House, March 1990, https://bush41library.tamu.edu/files/select-documents/national_security_strategy_90.pdf.

3 Ibid.

＊譯注：艾特拉卡特營，是一九八〇年代薩爾瓦多內戰期間，美國陸軍培訓的一支快速打擊部隊，在美軍顧問指導下從事反游擊作戰，幹下多起遭人權團體指摘的血腥屠殺。

4 見 Noam Chomsky, *Hopes and Prospects*（Chicago: Haymarket Books, 2010）, ch. 12.

5 Ibid.

6 "U.S. Economic and Industrial Proposals Made at Inter-American Conference," *New York Times*, 26 February 1945.

7 David Green, *The Containment of Latin America: A History of the Myths and Realities of the Good Neighbor Policy*（New York: Quadrangle Books, 1971）, 175.

8 Ibid., vii.

9 "United States Objectives and Courses of Action with Respect to Latin America," *Foreign Relations of the United States, 1952–1954*, Vol. IV, Document 3, March 1953.

10 Luis Paiz 二〇一四年六月十三日給杭士基的信，作者保有。

11 Dwight Eisenhower, as quoted by Richard Immerman in "Confession of an Eisenhower Revisionist: An Agonizing Reappraisal," *Diplomatic History* 14, no.3（Summer 1990）; John Foster Dulles in a telephone call to Alan Dulles, "Minutes of Telephone Conversations of John Foster Dulles and Christian Herter," 19 June 1958, Dwight D. Eisenhower Presidential Library.

12 Noam Chomsky, *Rogue States*（Chicago: Haymarket Books, 2015）, 114.

13 Piero Gleijeses, *Conflicting Missions: Havana, Washington, and Africa, 1959–1976*（Chapel Hill: University of North Carolina Press, 2003）, 22.

14 Noam Chomsky, *Hegemony or Survival: America's Quest for Global Dominance*（New York: Henry Holt, 2003）, 90.

15 Ibid.

16 Walter LaFeber, *The New Empire: An Interpretation of American Expansion, 1860–1898*（Ithaca, NY: Cornell University Press, 1963）, 4.

17 Ernest R. May and Philip D. Zelikow, eds., *The Kennedy Tapes: Inside the White House During the Cuban Missile Crisis*（Cambridge, MA: Harvard University Press, 1997）, xi.

18 Chomsky, *Hopes and Prospects*, 116.

19 Somini Sengupta, "U.N. Will Weigh Asking Court to Investigate War Crimes in Syria," *New York Times,*

22 May 2014.

20 H. R. 4775, 2002 Supplemental Appropriations Act for Further Recovery from and Response to Terrorist Attacks on the United States, 107th Congress（2001–02）, https://www.congress.gov/bill/ 107th-congress/house-bill/4775.

21 Samuel P. Huntington, *American Politics: The Promise of Disharmony*（Cambridge, MA: Harvard University Press, 1981）, 75.

22 Stanley Hoffmann, Samuel P. Huntington, Ernest R. May, Richard N. Neustadt, and Thomas C. Schelling, "Vietnam Reappraised," *International Security*, 6, no. 1（Summer 1981）: 3–26.

23 Justin Elliott and Theodoric Meyer, "Claim on 'Attacks Thwarted' by NSA Spreads Despite Lack of Evidence", *ProPublica*, 23 October 2013, http://www.propublica.org/article/claim-on-attacks-thwarted-by-nsa-spreads-despite-lack-of-evidence.

24 James Ball, "US and UK Struck Secret Deal to Allow NSA to 'Unmask' Britons' Personal Data," *Guardian*（London）, 20 November 2013.

25 Gallup Poll, "Americans Show Low Levels of Concern on Global Warming," 4 April 2014, http://www.gallup.com/poll/168236/americans-show-low-levels-concern-global-warming.aspx.

26 Robert S. Eshelman, "The Danger of Fair and Balanced," *Columbia Journalism Review*, 1 May 2014.

第十四章
憤怒

幾乎每天都會出現可惡罪行的新聞，有些罪行的惡質令人髮指，更把眾多惡行硬比下去。馬來西亞航空公司十七號班機在烏克蘭東部被擊落，機上二百九十八人全數喪生，就是一件慘絕人寰的重大罪行。

白宮的「道德守護人」譴責這是「令人難以言語表達的憤怒」，痛斥它是「在俄羅斯支持下」發生的。[1]美國派駐在聯合國的大使也振臂疾呼，「當二百九十八名平民」坐在民航班機裡，「遭到恐怖攻擊而喪生」時，「我們必須堅持到底找出是誰幹的，將他們繩之以法」，也要求普丁別再丟人現眼，逃躲他明顯清楚的責任。[2]

沒錯，艾許（Timothy Garton Ash）口裡這個「獐頭鼠目」、「令人惱怒的矮個子」，也要求展開獨立的調查，但那也是因為只有美國這個國家膽敢發起制裁，才逼得他不能不表態；歐洲各國則根本畏縮不前，不敢得罪普丁。[3]

美國前任駐烏克蘭大使泰勒（William Taylor）在有線電視新聞網（CNN）向全世界擔保，這個令人慍怒的矮個子「很清楚該承擔起……擊落這架客機的責任。」[4]一連好幾個星期，每天媒體都以頭條新聞鉅細靡遺報導，大談罹難者家屬的悲痛，受害人的生平故事，國際社會如何處理死者遺體，以及對此一「震撼世界」恐怖暴行的憤怒。

每個識字的人，尤其是每個編輯人和評論家，應該都會立刻想到另一樁人命犧牲相當的墜機事件：伊朗航空公司六五五號班機，在清清楚楚的民航飛機路線上，於伊朗領空遭擊落，包含六十六名孩童在內，一共二百九十名乘客及機組人員全部喪生。這項行動的凶手一直都很清晰：美國導引飛彈巡弋艦文生尼斯號（USS Vincennes）在波斯灣的伊朗領海作業，發射了飛彈。

鄰近的一艘美國軍艦艦長卡爾森（David Carlson）在美國海軍協會（U.S. Naval Institute）旗艦刊物《論文集》（*Proceedings*）發表文章寫道，他「簡直不敢相信」聽到「文生尼斯號宣布它意圖」攻擊一架民航機。他猜測，一向行為極具侵略性，而被取了「機器戰警巡弋艦」（Robo Cruiser）綽號的文生尼斯號，「覺得有必要證明神盾（Aegis，艦上精緻的反飛機系統）在波斯灣的可行性，而貪圖有機會炫耀他們的裝備。」[5]

兩年後，文生尼斯號艦長和防空作戰官獲頒軍團勛功章（U.S. Legion of Merit award），授勛理由是「在傑出服務時表現異常有功的行為」，以及在擊落伊朗民航機那段期間保持

「鎮靜和專業的氛圍」。但是授勛狀裡隻字不提飛機被打下這件事。[6]

雷根總統把慘劇怪罪到伊朗人身上，並且替文生尼斯號的行動辯護，說它是「遵循常備命令和普遍公布的程序，發射砲彈以保衛自身，對付可能的攻擊。」[7] 繼雷根之後出任總統的老布希也宣稱：「我絕不會為美國道歉。我不管真相如何……我不是替美國道歉的那種人。」[8]

美國在這件事上一點都不躲閃責任，可不像東方的野蠻人。

當時各方沒有什麼反應：沒有人義憤填膺、沒有急切搜尋受害人、沒有熱切譴責該負責任的人，也沒有美國駐聯合國大使在飛機被擊落時慷慨陳詞，悲憤「巨大、痛心的損失」。偶爾有人提到伊朗人的譴責，但是誠如《紐約時報》記者薛隆（Philip Shenon）的報導，它被貶抑為「對美國的老生常談攻擊」。[9]

當時沒有太多人對於這件微不足道的事件在美國媒體只略有報導，就一筆帶過，表示奇怪。

只有一個例外，那就是倫敦《每日郵報》（*Daily Mail*）。記者勞森（Dominic Lawson）寫道，雖然「替普丁辯護的人」可能提起伊朗航空墜機事件，兩相比較之下，實際上更證明我們的道德價值高出可憐的俄國人不知凡幾，這些俄國人只會扯謊、迴避馬航十七號班機墜毀的責任，可是華府卻立刻宣布美國軍艦擊落伊朗民航班機——理直氣壯。[10] 美國自認道德遠比他們高尚，還需要什麼更強有力的證據嗎？

我們知道烏克蘭人和俄羅斯人為什麼會在他們自己國家裡，但是你或許要問：文生尼斯號軍艦跑到伊朗水域去幹什麼？答案很簡單：華府的好朋友海珊正在瘋狂侵略伊朗，美國要保衛他。就受害人而言，飛機被打下來絕非小事。根據歷史學者席洛（Dilip Hiro）的說法，這是個重要因素，使伊朗人認識到再也不能和美國作戰下去。[11]

華府支持戰友海珊的程度，值得我們記住。雷根總統把他從國務院的恐怖份子黑名單上除名，因此美國可以提供援助，方便他攻打伊朗；後來雷根和海珊也都否認伊拉克針對庫德族幹下可怕的罪行（包括使用化學武器），也封殺國會對這些罪行的譴責。雷根也給予海珊只有以色列才得到的特殊待遇：當伊拉克以飛魚飛彈攻擊美國海軍軍艦史塔克號（USS Stark），打死三十七名官兵時，美國沒有採取強烈的反應。以色列在一九六七年以噴射機和魚雷屢次攻擊美國海軍軍艦自由號（USS Liberty），造成三十四名官兵喪生時，美國也沒有大聲抗議。[12]

雷根之後的老布希總統又繼續援助海珊，這是海珊發動對伊朗戰爭之後，迫切需要的援助。老布希也邀請伊拉克核子工程師到美國，接受生產武器的先進訓練。一九九〇年四月，他派出一個參議院高階代表團訪問伊拉克。團長杜爾（Bob Dole）日後代表共和黨競選總統，他奉老布希之命，向海珊表達問候，又擔保海珊可以不理睬「傲慢和驕縱的媒體」不負責任的批評，而且美國之音電台（Voice of America）也已經將這類壞蛋免職。[13]向海珊的諂媚討好一路持續到他突然在幾個月後轉身一變成為現代希特勒——不聽命令，也或許是誤解命令——竟然入侵科威特，其結果我在此就不再贅述。

類似馬航十七號班機的其他先例，很多被認為無關緊要、丟進記憶的黑洞去。譬如，一九七三年一架利比亞民航班機在沙漠風暴中迷航，在差兩分鐘抵達目的地開羅之前，被美國人供應的以色列噴射機擊落。[14]罹難者總共一百一十人。以色列把責任推到這架利比亞飛機的法國機長身上，它得到《紐約時報》的背書。《紐約時報》又說，以色列人的行為「最糟……就是鐵石心腸，從前阿拉伯人的野蠻行徑則不可原諒。」[15]美國方面對這樁事件沒什麼責難，很快就成為過去。當以色列總理梅爾夫人（Golda Meir）四天後抵達華府訪問時，只碰上少許尷尬的質問，還帶著美國提供軍用飛機的新禮物回國。華府鍾愛的安哥拉恐怖組織「爭取安哥拉全面獨立全國聯盟」（UNITA）聲稱打下兩架民航班機時，美國的反應大體也是如此。

回到真正駭人聽聞的恐怖事件上，《紐約時報》報導，美國駐聯合國大使鮑爾（Samantha Power）「提到馬航班機在烏克蘭墜機，許多嬰兒喪生時，不禁哽咽；荷蘭外交部長丁默曼（Frans Timmermans）回想看到『惡棍』從罹難者手指上剝下婚戒的照片時，壓抑不下他的憤怒。」[16]

報導又說，在同一會議上，「一一朗讀在以色列最近攻擊加薩的行動中喪生的孩童姓名和年齡」。報導唯一提到的反應是，巴勒斯坦代表曼蘇爾（Riyad Mansour）「在唱名過程中靜默不語」。[17]

但是以色列七月份攻擊加薩倒是招惹華府生氣。《國會山莊報》（*The Hill*）報導，歐巴馬總統「重申他『強烈譴責』好戰團體哈馬斯以火箭和地道攻擊以色列」。他「也表達『日益關切』巴勒斯坦老百姓在加薩死亡人數上升」，但沒有譴責任何人。[18]參議院填補了這個空檔，它一致票決支持以色列在加薩的行動，同時又譴責哈馬斯「未被挑釁就朝以色列發射火箭」，並且呼籲「巴勒斯坦臨時政府總統阿巴斯（Mahmoud Abbas）解散與哈馬斯的團結政府，譴責對以色列的攻擊。」[19]

就國會而言，或許加入不贊同其表現的百分之八十人民已經夠了，不過，「不贊同」這個字詞在這個個案上恐怕太溫和了。[20]我們倒是想替歐巴馬辯解一下。他或許不曉得以色列拿他好意供應的武器，在加薩幹了什麼好事。畢竟他必須依賴美國情報機關提供報告，而情報機關現在為蒐集老百姓的電話和電郵電訊已經忙得不可開交，無暇兼顧這些芝麻綠豆小事。因此，我們或許有必要檢視我們全體該知道的事。

以色列的目標長期以來都很單純：安安靜靜、恢復常態（不過，現在可能要求更多）。那麼，常態是什麼？

以約旦河西岸地區而言，常態就是以色列繼續進行不合法的屯墾區和基礎設施的興建工程，因此稍有價值的東西都可以納入以色列所有，同時又把巴勒斯坦人送到不宜居的村落，繼續承受強烈的壓制和暴力。在過去十四年，常態就是以色列每週殺害兩名以上巴勒斯坦孩童。最近一次以色列人大開殺戒，是因為住在西岸占領區屯墾區內的三個以色列男孩，在二〇一四年六月十二日被殺而觸發。在此之前一個月，兩名巴勒斯坦男孩在西岸的拉馬拉市被殺。前一樁事件沒有引起注意，我們可以理解，因為那是司空見慣的事。頗受敬重的中東事務分析家拉巴尼（Mouin Rabbani）說：「西方體制性的不聞不問巴勒斯坦人生活，不只說明了為什麼巴勒斯坦人訴諸暴力，也說明了以色列為什麼最近在加薩走廊痛下殺手。」[21]

靜悄悄政策也使以色列能夠推動分隔加薩和西岸的計畫。自從美國和以色列宣布接受把加薩和西岸視為巴勒斯坦領土不可分割的一部分之奧斯陸協議以來，以色列就積極設法破壞協議，也一直得到美國支持。我們一看地圖，就明白箇中道理。加薩是巴勒斯坦人進出外在世界唯一的門戶，假設加薩和西岸分隔，以色列可能准予西岸巴勒斯坦人的任何自治，都會使他們實質上遭到以色列和約旦這兩個敵國的包圍夾擊。如果以色列繼續有系統地將巴勒斯坦人趕出約旦河谷，並在當地興建以色列人屯墾區，隔離之勢就會變得更加嚴重。

勇敢的挪威創傷外科醫生吉爾伯特（Mads Gilbert）對加薩的常態有十分詳細的描述。以色列在加薩持續施暴期間，吉爾伯特一直在當地主要醫院服務。二〇一四年六月，也就是以色列在加薩動武之前不久，他向「近東地區巴勒斯坦難民聯合國賑濟及工程總署」（UNRWA）提出一份有關加薩公共衛生服務的報告。聯合國賑濟及工程總署是經費有限，但拚命努力照顧難民的一個聯合國機構。

吉爾伯特說：「至少百分之五十七的加薩家庭沒有糧食安全可言，現在大約百分之八十接受賑濟。糧食不安全和貧窮上升，意味絕大多數居民達不到每日攝取卡洛里的基本數量，同時加薩百分之九十以上的水被認為不適合人類飲用。」當以色列再度攻擊水源及下水道系統時，情勢變得更加惡劣，一百多萬人勉強堪活的情境變得更加惡劣。[22]

吉爾伯特又說：「加薩的巴勒斯坦孩童吃盡苦頭。很大百分比的孩童因為以色列人實施封鎖、製造人為的營養不良條件，深受其害。加薩地區不足兩歲孩童得貧血症人數占百分之七十二點八，消化不良、發育遲緩和體重不足的孩童分別是百分之三十四點三、百分之三十一點四和百分之三十一點四五。」[23]而且情勢有日益惡化的傾向。

以色列持續施暴期間，一直堅守在加薩的著名的人權律師紹拉尼（Raji Sourani）報導說：「人們一開口談到停火，我最常聽到的一句話是：人人都說，最好我們全都死了，也不要回到這場戰爭之前我們原有的情況。我們不想再過那種日子。我們沒有尊嚴、沒有榮耀；我們只是軟性目標、我們非常不值錢。除非情勢真的有改善，否則寧可死了算了。我講的是知識份子、學界人士、一般老百姓，大家都這麼說。」[24]

對於加薩走廊的常態計畫，夏隆（Ariel Sharon）的親信魏斯格拉士（Dov Weisglass）也毫不避諱地解釋。魏斯格拉士負責談判以色列屯墾者二〇〇五年從加薩撤出。撤出行動在以色列和幫它說話的人群中被稱譽是宏大的姿態，但是消息靈通的以色列評論家，包括已故的著名的社會學者金默寧（Baruch Kimmerling）卻嘲笑它是仔細規畫演出的「全國大創傷」。實際真相是，以夏隆為首的以色列鷹派人士覺得有必要把位於殘破不堪的加薩地區、原本就不法的屯墾者，從接受國家補貼的社區（補貼費用非常高昂），遷移到以色列決心保留的其他占領區之屯墾區去，而且照舊接受補貼。原本單純的遷徙行動，若是讓全世界看到小孩哭喊、懇求士兵別拆了他們的家的景象，豈不妙哉。這齣鬧劇讓人看穿破綻，是因為它是以色列一九八二年從西奈半島的埃及部分撤退那樁「全國大創傷」的重演。但是，它的演出卻打動了國內外同情者的心坎。

魏斯格拉士對屯墾者從加薩遷移到其他占領區提出他自己的描述：「我實際上跟美國人取得協議的是，根本不碰觸（西岸地區主要的屯墾區），其他屯墾區也要等到巴勒斯坦人成為芬蘭人才會處理。」但是必須是特殊的芬蘭人、肯悄悄接受外國人統治的芬蘭人。魏斯格拉士又說：「重點是凍結政治進程。當你凍結進程時，你就阻止建立巴勒斯坦人國家，你也阻止了對難民、國界和耶路撒冷的討論。實質上，所謂巴勒斯坦國家這整個方案及它涉及的相關問題，統統永久從我們的議程中取下。這一切都得到（小布希總統的）核准，並經由國會兩院通過。」[25]

魏斯格拉士解釋，加薩居民必須「縮衣節食，但不會讓他們餓死」（他們真要餓死了，可無助於以色列一直在消退的名聲）。[26]以色列專家以他們自豪的技術效率，精準地計算出加薩居民每天需要多少卡路里就能勉強生存，同時也剝奪他們有尊嚴的過活所需的醫療照護及其他服務。以色列軍隊從陸、海、空三方面局限他們，引得英國首相卡麥隆（David Cameron）說，這根本就是囚犯營區。以色列屯墾者撤出，軍方就可以完全控制加薩，因此等同國際法下的占領軍。為了更緊密關上這所監牢的大門，以色列不准巴勒斯坦人接近沿著邊界的一大塊地區，包括加薩稀有的三分之一多的可耕地。以方的理由是這是為了維持以色列人的安全；其實在以色列那一邊的邊界設置安全區，或是乾脆停止野蠻的包圍及其他懲罰，也可以達到同樣的效果。

以色列官方的故事是，以色列大方地把加薩交給巴勒斯坦人，盼望他們能夠建立繁榮的國家，不料他們卻露出真面目，不停地以火箭攻擊以色列，迫使被挾持的居民成為烈士，因而以色列遭到舉世詬罵。事實則完全不然。

以色列部隊撤出、實質仍占領之後幾個星期，巴勒斯坦人犯了一項大罪。二〇〇六年一月，他們在受到仔細監視的大選中投票走上錯誤的方向，竟然選出哈馬斯成為議會的多數黨。以色列媒體不斷聲稱哈馬斯決心摧毀以色列。其實，哈馬斯領導人一再明白表示，他們會遵循國際共識，接受兩國制解決方案，而美國和以色列阻擋這個方案已經有四十年之久。反而是以色列一心一意要摧毀巴勒斯坦，除了偶爾講些沒有意義的空話之外，真正往這方面埋頭努力。

沒錯，以色列接受小布希總統倡議的通向兩國制解決方案的「路徑圖」；這個路徑圖也得到負責監督的美國、歐盟、聯合國和俄羅斯「四方」的同意。但是，夏隆總理一接受路徑圖，立刻提出十四點保留意見，實質上使它失去效力。積極參與的人士都知道這個真相，但是要到前任總統卡特發表他的書《巴勒斯坦：和平但不種族隔離》（*Palestine: Peace Not Apartheid*），民眾才第一次知道。[27]不過，媒體報導和評論還是不提它。

以色列執政黨、現任總理納坦雅胡的聯合黨，它的一九九九年黨綱「明白拒絕在約旦河西岸建立巴勒斯坦人阿拉伯國家」。[28]對於那些喜歡高唱無意義的黨綱黨章的人士而言，別忘了，聯合黨的主要成員、前任總理比金的自由黨（Herut Party）還未放棄它的建黨理論：約旦河兩岸地區都是以色列古國的一部分。

巴勒斯坦人在二〇〇六年一月犯的過錯立刻遭到懲罰。美國和以色列對犯了錯的居民施行嚴厲制裁，歐盟也不知羞恥地跟進，同時以色列升高暴力鎮壓。到了六月份，攻擊更激烈升高時，以色列已經對加薩北部發射七千七百多發砲彈。[29]

美國和以色列很快就擬訂計畫，要發動軍事政變推翻巴勒斯坦人民選政府。當哈馬斯竟然斗膽瓦解政變計畫時，以色列的攻擊和包圍變得更加嚴峻，理由是哈馬斯以武力占領加薩走廊。

我們沒有必要在這裡再贅述此後的可怕紀錄。借用以色列在它所謂「防衛戰爭」中三不五時朝池塘中的魚射擊這個說法，它無情的包圍和野蠻的攻擊，也會點綴一些「剪草坪」的行動。

草坪被剪了，絕望的居民設法從廢墟殘垣和流血犧牲之中重建家園，總算達成停火協議。以色列也承認，哈馬斯一直都遵守停火協議，但是以色列不時重啟暴力、違反協議。最近一次停火建立在以色列二〇一二年十月攻擊行動之後。以色列維持嚴峻的包圍，而以色列官員承認，哈馬斯也遵守停火。[30]但是情勢在六月間變了，法塔和哈馬斯訂定團結協議，成立由技術官僚組成的新政府，哈馬斯不參加，並且接受「四方」提出的一切要求。以色列當然很氣憤，尤其是連歐巴馬政府也表達贊成之意，更讓以方大怒。團結協議不僅破壞了以色列所謂不能和分裂的巴勒斯坦當局談判的立論，也威脅到它分隔加薩和西岸，並在兩個地區推動破壞政策的長期目標。

以色列一定得想出辦法才行。果然，不久之後有三個以色列男孩在西岸地區被殺害，出現了機會。納坦雅胡政府立刻掌握堅強證據，知道他們已經死亡，但是故意假裝不知道，利用機會在西岸發動暴行，鎖定哈馬斯攻擊，破壞讓它忌憚的團結政府，並且激烈加強以方的壓制行動。

納坦雅胡宣稱掌握證據哈馬斯涉及此事。這也是謊言，很早就被看破。以色列也沒有假裝提出證據。艾爾達（Shlomi Eldar）是以色列權威的哈馬斯專家，他幾乎立刻就說，凶手很可能是來自希伯崙城的一個異議派系，它長期以來和哈馬斯不合。艾爾達又說：「我確信他們沒有得到哈馬斯領導人的核准，他們只是認為時機不錯，就下手了。」[31]

一連十八天的狂轟濫炸的確成功地破壞了以方忌憚的團結政府，也激烈增強以色列的鎮壓。根據以色列軍方消息，以色列逮捕四百一十九名巴勒斯坦人（包括三百三十五人與哈馬斯有關聯），殺死六個人，並且搜索數千個地點、沒收三十五萬美元。[32]以色列另外對加薩發動數十次攻擊，在七月七日殺死五名哈馬斯成員。[33]

哈馬斯終於在停止了十九個月之後，首度以火箭還擊，以色列官員說，這一來以方又有藉口在七月八日發動「保護邊界行動」（Operation Protective Edge）。[34]

坊間有許多報導揭露自命為全世界最有道德的軍隊肆行施暴的事蹟，而以色列駐美大使還聲稱他們應該拿諾貝爾和平獎才對。到了七月底，已有一千五百多名巴勒斯坦人被殺害，超過二〇〇八至〇九年「鑄鉛行動」（Operation Cast Lead）的屠殺紀錄。其中百分之七十為老百姓，包括數百名婦孺。[35]以色列也有三名平民遇害。[36]加薩極大部分地區被炸為廢墟。在轟炸稍停的片刻，親友慌亂地在炸毀的房舍中找尋殘肢遺體或家用品。加薩的發電廠被炸——這也不是第一次，這可是以色列人的拿手好戲——嚴重減少已經相當有限的電力，更慘的是也降低最低度供應的清水。這又是一樁戰爭罪行。同時，救災人員和救護車屢遭攻擊。暴行在整個加薩走廊節節升高下，以色列聲稱它的目標是摧毀邊界的地道。

一共有四家醫院遭到攻擊，每一件都構成戰爭罪行。第一家是位於加薩市的阿瓦法療養醫院（Al-Wafa Rehabilitation Hospital），它在以色列地面部隊攻打這個大監獄的當天就被攻擊。《紐約時報》提到地面攻擊的報導當中有短短幾行說：「醫生們說，在電力被切斷、重砲差點摧毀整棟樓房之前，總共十七名病患和二十五位醫護人員，大部分，但不是全部，得以撤退。醫院發言人里亞拉醫師（Dr. Ali Abu Ryala）說：『我們在砲火下將他們撤出。護士和醫師必須揹著病患逃命，有人還從樓梯滾下樓。醫院從來沒有過如此慌亂。』」[37]

接下來另三個醫院遭到攻擊，病患和醫護人員得自己想辦法逃命。以色列有一樁罪行遭到廣泛譴責：聯合國主辦的一所學校收容三千三百名驚駭莫名的難民，竟然遭到攻擊，而他們是奉以色列軍隊之命令從鄰近地區逃到這所學校。聯合國賑濟及工程總署署長克拉亨布（Pierre Krahenbuhl）氣得痛罵：「我要以最強烈的言詞譴責以色列軍隊此一嚴重違反國際法的行徑……今天，全世界都蒙羞。」[38]以色列至少三次攻打這個難民收容所，而以色列軍隊很清楚這個地點就是收容所。克拉亨布說：「賈巴利亞女子小學（Jabalia Elementary Girls School）的確切位置和它收容數千名難民這件事，向以色列軍方通報了十七次，以確保它受到保護。最後一次是昨天晚上八點五十分，離漫天砲火打來才僅僅幾個小時。」[39]

通常內斂寡言的聯合國祕書長潘基文也以「最強烈的措詞」譴責此一攻擊。他說：「沒有一件事比起攻擊睡夢中的小孩更加無恥。」[40]我們找不到美國駐聯合國大使「提到嬰兒（在以色列攻擊下）喪生而哽咽」，或是加薩走廊遭砲轟令她悲憤的紀錄。

但是，白宮發言人米韓（Bernadette Meehan）的確做出回應。她說：「我們極為關心數千名在境內流離失所的巴勒斯坦人，他們應以色列軍方之請撤出加薩家園，卻在聯合國指定的收容所並不安全。我們也譴責在加薩聯合國設施裡隱藏武器的人。」她沒有說的是，這些設施是空的，而且武器是由聯合國賑濟及工程總署發現，他們已經譴責隱藏武器的人。[41]

後來，歐巴馬政府也嚴厲譴責此一罪行，可是同時又提供更多武器給以色列。然而，五角大廈發言人華倫（Steve Warren）在這麼做的同時，告訴記者說：「現在變得很清楚，以色列人需要更努力實現他們極高的標準……以保護平民的生命。」這麼多年來他們運用美國武器，已經展現相當高的標準，不是嗎？[42]

攻打聯合國難民收容所也是以色列的拿手好戲。有一個著名的事件就是以色列在裴瑞斯總理一九九六年血腥殺人的「憤怒的葡萄作戰」（Grapes of Wrath campaign）中，轟炸清楚標示的卡納鎮（Qana）聯合國難民收容所，殺害躲到收容所裡的一百零六名黎巴嫩平民，其中五十二人為孩童。[43]坦白說，以色列並非唯一這麼做的國家。二十年前，以色列的盟國南非深入安哥拉，針對納米比亞（Namibia）抵抗組織「西南非人民組織黨」（SWAPO）主持的一所卡辛加（Cassinga）難民營發動空襲。[44]

以色列官員自誇自贊軍隊注重人道精神，甚至要轟炸巴勒斯坦人的家都先通知他們。套用以色列記者哈斯（Amira Hass）的話來說，這種做法「明明是虐待狂，卻又道貌岸然偽裝成悲天憫人……以錄音廣播訊息要求數十萬人撤離他們已被畫定為攻擊目標的住家，搬到另一個同樣危險的地方——相距只有十公里。」[45]事實上，監獄裡哪有一個地方是安全、可免於以色列人虐待狂欺負呢！

有人明白表示無法從以色列的悲憫得益。加薩天主教會引述一位神父的話向全世界求救。他說明專門照料殘疾孩童的「基督之家」（House of Christ）院童的際遇。由於以色列準備砲轟這個地區，他們遷移到「聖家教堂」（Holy Family Church）。可是他寫道，不久之後，「加薩教會又接到命令要疏散。他們將要轟炸翟同地區（Zeitun），人們已經逃跑了。問題是，喬治神父和德瑞莎修會三位修女有二十九名殘疾兒童和九名老嫗，行動不便。他們要怎麼離開？如果有人能找到有權人士進言和祈禱，也請幫幫忙。」[46]

事實上，這應該不難。以色列在阿瓦法療養醫院已提供指示。而且很幸運的是，至少有些國家願意盡力幫助。巴西、智利、厄瓜多、薩爾瓦多和祕魯等五個拉丁美洲國家，循玻利維亞和委內瑞拉之例，召回駐以色列大使；後者兩國因為不滿意以色列原先的罪行，和它斷絕關係。[47]這些有原則的行動是世界關係產生顯著變化的另一個跡象，許多拉丁美洲國家開始擺脫西方桎梏，有時候還反過來向控制它已經五個世紀的國家示範什麼叫做文明的行為。

這些聞之令人髮指的爆料卻引起「世界最道德的總統」不同的反應，而且是常見的反應：他非常同情以色列，痛斥哈馬斯，呼籲雙方緩和。歐巴馬總統在八月份的記者會表示關切巴勒斯坦人「陷入火網」（哪裡的火網？），但再度強烈支持以色列和人人一樣，具有自衛權利。哪裡是人人都有自衛權利？巴勒斯坦人就沒有。他們沒有權利自衛，尤其當以色列是好人、做好事，維持靜悄悄的常態時，也就是搶他們的土地、把他們驅離自己的家園、野蠻地包圍他們，而且不時以保護人提供的武器攻打他們時，巴勒斯坦人絕不會有自衛權利。

巴勒斯坦人就像非洲黑人，譬如卡辛加難民營裡的納米比亞難民，他們全是恐怖份子，根本不存在自衛的權利。

以巴雙方協商好，八月一日上午八點起有七十二小時的人道停火。但是協議幾乎立刻就撕毀。根據向來十分可靠的加薩阿米贊人權中心（Al Mezan Center for Human Rights）的新聞稿，他們派在南部埃及邊境拉法（Rafah）的一位第一線人員，大約上午八點五分聽到以色列大砲發射。大約上午九點三十分，消息傳出，有個以色列士兵被俘，以方立刻對拉法展開猛烈空襲及砲轟，可能殺死數十人、傷了數百人，這些人是因為停火生效才回家；不過我們無從知道確實傷亡人數。

前一天，也就是七月三十一日，加薩走廊唯一的供水者「沿海城市水力公司」（Coastal Municipalities Water Utility）宣布，由於缺乏燃料、公司員工又頻頻遭到攻擊，再也無法供應清水或衛生服務。阿米贊人權中心報導，在這時候，「由於缺乏清水、收垃圾和環境衛生服務，加薩走廊幾乎所有的首要衛生服務全都停止。聯合國賑濟及工程總署也提出警告，由於停水及缺乏衛生服務，隨時會有疫疾散播的危險。」[48]同時，在停火前夕，以色列軍機發射的飛彈繼續殺傷，殺死整個加薩地區的巴勒斯坦人。

不論是在什麼時候才會發生，目前這齣虐待狂戲目停止時，以色列盼望能夠不受干預，在占領區推行它的罪惡政策。加薩居民可以自由地恢復他們在以色列人控管的大監獄中的常態生活，而在西岸地區他們可以和平地看著以色列人拆除他們僅餘的財產。

如果美國維持它決定性的、實質上是片面支持以色列罪行，且拒絕長久以來國際上對外交解決的共識，其結果可能就是如此。但是美國若撤銷對以色列的此一支持，未來就會大不相同。在這種情況下，加薩局勢很可能就會走向美國國務卿凱瑞（John Kerry）所謂的「持久的解決」，而以色列方面對此冒出歇斯底里的譴責，因為屆時「持久的解決」可能被解讀為終止以色列的包圍和不時的攻擊。甚且，更糟的是，被解讀為在其餘的占領區落實國際法。

並不是說遵守國際法就會威脅到以色列的安全，反而有可能會加強。但是，四十年前以色列將領（後來成為總統）魏茨曼（Ezer Weizman）就說，以色列將「無法以它今天所具體代表的規模、精神和素質而存在。」[49]

近代史上也有其他類似的個案。澳洲外交部長伊凡士（Gareth Evans）在設法竊取帝汶石油時，被印尼將領正顏相告：印尼絕對不會放棄「印尼的東帝汶省」。只要執政的軍事將領繼續得到美國的支持，透過數十年來實質上是種族滅絕的大屠殺，他們的目標是切合實際的。可是，一九九九年九月，在國內外一致、極大的壓力下，柯林頓總統悄悄照會印尼領袖，好戲該落幕了，他們立刻退出東帝汶；而伊凡士也立刻改口，口口聲聲說澳洲「有保護的責任」。當然這個版本是要允許西方可以任意訴諸武力。[50]

另一個相關案例是南非。一九五八年，南非外交部長告訴美國大使，雖然南非即將遭受人人摒棄，只要美國繼續支持，就無所謂。他的評估證明相當準確；三十年之後，雷根總統依然堅持支持這個種族隔離政府，南非也仍然屹立不搖。但是又隔幾年，華府加入世界其他各國，南非政府就垮了。當然，原因不只一端，還有一個重要因素就是古巴在非洲的解放上面發揮極大作用，西方不理它，非洲卻歡迎它。[51]

四十年前，以色列做了致命的決定，選擇擴張、捨棄安全，拒絕退出占領自埃及的西奈半島，換取全面和平條約的埃方提議。以色列已在占領地區發動大肆屯墾的開發項目。此後它一直奉行這一政策，做出本質上與南非一九五八年無殊的判斷。

就以色列這個案例而言，如果美國決定和世界同一步調，影響將會極其巨大。大國關係不會允許別的事情發生，每當華府認真要求，以色列就得放棄所珍重的某一項目標。現在，以色列沒有太多辦法，採取的政策使它從一個眾所欽佩的國家，變成人見人怕、又鄙視的國家，可是它仍以盲目的決心堅定邁向道德敗壞，且可能最終毀滅的路子。

美國的政策會不會改變呢？不是不可能。近年來輿論已經有相當改變，特別是年輕人的想法，已經不能完全漠視。好幾年來，民眾已經出現聲音，要求華府遵守自己的法律，切斷給予以色列的軍事援助。美國法律規定：「任何國家其政府若以持續模式違犯國際承認的人權，不得給予安全援助。」以色列肯定以持續模式違犯國際承認的人權。這也是為什麼國際特赦組織在加薩「鑄鉛行動」作戰期間，會要求對以色列及哈馬斯都實施武器禁運的原因。[52]這項法律的起草人參議員李希（Patrick Leahy）提起，在特定情況下它有可能適用在以色列身上；若有組織良好的教育、籌畫和積極份子的活動，這個倡議有可能推動成功。[53]它不僅本身具有極大意義，也可以成為進一步行動的跳板，不僅可以懲罰以色列的犯罪行為，也可以迫使華府成為「國際社會」的一員，遵守國際法和正直的道德原則。

對於多年來飽受暴力及高壓統治的不幸的巴勒斯坦苦難人民而言，沒有比這更重要的事情。

1 Katie Zezima, "Obama: Plane Crash in Ukraine an 'Outrage of Unspeakable Proportions,' " *Washington Post*, 18 July 2014.

2 "Explanation of Vote by Ambassador Samantha Power, US Permanent Representative to the United Nations, After a Vote on Security Council Resolution 2166 on the Downing of Malaysian Airlines Flight 17 in Ukraine," United States Mission to the United Nations, 21 July 2014, http://usun.state.gov/remarks/6109.

3 Timothy Garton Ash, "Putin's Deadly Doctrine," Opinion, *New York Times*, 18 July 2014.

4 William Taylor, interview by Anderson Cooper, CNN, 18 July 2014, transcript published at http://www.cnn.com/TRANSCRIPTS/1407/18/acd.01.html.

5 United Press International, "Vincennes Too Aggressive in Downing Jet, Officer Writes," *Los Angeles Times*, 2 September 1989.

6 David Evans, "Vincennes Medals Cheapen Awards for Heroism," *Daily Press*, 15 April 1990.

7 Ronald Reagan, "Statement on the Destruction of an Iranian Jetliner by the United States Navy over the Persian Gulf," 3 July 1988. Online by Gerhard Peters and John T. Woolley, *The American Presidency Project*, http://www.presidency.ucsb.edu/ws/?pid=36080.

8 Michael Kinsley, "Rally Round the Flag, Boys," *Time,* 12 September 1988.

9 Philip Shenon, "Iran's Chief Links Aid to Better Ties," *New York Times*, 6 July 1990.

10 Dominic Lawson, "Conspiracy Theories and the Useful Idiots Who Are Happy to Believe Putin's Lies,"

Daily Mail（London）, 20 July 2014.

11 Dilip Hiro, *The Longest War: The Iran-Iraq Military Conflict*（New York: Psychology Press, 1989）.

12 John Crewdson, "New Revelations in Attack on American Spy Ship," *Chicago Tribune*, 2 October 2007.

13 Miron Rezun, *Saddam Hussein's Gulf Wars: Ambivalent Stakes in the Middle East*（Westport, CT: Praeger, 1992）, 58f.

14 Michael Omer-Man, "This Week in History: IAF Shoots Down Libyan Flight 114," *Jerusalem Post*, 25 February 2011.

15 Edward W. Said and Christopher Hitchens, *Blaming the Victims: Spurious Scholarship and the Palestinian Question*（New York: Verso, 2001）, 133.

16 Somini Sengupta, "Why the U.N. Can't Solve the World's Problems," *New York Times*, 26 July 2014.

17 Ibid.

18 Laura Barron-Lopez, "Obama Pushes for 'Immediate' Cease-Fire Between Israel, Hamas," *The Hill*, 27 July 2014.

19 "A resolution expressing the sense of the Senate regarding United States support for the State of Israel as it defends itself against unprovoked rocket attacks from the Hamas terrorist organization," Senate Resolution 498, 113th Congress（2013–14）, https://www.congress.gov/bill/113th-congress/ senate-resolution/498.

20 Gallup Poll, "Congress Approval Sits at 14% Two Months Before Elections," 8 September 2014, http://www.gallup.com/poll/175676/congress-approval-sits-two-months-elections.aspx.

21 Mouin Rabbani, "Institutionalised Disregard for Palestinian Life," LRB Blog, 9 July 2014.

22 Mads Gilbert, "Brief Report to UNRWA: The Gaza Health Sector as of June 2014," University Hospital of North Norway, 3 July 2014.

23 Ibid.

24 Roma Rajpal Weiss, "Interview with Raji Sourani," *Qantara,* 16 July 2014.

25 Ari Shavit, "The Big Freeze," *Ha'aretz*, 7 October 2004.

26 Conal Urquhart, "Gaza on Brink of Implosion as Aid Cut-Off Starts to Bite," *Guardian*（London）, 15 April 2006.

27 Jimmy Carter, *Palestine: Peace Not Apartheid*（New York: Simon & Schuster, 2006）.

28 Archived Copy of Knesset website, "Likud-Platform," http://web.archive.org/web/ 20070930181442/ http://www.knesset.gov.il/elections/knesset15/elikud_m.htm.

29 "Israel: Gaza Beach Investigation Ignores Evidence," Human Rights Watch eport, 19 June 2006, https://www.hrw.org/news/2006/06/19/israel-gaza-beach-investigation-ignores-evidence.

30 Nathan Thrall, "Hamas's Chances," *London Review of Books* 36, no. 16（21 August 2014）: 10–12.

31 Jodi Rudoren and Said Ghazali, "A Trail of Clues Leading to Victims and Heartbreak," *New York Times*, 1 July 2014.

32 Ibid.

33 "Live Updates: July 7, 2014: Rockets Bombard South, Hamas Claims Responsibility," *Ha'aretz*, 8 July 2014.

34 Ibid.

35 Jason Burke, "Gaza ' Faces Precipice' as Death Toll Passes 1,400," *Guardian*（London）, 31 July 2014.

36 "Live Updates: Operation Protective Edge, Day 21," *Ha'aretz*, 29 July 2014.

37 Jodi Rudoren and Anne Barnard, "Israeli Military Invades Gaza, with Sights Set on Hamas Operations," *New York Times*, 17 July 2014.

38 "UNRWA Strongly Condemns Israeli Shelling of Its School in Gaza as a Serious Violation of International Law," United Nations Relief and Works Agency for Palestine Refugees, 30 July 2014, http:// www.unrwa.org/newsroom/official-statements/unrwa-strongly-condemns-israeli-shelling-its-school-gaza-serious.

39 Ibid.

40 "Secretary-General's Remarks to Media on Arrival in San Jose, Costa Rica," United Nations, 30 July 2014, http://www.un.org/sg/offthecuff/index.asp?nid=3503.

41 Barak Ravid, "UN Chief Condemns 'Shameful' Shelling of School in Gaza," *Ha'aretz*, 30 July 2014.

42 Sudarsan Raghavan, William Booth, and Ruth Eglash, "Israel, Hamas Agree to 72-Hour Humanitarian Cease- Fire," *Washington Post*, 1 August 2014.

43 United Nations Security Council Document 337, S/1996/337, 7 May 1996, http://www . un . org / ga / search / view_ doc . asp ? symbol = S/ 1996 / 337.

44 Annemarie Heywood, *The Cassinga Event: An Investigation of the Records*（National Archives of Namibia, 1996）.

45 Amira Hass, "Reaping What We Have Sown in Gaza," *Ha'aretz*, 21 July 2014.

46 "Gaza: Catholic Church Told to Evacuate Ahead of Israeli Bombing," *Independent Catholic News*, 29 July 2014.

47 "Five Latin American Countries Withdraw Envoys from Israel," *Middle East Monitor*, 30 July 2014.

48 Al Mezan Center for Human Rights, "Humanitarian Truce Fails and IOF Employ Carpet Bombardment in Rafah Killing Dozens of People," press release, 1 August 2014, http://www.mezan.org/en/post/19290 /Humanitarian+Truce+Fails+and+IOF+Employ+Carpet+Bombardment+in+Rafah+Killing+Dozens+of+ people%3Cbr%3EAl+Mezan%3A+Death+Toll+Reaches+1,497%3B+81.8%25+Civilians%3B+358+Children+and+196+Women%3B+Excluding+Rafah.

49 Ezer Weizman, lecture recorded in *Ha'aretz*, 20 March 1972.

50 見Lou Pingeot and Wolfgang Obenland, "In Whose Name? A Critical View on the Responsibility to Protect," Global Policy Institute, May 2014, https://www.globalpolicy.org/images/pdfs/images/pdfs/ In_whose_name_web.pdf.

51 見 Piero Gleijesus, *Visions of Freedom: Havana, Washington, Pretoria, and the Struggle for Southern Africa, 1976–1991*（University of North Carolina Press, 2013）.

52 "Fuelling Conflict: Foreign Arms Supplies to Israel/Gaza," Amnesty International, 23 February 2009, https://www.amnesty.ie/sites/default/files/report/2010/04/Fuelling%20conflict_Final.pdf.

53 Barak Ravid, "US Senator Seeks to Cut Aid to Elite IDF Units Operating in West Bank and Gaza," *Ha'aretz*, 16 August 2011.

第十五章
還差幾分鐘就是午夜？

如果由某些外星人編寫智人的歷史，他們可能把日曆畫分為兩大時期：「核武前時期」和「核武時期」。後者當然始於一九四五年八月六日，它是這個奇怪的物種倒數計時走向不光彩的完蛋大吉的第一天，因為人類達到知識水準，找出有效方法自取滅亡。證據也證明，他們沒有道德和知識能力控制本身最糟糕的本能。

「核武時期」第一天的大事就是代號「小男孩」這枚簡單的原子彈的「成功」。第四天，長崎經歷另一枚更精緻的原子彈「胖男人」的技術成就。再隔五天，出現空軍官方歷史上所謂的「大結局」，一千架飛機對日本城市大進擊，炸死成千上萬日本人，宣傳單和炸彈一起落地，宣示「日本已經投降」。杜魯門總統在最後一架B-29轟炸機回到基地前，宣布日本投降的好消息。[1]

這是「核武時期」肇始頭幾天的風光時刻。現在我們已經邁進第七十年，我們應該思索我們竟然還能神奇地存活到現在。我們只能猜測未來還剩下多少年。

主管核子武器和戰略的美國戰略總部（U.S. Strategic Command, STRATCOM）前任司令官巴特勒（Lee Butler）將軍對這個黯淡的前景提供一些反思。二十年前，巴特勒將軍寫道，我們還能在核武時期存活，是「因為技能、幸運和上天保佑的結合，而我猜後者的成分最大。」[2]他反省自己一生致力於發展核武器戰略和組織兵力有效執行此一戰略之後，沮喪地承認自己曾是「對核武器最具信心的人士之一」。但是他現在終於體會到，「有責任竭盡全力宣布，依據我的判斷，它們是非常壞的東西。」他提出一個嚴肅的問題：「核武國家歷代領導人有什麼權力可以越俎代庖決定地球繼續生存的機率？最迫切的是，面對我們的愚蠢無知應該戰慄，也應該團結起來致力廢除它最致命的表現時，為什麼還有如此驚人的勇氣？」[3]

巴特勒將軍把一九六〇年美國戰略計畫——自動地全面攻打共產世界——稱為「是我一生僅見唯一最荒唐、最不負責任的文件。」[4]蘇聯的核武器戰略恐怕更加瘋狂。但是很重要的一點應該記住，它們另有競爭者，其中尤其重要的是竟然容易接受對生存的格外威脅。

在冷戰初期的生存

根據學術界和一般知識界討論接受的理論，國家政策的首要目標是「國家安全」。然而，有許多證據顯示，國家安全理論並不包含人民的安全。譬如，紀錄顯示國家即將遭核武器毀滅的威脅，並沒有在政策規畫者心目中居於優先位階。這種情形早早就很明顯，直到今天依舊如此。

在「核武時期」初期，美國具備壓倒性的強勢，享有無與倫比的安全：控制西半球、大西洋和太平洋，以及兩洋的另一側。在二次大戰之前，已經是世界上最富裕的國家，具有無比的優勢。它的經濟在二戰時期大為興盛，而其他工業社會則備受戰火蹂躪或嚴重挫弱。在新時期開端，美國擁有約一半的世界總財富，生產製造能力的占比更大。

可是，有一個潛在威脅隱然在旁邊伺機蠢動，那就是配備核子彈頭的洲際彈道飛彈。歷任甘迺迪和詹森總統兩朝國家安全顧問的彭岱，曾經借重高階資料來源，就核子政策進行標準的學術研究，寫成專書《危險與存活：頭五十年就核彈所做的抉擇》（*Danger and Survival: Choices About the Bomb in the First Fifty Years*）。[5]

彭岱寫道：「艾森豪政府時期適時開發出彈道飛彈是那八年期間最佳成就之一。不過，我們也開始認識到，如果（這些）飛彈從來沒開發出來，今天的美國和蘇聯或許更少有核子危險。」接下來他又加了一句頗富啟發性的評語：「我明白，在兩國政府之內或之外，當時都沒有認真的提案，建議應該透過協議禁止彈道飛彈。」[6]簡單講，當時顯然沒有人想到要設法阻止對美國唯一嚴重的威脅，也就是在和蘇聯爆發核子戰爭時會徹底毀滅的威脅。

這個威脅能在談判桌上消除嗎？當然我們無從斷言，但也不是不能想像。俄國人的工業發展和技術精緻度都遠遠落後美國，處於更受威脅的環境。因此，他們比起美國更經受不起這種武器系統的打擊。美蘇雙方或許有機會探討裁軍的可能性，但是在當時極端的歇斯底里氛圍下，根本沒有人往這方面思索。歇斯底里的氛圍的確相當極端，檢視當時核心官方文件，如國家安全會議六十八號文件（National Security Council Paper NSC-68）的文詞，就知道它們的恐怖。

或許有機會消除此一威脅的跡象是，蘇聯領導人史達林一九五二年做出不尋常的提議，表示願意允許德國透過自由選舉恢復統一，條件是不能加入有敵意的軍事同盟。鑒於過去五十年的歷史，德國兩度差一點滅了俄羅斯，造成極大的損害，這並不算嚴峻的極端條件。

史達林的提議受到當時頗受尊敬的政治評論家沃伯格（James Warburg）的重視，但是其他人不是不理它，就是嘲諷它。近年來的學術界開始有不同的看法。相當反共的蘇聯學者烏蘭（Adam Ulam）把史達林的提議列為「未解決的神祕」。他寫道，華府「當下就峻拒莫斯科的倡議」，理由是「令人尷尬的難以置信」。烏蘭又說，政界、學術界，和一般知識界未能對此一「基礎問題」抱持開放心態，「史達林是真心想在真正民主的聖壇上犧牲掉剛成立的德意志民主共和國（東德）」，裨益世界和平與美國安全嗎？[7]

李扶樂（Melvyn Leffler）是最受尊敬的冷戰史學者之一，他最近分析蘇聯的檔案文獻，發現許多學者都很震驚注意到，「貝利亞（Lavrenti Beria），陰險、殘暴的俄羅斯祕密警察頭子，建議克里姆林宮向西方提議，雙方來談判統一而中立的德國」，同意「犧牲東德共產黨政府，以降低東西方緊張」，並改善俄羅斯內部政治、經濟條件。但是西方國家為了確保德國能參加北約組織，平白犧牲掉這個機會。[8]

在這種情況下，也不是不可能達成協議，而保護美國民眾得到不受核子威脅的安全。但是這個可能性顯然沒被考量，由此可見真正的安全在國家政策之中的角色非常的小。

古巴飛彈危機及以後

這個結論在往後幾年一再受到重視。史達林去世之後，赫魯雪夫掌控了俄羅斯，他體認到蘇聯無力在軍事上與美國這個人類史上最富強的國家競爭。如果想要逃過經濟落後和上一次世界大戰的慘重後果，蘇聯必須翻轉軍備競賽的政策。

因此，赫魯雪夫提議雙方大幅削減攻擊性武器。剛上任的甘迺迪政府考慮過後，沒有接受，反而採取快速擴充軍備，即使美國早已遙遙領先。已故的沃爾茲（Kenneth Waltz）在與美國情報機關有密切關係的其他戰略分析家的支持下，於當時寫道，甘迺迪政府「發動全世界最大規模的和平時期戰略及傳統兵力擴建計畫……即使赫魯雪夫立即嘗試推動大幅削減傳統兵力，並推動最低度嚇阻的戰略。即使戰略武器均勢十分有利美國，我們還是這麼做。」甘迺迪政府選擇傷害國家安全，只求強化國家機關權力。

蘇聯針對美國當時擴張軍備的反應，就是在一九六二年十月運送核子飛彈進入古巴，試圖至少略為扳回均勢。這個動作可能也是為了因應甘迺迪對卡斯楚的古巴採取恐怖作戰的緣故，美國已預定在十月份發動入侵，俄羅斯和古巴或許也已經掌握情資。套用甘迺迪的親信顧問、歷史學者史勒辛格的話來說，接下來的「飛彈危機」是「歷史上最危險的一刻」。另外同等重要的一件事是，在危機達到頂峰時，各方高度誇讚甘迺迪決策時的冷靜、勇敢和政治家風範，殊不知他為了國家和個人形象，不必要地把全民置於莫大的危險之下。

十年之後，一九七三年以阿戰爭最後幾天，尼克森總統的國家安全顧問季辛吉發出核子警戒。目的是警告俄國人不要干預，好讓他精心規畫的外交斡旋能確保以色列勝利（某種有限度的勝利，美國才能依舊片面控制中東地區）。外交斡旋的確很微妙：美國和俄國聯手訂出停火，但是季辛吉祕密地告訴以色列人可以不理它。因此他必須發出核子警戒，恫嚇俄國人不要介入。美國又以此一方式維繫它常態的安全地位。9

又隔十年，雷根政府發動演習測試蘇聯的空防，演習模擬海、空進攻和高度的核子警戒，而且還故意讓俄國人偵知到。這些行動發生在雙方關係相當緊張的時刻：華府在歐洲部署的潘興二號戰略飛彈，只需十分鐘飛行時間即可打到莫斯科。雷根總統也宣布「戰略防衛倡議」（Strategic Defense Initiative, SDI）計畫，俄國人很清楚，通稱「星際戰爭」的這項計畫實質上就是第一擊武器，雙方也都清楚這是飛彈防禦的標準說法。美蘇之間的其他緊張也節節上升。

這些行動很自然引起俄國人緊張，它不像美國，其實罩門很多，過去一再遭到敵國入侵，災情慘重。因此，一九八三年出現極大的戰爭恐慌。最近公布的檔案顯示，危險的程度比起歷史學者原先所想還更嚴重。美國有份高等級情報研究，題目叫「戰爭恐慌是真的」。它的結論是，美國情報機關可能低估了俄國人的忌憚，以及俄國人發動預防性核子攻擊的威脅。根據《戰略研究雜誌》（*Journal of Strategic Studies*）的報導，這些演習「差一點成為預防性核子攻擊的前奏曲」。[10]

實際狀況恐怕還更加危險。我們在二〇一三年秋天獲悉，英國廣播公司報導，就在這些威脅世界安全的情勢發展中，俄羅斯的早期預警系統偵測到飛彈從美國來襲，使俄國的核子系統進入最高警戒階段。按照蘇聯軍隊常規，就是也發動核子攻擊作為報復。萬幸的是，當天俄羅斯值星官佩德洛夫（Stanislav Petrov）決定不遵守命令，沒向上級報告預警系統已經偵知美方動靜。他後來遭到懲處。但是，感謝他的失職，今天我們還能在這兒談論這件事。[11]

全民安全在雷根政府的高度優先同樣不及其前任政府。它持續到今天，即使不談過去無數次差點惹出大禍的核子事故；讀者欲知詳情，可以參考史洛瑟（Eric Schlosser）令人直冒冷汗的研究《指揮與控制》（*Command and Control*）。[12]換句話說，我們很難反駁巴特勒將軍的結論。

在後冷戰時期的生存

後冷戰的行動和理論也很難讓我們安心。每位企圖有所作為的總統都必須揭櫫自己一套主義。柯林頓主義濃縮在「可以時就多邊，必要時就單邊」這句口號中。在國會聽證中，對「必要時」這個字詞有更完整的說明：美國有權訴諸「單邊使用軍事力量」以確保「不受限制的進出關鍵市場，取得能源供應和戰略資源。」[13]

同時，柯林頓時期的戰略總部提出一份重要研究報告「後冷戰嚇阻精要」（Essentials of Post-Cold War Deterrence），發表在蘇聯已經崩解之後，柯林頓正在延續老布希將北約組織向東擴張政策之時；北約東擴違反對蘇聯領導人戈巴契夫的口頭承認，其影響直到今天未消散。[14]這項研究的重點是「核武器在後冷戰時期的角色」。核心結論是，美國必須保持發動第一擊的權利，即使是向非核武國家動武。甚且，核武器必須隨時備戰，因為它們「在任何危機或衝突都投下陰影」。換句話說，它們要不斷拿出來用，就好像你持槍搶劫商鋪，拿槍對著人，但不扣扳機。〔艾斯柏格（Daniel Ellsberg）經常強調這個比喻。〕戰略總部又建議「計畫人在判斷敵人最重視什麼時……不應該太理智。」任何東西都有可能是目標。「讓人家覺得我們十分理智、冷靜，並不利……如果重大利益遭到攻擊，美國可能變得不理性、睚眥必報，應該是我們要讓人家認為的性格。」「如果某些要素顯得有可能『失控』」，可以有利我們的戰略姿態，因此美國必須擺出持續啟動核子攻擊的威脅姿勢。這可是嚴重違反聯合國憲章！

這裡可沒有經常冠冕堂皇宣示的目標。或是依據核子不擴散條約，美國有義務做出「信守承諾」的作為，消除此一全球災禍。美國在此高唱入雲的是貝勒克（Hilaire Belloc）有關馬沁機關槍（Maxim gun）著名的一句對仗字句，這句話源自偉大的非洲歷史學者秦威祖（Chinweizu）：

> 不論發生什麼事，
> 我們有原子彈，他們沒有。

柯林頓卸任後，小布希上台，他廣泛支持預防性戰爭的政策，正是日本在一九四一年十二月偷襲美國兩個海外屬地軍事基地的相同思維，當時日本軍閥很清楚美國正在趕工生產B-17飛行堡壘，預備部署到這些基地，有意「以燃燒彈攻擊本州和九州以竹材、木材興建的螞蟻窩，燒毀（日本）帝國的工業心臟。」這正是陳納德（Claire Chennault）將軍在戰前給美軍獻策所說的一段話，也得到羅斯福總統、赫爾（Cordell Hull）國務卿和陸軍參謀長馬歇爾（George Marshall）的熱切贊同。[15]

再來就是歐巴馬，講了一些漂亮話要致力於廢除核武器。然後又計畫在未來三十年投入一兆美元的經費要增強美國核武力量。根據位於加州蒙特瑞（Monterey）的密道布利國際研究院（Middlebury Institute of International Studies）詹姆斯・馬丁核子不擴散研究中心（James Martin Center for Nonproliferation Studies）的一項研究，這筆軍事預算的百分比「可以媲美一九八〇年代雷根總統花在採購新型戰略系統的經費」。[16]

歐巴馬也毫不猶豫玩火，爭取政治收穫。譬如，他派出海軍特戰部隊狙殺賓拉登。歐巴馬二〇一三年五月就國家安全發表重要演講時，就很驕傲地提起這件事。這篇演講經由媒體廣泛報導，但是有一段非常重要的話卻被忽略掉。[17]

歐巴馬誇讚這項行動，但是他也說這不是常態。他說，原因在於風險「極為巨大」。海軍特戰部隊可能「捲入冗長交火」。即使幸運沒發生鏖戰，「我們和巴基斯坦關係的代價，以及巴基斯坦民眾對侵犯其領土的反彈……也很嚴重。」

現在讓我們再添加一些細節。海軍特戰部隊奉指示若遭到攔阻，要全力突圍、殺開一條血路。他們若「捲入冗長交火」，不會孤立無援；美國將動員全軍力量救出他們。巴基斯坦有一支強大、訓練精良的軍隊，高度捍衛國家主權。它也擁有核子武器，而巴基斯坦專家很關切聖戰份子可能滲透進入他們的核子安全系統。巴基斯坦人民對華府使用無人機恐怖攻擊及其他政策深惡痛絕、變得很激進，也不是祕密。

美軍特戰部隊還在賓拉登住處時，巴基斯坦參謀總長卡亞尼（Ashfag Parvez Kayani）已經接獲報告，他下令軍方「嚴正對付任何身分不明飛機」，他指的是來自印度的飛機。同時，在阿富汗首都喀布爾的美軍總司令裴卓斯（David Petraeus）將軍也下達命令，如果巴基斯坦人「出動戰鬥轟炸機」，美方「戰機即予反應」。[18]

誠如歐巴馬所說，萬幸，沒發生最惡劣的狀況，雖然不無可能發生激烈事端。但是，我們沒看到華府嚴肅面對風險，也沒看到後續有任何評論。

誠如巴特勒將軍所說，我們到目前都還能躲過全面毀滅是近乎神蹟，我們愈是玩弄命運，我們就愈不可能盼望神祐來永久維繫神蹟。

1 Wesley F. Craven and James L. Cate, eds., *The Army Air Forces in World War II,* Volume 5（Chicago: University of Chicago Press, 1953）, 732–33; Makoto Oda,"The Meaning of 'Meaningless Death,' " *Tenbo*, January 1965, translated in *The Journal of Social and Political Ideas in Japan*, August 1966, 75–84. 另參見Noam Chomsky, "On the Backgrounds of the Pacific War," Liberation, September/ October 1967, reprinted in Noam Chomsky, *American Power and the New Mandarins: Historical and Political Essays*（New York: New Press, 2002）.

2 General Lee Butler, address to the Canadian Network Against Nuclear Weapons, Montreal, Canada, 11 March 1999.

3 General Lee Butler, "At the End of the Journey: The Risks of Cold War Thinking in a New Era," *International Affairs* 82, no. 4（July 2006）: 763–769.

4 General Lee Butler, address to the Canadian Network Against Nuclear Weapons, 11 March 1999.

5 McGeorge Bundy, *Danger and Survival: Choices About the Bomb in the First Fifty Years*（New York: Random House, 1988）, 326.

6 Ibid.

7 James Warburg, *Germany: Key to Peace*（Cambridge, MA: Harvard University Press, 1953）, 189; Adam Ulam, "A Few Unresolved Mysteries About Stalin and the Cold War in Europe," *Journal of Cold War Studies* 1, no. 1（Winter 1999）: 110–116.

8 Melvyn P. Leffler, "Inside Enemy Archives: The Cold War Reopened," *Foreign Affairs* 75, no. 4（July/

August 1996）.

9 Noam Chomsky and Irene Gendzier, "Exposing Israel's Foreign Policy Myths: The Work of Amnon Kapeliuk," *Jerusalem Quarterly* 54, Summer 2013.

10 Benjamin B. Fischer, "A Cold War Conundrum: The 1983 Soviet War Scare," Center for the Study of Intelligence, 7 July 2008, https://www.cia.gov/library/center-for-the-study-of-intelligence/csi-publications/books-and-monographs/a-cold-war-conundrum/source.htm; Dmitry Dima Adamsky, "The 1983 Nuclear Crisis—Lessons for Deterrence Theory and Practice," *Journal of Strategic Studies* 36, no.1（2013）: 4–41.

11 Pavel Aksenov, "Stanislav Petrov: The Man Who May Have Saved the World," BBC News Europe, 26 September 2013, http://www.bbc.com/news/world-europe-24280831.

12 Eric Schlosser, *Command and Control: Nuclear Weapons, the Damascus Accident, and the Illusion of Safety*（New York: Penguin, 2013）.

13 President Bill Clinton, Speech before the UN General Assembly, 27 September 1993, http://www. state.gov/p/io/potusunga/207375.htm; Secretary of Defense William Cohen, Annual Report to the President and Congress: 1999（Washington, DC: Department of Defense, 1999）http://history.defense. gov/Portals/70/Documents/annual_reports/1999_DoD_AR.pdf.

14 "Essentials of Post–Cold War Deterrence," declassified portions reprinted in Hans Kristensen, *Nuclear Futures: Proliferation of Weapons of Mass Destruction and US Nuclear Strategy*, British American Security Information Council, Appendix 2, Basic Research Report 98.2, March 1998.

15 Michael Sherry, *The Rise of American Airpower: The Creation of Armageddon*（New Haven, CT: Yale

University Press, 1987）.

16 Jon B. Wolfstahl, Jeffrey Lewis, and Marc Quint, *The Trillion Dollar Nuclear Triad: US Strategic Nuclear Modernization over the Next Thirty Years*, James Martin Center for Nonproliferation Studies, January 2014, http://cns.miis.edu/opapers/pdfs/140107_trillion_dollar_nuclear_triad.pdf. 另參見 Tom Z. Collina, "Nuclear Costs Undercounted, GAO Says," *Arms Control Today*, July/August 2014.

17 White House, Office of the Press Secretary "Remarks by the President at the National Defense University," press release, 23 March 2013, https://www.whitehouse.gov/the-press-office/2013/05/ 23 / remarks-president-national-defense-university.

18 Jeremy Scahill, *Dirty Wars: The World Is a Battlefield*（New York: Nation Books, 2013）, 450, 443.

第十六章
始終不斷違犯的停火

二〇一四年八月二十六日，在以色列攻擊加薩五十天，造成二千一百名巴勒斯坦人喪生及全面殘破之後，以色列和巴勒斯坦臨時政府達成停火協議。協議要求以色列和哈馬斯雙方都停止軍事行動，以及以色列放鬆已經扼殺加薩許多年的包圍行動。

這次的停火協議就和近年來一系列停火協議一樣，是在每次以色列定期性升高對加薩的無情攻擊之後又達成的協議。一直以來，這些協議的條件基本上大都相同。一般的常態是以色列旋即不理會講好的協議，而哈馬斯遵守以色列激烈增加暴力、造成哈馬斯回應，然後以色列又更加凶暴地動武。這種節節升高的情況，以色列人通常稱之為「剪草坪」，不過二〇一四年以色列的行動，被一位大吃一驚的美國高階將官更準確地稱為「剷除表層覆土」。

近年來這一系列停火協議，以二〇〇五年十一月以色列和巴勒斯坦臨時政府成立的「移動與進出協定」（Agreement on Movement and Access）首開其端。它要求在拉法開啟加薩和埃及之間的往來，准許商品出口及人員流通；以色列和加薩之間也持續開放通行，准許商品進出口和人員流通；降低在約旦河西岸地區移動的障礙；准許西岸和加薩之間巴士及卡車通行；在加薩興建海港；以及重新啟用被以色列炸毀的加薩機場。

停火協議達成前不久，以色列才從加薩撤走屯墾者和軍隊。魏斯格拉士是當時以色列總理夏隆的親信，負責停火的談判及執行。他對以色列撤退的動機提出調侃意味十足的說明。魏斯格拉士解釋：「撤退其實是甲醛溶液。它供應足夠數量的甲醛溶液，以便不必與巴勒斯坦人啟動政治進程。」[1]背後，以色列鷹派注意到，與其投資大量資源在已經戰禍連綿的加薩地區不法補貼的社區，維持幾千個屯墾者，還不如把他們遷移到以色列有心保留，不交還的西岸地區，同樣是不法補貼的社區。

撤退被描繪成追求和平的高尚行為，但實情不然。以色列從來沒有放棄對加薩的控制，以及因而被聯合國、美國和其他國家承認為占領國。以色列學者澤塔爾（Idith Zertal）和艾爾達（Akiva Eldar）對占領區拓墾史進行詳盡的研究，他們說明以色列「撤退」的真相：這片兵連禍結的地區「一天都沒有脫離以色列的軍事控制，或是居民每天付出遭受占領的代價。」撤退之後，「以色列留下一片焦土、破壞殆盡的服務，以及沒有今天，也沒有未來的居民。屯墾區由閉塞的占領者，以自私的方式拆毀，而占領者實際上繼續控制本地區，並以它強大的軍事力量殺害及侵擾其居民。」[2]

鑄鉛行動和防務之柱行動

以色列很快就找到藉口，更嚴重地違反二〇〇五年十一月的協議。二〇〇六年一月，巴勒斯坦人犯了嚴重的罪行，在仔細監視的自由選舉中投票「投錯方向」，使得哈馬斯掌控住巴勒斯坦臨時政府議會。以色列和美國立刻祭出嚴厲制裁，非常清楚地告訴全世界，他們所謂的「促進民主」是怎麼一回事，也立即開始策畫軍事政變，以便推翻他們不能接受的民選政府。這可是我們習慣看到的做法。哈馬斯在二〇〇七年破獲政變陰謀，以色列對加薩的包圍更加嚴厲，定期展開軍事攻擊。在自由選舉中投票給不同立場的人已經夠糟糕，制止美國策畫的軍事政變更是不能饒恕的罪行。

二〇〇八年六月，以巴雙方又達成新的停火協議。又要求開啟邊境，「允許被禁止及限制進入加薩的所有商品可以流通」。以色列正式同意協議，但是立刻就宣布，除非哈馬斯釋放被他們扣留的以色列士兵夏立特（Gilad Shalit），否則不會遵守協議。

以色列本身有長久的歷史，在黎巴嫩及公海綁架平民，並且長期扣押他們，提不出有可信度的控訴，有時候乾脆就把他們當作是人質。在以色列控制地區，以頗有疑問的罪名，或根本莫須有的罪名就拘押平民，這也是司空見慣的手法。

以色列不僅違反二〇〇八年停火協議，繼續包圍加薩，還極端強力執行包圍動作，不准照料大量加薩難民的聯合國賑濟及工程總署（United Nations Relief and Works Agency）人員補充物資。[3]十一月四日，媒體都聚焦在美國總統大選的結果時，以色列軍隊開進加薩，殺死六個哈馬斯民兵。這一來逼得哈馬斯發射飛彈，雙方交火。（死的全是巴勒斯坦人。）十二月底，哈馬斯提議恢復停火。以色列考慮過後，拒絕停火，寧可發動「鑄鉛行動」。為期三週，以色列大軍開進加薩走廊，全力掃蕩，造成的暴行被國際組織和以色列的人權團體統統紀錄下來。二〇〇九年一月八日，「鑄鉛行動」全力掃蕩之際，聯合國安理會在美國棄權下，一致表決通過決議，要求「立即停火，以色列全部撤退，不得阻撓食物、燃料和醫療救治進出加薩，並且增強國際安排，防止武器及彈藥走私。」[4]

雙方的確又達成與從前相似的停火協議，但是再度未受到遵守，在下一次重大的剪草坪活動，即二〇一二年十一月的「防務之柱行動」中更是完全瓦解。從二〇一二年一月起，至同年十一月發動「防務之柱行動」這段期間的情況，我們以傷亡數字做說明：每有一個以色列人被從加薩發射的火砲打死，以色列砲火就打死七十八個巴勒斯坦人。[5]

「防務之柱行動」的第一幕就是打死哈馬斯民兵的高級幹部賈巴里（Ahmed Jabari）。以色列大報《國土報》（*Ha'aretz*）總編輯賓恩（Aluf Benn）形容賈巴里是以色列在加薩的「下包商」，在過去五年多負責執行本地相對的安靜。當然，這項謀殺也有藉口，不過以色列和平運動者巴斯金（Gershon Baskin）提出可能的原因。巴斯金多年來和賈巴里有過直接談判的經歷；他報導說：賈巴里在遇害前幾個小時，「收到與以色列永久停戰協定的草約，它包括萬一以色列和加薩走廊各派系又起衝突時如何維持停火的機制。」[6]

以色列有長久的歷史紀錄，要破壞外交解決方案可能構成的威脅。

經過這番剪草坪行動，以巴雙方又再度達成停火協定。重申已經是陳腔濫調的條件，要求雙方停止軍事行動，並且有效地終止對加薩的包圍，規定以色列要「開放關口，便捷人口移動和貨物轉運，並且節制限縮居民自由行動。」[7]

國際危機集團（International Crisis Group）中東事務分析家瑟拉爾（Nathan Thrall）檢討接下來的發展。以色列情報機關承認哈馬斯遵守停火的條件。瑟拉爾寫道：「因此，以色列不認為它遵守協議會有什麼好處。停火之後三個月，以軍定期侵入加薩，掃射巴勒斯坦農民和越界來撿破銅爛鐵的人，也向船隻開槍，阻止漁民進出大部分加薩水域。」換句話說，包圍根本沒停止。「關口不斷關閉。在加薩之內所謂的緩衝區（巴勒斯坦人不得進入的禁區，包約占加薩走廊有限的可耕地三分之一以上）又恢復。進口下降，出口受堵，愈來愈少加薩居民能申請到許可前往以色列和西岸地區。」[8]

保護邊界行動

事情就這麼一路持續下去，直到二〇一四年四月發生一件重大事件。巴勒斯坦人的兩大團體：盤據加薩的哈馬斯，和位於西岸由法塔掌控的巴勒斯坦臨時政府，簽訂團結協定。哈馬斯做出重大讓步；團結政府裡沒有一個它的成員或盟友。瑟拉爾注意到，哈馬斯把加薩的治理權交給巴勒斯坦臨時政府。數千名臨時政府保安部隊進駐加薩，臨時政府派衛兵守衛邊界和關口；但是哈馬斯並未對等享有派兵加入西岸保安部隊的待遇。團結政府終於接受華府和歐盟長久以來要求的三個條件：不使用暴力，遵守過去的協議，以及承認以色列。

以色列卻氣壞了。政府立刻宣布拒絕與團結政府打交道，並且取消談判。當美國和世界大部分國家表示支持團結政府時，以色列更是怒氣沖天。

以色列反對巴勒斯坦團結是有原因的。第一，哈馬斯和法塔內鬨給予以色列藉口拒絕進行認真的談判。以色列怎麼能夠跟一個分裂的實體談判呢？更重要的是，過去二十多年，以色列一直努力要把加薩和西岸分隔開；這一點違背奧斯陸協議的精神，因為它把加薩和西岸視為巴勒斯坦國不可分割的領土。我們一看地圖，就明白它的道理：西岸地區若與加薩分開，巴勒斯坦人就無法與外在世界連通。

再者，以色列一直有系統地接管約旦河谷，驅逐巴勒斯坦人、建立屯墾區、挖井等等，俾便這個區域——約占西岸地區三分之一面積，涵蓋許多可耕地——最後能和以色列占領的其他地區併入以色列，因此剩下來的巴勒斯坦人村落將完全形同監獄。西岸若與加薩統一就會破壞整個計畫，這套計畫可以上溯到占領初期，已經得到主要政治團體的支持，連一向被視為鴿派人物的前任總統裴瑞斯也支持；他就是把屯墾區推進到西岸的設計師之一。

和往常一樣，以色列需要有個藉口才能升高緊張。由於西岸屯墾區三名以色列男童遭到殘殺，以色列抓到機會，鎖定哈馬斯猛烈攻擊十八天。九月二日，《國土報》報導，經過深入調查，以色列特務機關認定，綁架這三個青少年是出自一個「獨立的單位」，與哈馬斯沒有直接關聯。[9]這時候，一連十八天的攻擊已經「重重傷害以色列人畏懼的團結政府」。

哈馬斯終於反擊，發動十八個多月來第一次火箭攻擊，以色列逮到理由在七月八日發動「保護邊界行動」。五十天的攻擊證明是迄今最極端的剪草坪作業。

仍待命名的行動

以色列今天處於很好的地位，可以翻轉數十年來隔離加薩和西岸的政策，以及第一次遵守主要的停火協議。至少在目前，鄰國埃及的威脅已經降低，阿濟西（Abdul Fattah al-Sisi）將軍領導的殘暴的埃及軍事獨裁政府，是以色列想要維持控制加薩的可喜的盟友。

巴勒斯坦團結政府派出由美國培訓的臨時政府保安部隊，控制加薩邊界，治理權也可能轉移給生存及財務都依賴以色列的臨時政府，以色列可能覺得不必太害怕巴勒斯坦人某種有限度的自治。納坦雅胡總理的觀察可能也不無道理。他說：「今天本區域許多人士了解，在他們備受威脅的奮鬥當中，以色列並不是敵人，而是夥伴。」[10]然而，以色列著名的外交事務記者艾爾達補充說：「所有這些『本區域許多人士』也了解，如果沒有以一九六七年邊界為基礎建立巴勒斯坦國，以及針對難民問題達成協議，公正提出解決方案，就不會有任何勇敢和全面的外交行動。」他指出，這並不在以色列的議程上。[11]

以色列某些消息靈通的評論家，尤其是專欄作家魯賓斯坦，相信以色列已經站上反轉的道路，即將放鬆它對加薩的嚴密控制。這一點我們拭目以待。

過去這些年的紀錄指向的是另一個不同的方向，而且第一個跡象並不吉利。「保護邊界行動」甫告停止，以色列就宣布三十年來在西岸地區最大規模的徵收土地，面積將近一千英畝。以色列電台報導，這是回應三名猶太青少年被「哈馬斯民兵」殺害才推出的徵收行動。為了報復三人遇害，有個巴勒斯坦青少年遭活活燒死，但是以色列沒把土地交還給巴勒斯坦人。有位以色列士兵在希伯崙附近難民營僻靜的街角殺害十歲男童阿南提（Khalil Anati），然後駕駛吉普車揚長而去，聽任阿南提流血身亡；這件事卻沒有產生任何反應。[12]

根據聯合國的統計，以色列攻擊加薩期間，西岸地區也有二十三名巴勒斯坦人被殺，包括三名小孩，阿南提就是其中之一；另外還有二千多人負傷，百分之三十八是當場遭到格殺或槍傷。以色列記者李維（Gideon Levy）報導：「被殺的人沒有一個危害到士兵的性命。」[13]沒有任何一樁殺戮事件引起任何反應，這就和過去十四年，平均每週以色列人殺死兩名多巴勒斯坦孩童，都沒有激起反應一模一樣。他們根本沒被當作是人看待。

雙方都有人說，如果由於以色列接管巴勒斯坦土地，兩國制解決方案胎死腹中，那麼結果將是在約旦河西岸只有一個國家。有些巴勒斯坦人歡迎這種結果，期待他們可以效仿南非種族隔離時期的模式，進行民權鬥爭、爭取平等權利。許多以色列評論家對此提出警告，認為阿拉伯人生育率比猶太人高，加上猶太人移民人數減少，會產生「人口問題」，勢必傷害到「民主的猶太人國家」。

不過，這個普遍的信念似是而非。對於兩國制解決方案比較符合實情的另類選擇是，以色列將繼續執行它已經推動多年的計畫，接管西岸地區它認為有價值的土地，同時避免巴勒斯坦人聚集在某一地區，並且把巴勒斯坦人移出被兼併進以色列的地區。這就可以預防可怕的「人口問題」。

這些基本政策其實從一九六七年征服以來就已經推動，遵循當時國防部長戴陽（Moshe Dayan）宣示的一個原則。戴陽算是最同情巴勒斯坦人的以色列領導人之一。但是他告訴同黨同志，他們應該告訴西岸地區的巴勒斯坦難民，「我們沒有解決方案，你們應該繼續活得跟狗一樣。你若想離開，請便，讓我們等著瞧這個進程會這麼走吧。」[14]

日後出任總統的赫佐格（Chaim Herzog）一九七二年講出一個概念，就很自然地包含此一建議。他說：「我不否定巴勒斯坦人在每件事上有個立場或意見……但是在賜予我們民族已經有數千年之久的這塊土地上，我肯定絕對不預備承認他們是個夥伴。對於這塊土地上的猶太人而言，我們不能有任何夥伴。」戴陽也主張以色列「永久治理」占領區。[15]當納坦雅胡在今天表達相同立場時，他並沒有另闢新局。

過去一個世紀，猶太復國主義者殖民統治巴勒斯坦其實主要遵循務實的原則，即悄悄建立既成事實，讓世界最後也接受它。這一直是相當成功的政策。我們有理由相信，只要美國繼續提供必要的軍事、經濟、外交和意識型態上的支持，這個政策就會堅持下去。對於關心備受欺凌的巴勒斯坦人權利的人士而言，最高的優先工作應該是努力設法改變美國政策。

---

1 Ari Shavit, "The Big Freeze," *Ha'aretz*, 7 October 2004.

2 Idith Zertal and Akiva Eldar, *Lords of the Land: The War for Israel's Settlements in the Occupied Territories, 1967–2007*（New York: Nation Books, 2007）, xii.

3 United Nations, "United Nations Relief, Works Agency for Palestine Refugees Copes with Major Crises

in Three Fields of Operations, Commissioner- General Tells Fourth Committee," press release, 29 October 2008, http://www.un.org/press/en/2008/gaspd413.doc.htm.

4 United Nations Security Council, "Security Council Calls for Immediate, Durable, Fully Respected Ceasefire in Gaza Leading to Full Withdrawal of Israeli Forces," press release, 8 January 2009, http://www.un.org/press/en/2009/sc9567.doc.htm.

5 Isabel Kershner, "Gaza Deaths Spike in 3rd Day of Air Assaults While Rockets Hit Israel," *New York Times,* 10 July 2014.

6 Amos Harel, Avi Issacharoff , Gili Cohen, Allison Kaplan Sommer, and news agencies, "Hamas Military Chief Ahmed Jabari Killed by Israeli Strike," *Ha'aretz,* 14 November 2012.

7 Reuters, "Text: Cease-Fire Agreement Between Israel and Hamas," *Ha'aretz,* 21 November 2012.

8 Nathan Thrall, "Hamas's Chances," *London Review of Books* 36, no. 16（21 August 2014）: 10–2.

9 Amos Harel, "Notes from an Interrogation: How the Shin Bet Gets the Low-Down on Terror," *Ha'aretz,* 2 September 2014.

10 Akiva Eldar, "Bibi Uses Gaza as Wedge Between Abbas, Hamas," *Al-Monitor,* 1 September 2014.

11 Ibid.

12 Gideon Levy and Ariel Levac, " Behind the IDF Shooting of a 10-Year-Old Boy," *Ha'aretz,* 21 August 2014.

13 Gideon Levy, "The IDF's Real Face," *Ha'aretz,* 30 August 2014.

14 Zertal and Eldar, *Lords of the Land,* 13.

15 Noam Chomsky, *Deterring Democracy*（New York: Hill and Wang, 1991）, 435.

第十七章
美國是帶頭的恐怖主義國家

假設《真理報》（*Pravda*）頭條新聞報導俄國特務機關ＫＧＢ有一項研究，檢討克里姆林宮在全球各地進行的重大恐怖活動，以便確認它們的成敗因素。最後結論是：不幸，成功的案例很少，因此必須重新思考政策。假設這篇文章又引述普丁總統表示，他要求ＫＧＢ進行調查，以便找出「出資及提供武器給某個國家的叛亂而實際成功的案例，可是他們舉不出太多案例。」因此他不大願意繼續下去。

幾乎是無從想像，假設真的出現這樣一篇報導，憤怒、責備之聲必定響徹雲霄，俄羅斯一定遭到強烈譴責，或許更慘，不僅公開承認犯下狠毒的恐怖紀錄會遭到批評，領導人和政治圈的反應（除了俄羅斯的國家恐怖活動成功，及做法是否能夠改進之外，並不關切其他），也會遭到批評。

我們的確很難想像可能會出現這樣一篇報導，只不過事實上，近來的確出現——差不多出現。

二〇一四年十月十四日，《紐約時報》頭條新聞報導中央情報局有一項研究，檢討白宮在全球各地進行的重大恐怖活動，以便確認它們的成敗因素，得出上述結論。文章又引述歐巴馬總統表示，他要求中央情報局進行此一調查，以便找出「出資及提供武器給某個國家的叛亂而實際成功的案例，可是他們舉不出太多案例。」因此他不大願意繼續下去。[1]

美國各界並未出現憤怒、責備之聲；靜悄悄的，水波不興。結論似乎相當清楚。按照西方的政治文化，大家認為很自然也很恰當，自由世界領導人應該是個恐怖主義流氓國家，應該公開宣布他在這種罪行上很出名。而且也很自然、很恰當，這位當家執政的諾貝爾和平獎得主、自由派憲法律師，應該只關心如何更有效地執行這些活動。

仔細再檢視，這個結論就更加確定。

《紐約時報》的報導開宗明義就提到美國的行動遍及「安哥拉、尼加拉瓜和古巴」。讓我們再添加上它沒提到的東西，取材自吉列傑西在其近著《自由的願景》（*Visions of Freedom*）中首開先例的研究，揭露古巴在解放非洲所扮演的角色。[2]

在安哥拉，美國和南非聯手提供重大支援給沙文比（Jonas Savimbi）所領導的恐怖團體「爭取安哥拉全面獨立全國聯盟」部隊。沙文比在詳盡監督的自由大選中慘敗，南非又撤銷對他的支持之後，美國仍繼續支持他。英國駐安哥拉大使高定（Marrack Goulding）對沙文比的評語是：「這個惡棍對權力的愛慕已經使人民水深火熱，吃足苦頭。」中央情報局派駐鄰近的金夏沙（Kinshasa）站長也附和這個說法。他提出警告說，支持這個惡棍「不是好主意」，「因為沙文比劣跡昭彰，非常殘忍。」[3]

儘管美國支持在安哥拉的恐怖活動殺人如麻，古巴軍隊把南非侵略者趕出國境，也迫使他們離開非法占領的納米比亞，替安哥拉大選打開一條路；按照《紐約時報》的報導，沙文比在選敗之後，「完全貶抑將近八百位外國選舉觀察員認為投票……大體上自由與公平的觀點」，繼續在美國支持下進行恐怖戰爭。[4]

曼德拉終於獲釋出獄之後，稱贊古巴在解放非洲及終結種族隔離方面的成就。曼德拉宣稱：「我在獄多年期間，古巴是個啟示，卡斯楚是力量的巨塔……（古巴的勝利）摧毀了白人壓迫者力量無敵的神話，啟發南非反抗的大眾……是我們大陸，和我們人民，從種族隔離的災難解放的轉捩點……還有什麼國家能比得上古巴，展現它和非洲的關係有更大無私的紀錄？」[5]

反之，恐怖份子司令官季辛吉則對「小人物」卡斯楚的不聽話「深惡痛絕」，李歐葛蘭迪（William LeoGrande）和孔布勞（Peter Kornbluh）根據近年解密文件所寫的書《通往古巴的另一管道》（*Back Channel to Cuba*）指出，季辛吉覺得卡斯楚應該被「粉碎」。[6]

關於尼加拉瓜，我們不需要細贅雷根的恐怖戰爭，國際法院命令華府停止其「非法使用武力」，意即犯下國際恐怖主義活動，並支付大量賠償之後，華府照樣我行我素。聯合國安理會通過一項決議，要求所有國家，意即美國，遵守國際法，華府逕予否決。[7]然而，我們也應該承認，雷根針對尼加拉瓜的恐怖戰爭——「政治家」老布希持續打下去——並沒有比他在薩爾瓦多和瓜地馬拉所熱切支持的國家恐怖主義，破壞更加凶猛。尼加拉瓜具有優勢，它有一支軍隊對抗美國撐腰的恐怖主義力量；而在其鄰國，攻擊老百姓的恐怖份子卻是由華府裝備和訓練的國家安全部隊。

古巴方面，華府的恐怖作戰是由甘迺迪總統和他弟弟、司法部長羅伯・甘迺迪所全力發動，以懲罰古巴人擊敗美國所發動的豬灣入侵作戰。這場恐怖戰爭規模並不小。它涉及到四百個美國人、兩千個古巴人、一支民間海上快艇部隊和五千萬美元的年度預算。它一部分由中央情報局邁阿密站主持，等於違反《中立法》，也違反禁止中央情報局在美國國內作業的法令。美方的作業包括炸毀旅館和工業設施、擊沉古巴漁船、毒害作物和畜產、汙染出口蔗糖等等。某些作業沒有經由中央情報局明確核准，是由它出資、支持的恐怖分子代為執行，其實箇中差別無關緊要。

前文已經提到，這場代號「貓鼬行動計畫」的恐怖戰爭就是赫魯雪夫送飛彈到古巴，引爆「飛彈危機」的因素；這場危機不祥地差一點就造成人類存亡付之一炬的核子戰爭。美國在古巴的「作業」絕非小事。

這場恐怖戰爭有一個相當小的部分倒是受到各方注意，那就是美方多次企圖暗殺卡斯楚，不過一般都說那只是中央情報局幼稚的詭計。除此之外，在古巴究竟發生什麼狀況，沒有引起太大興趣或評論。第一本認真探討此一恐怖戰爭對古巴人的影響之英文專書，是二〇一〇年加拿大研究人員波連德的《來自另一方的聲音》，這份有價值的研究卻遭到漠視。[8]《紐約時報》有關美國從事恐怖戰爭報導所列舉的這三個事例，只是冰山的一角。縱使如此，報界能夠承認華府致力殘殺善良和破壞的恐怖作業，以及這一切在政治圈不受重視，美國被認為應該是恐怖主義超級大國、不受國際法和文明規範羈束，這一切乃是常態，已經屬於難能可貴。

奇怪的是，世界可能並不認同美國。全球民調顯示，美國被認為是對世界和平最大的威脅，贊同這個看法的人遠遠超過不贊同的人。[9]幸運的是，美國人並不知道這個不重要的訊息。

1 Mark Mazzetti, "C.I.A. Study of Covert Aid Fueled Skepticism About Helping Syrian Rebels," *New York Times,* 14 October 2014.

2 Piero Gleijeses, *Visions of Freedom: Havana, Washington, Pretoria and the Struggle for Southern Africa, 1976–1991*（Chapel Hill: University of North Carolina Press, 2013）.

3 Noam Chomsky, *Pirates and Emperors, Old and New: International Terrorism in the Real World*（Chicago: Haymarket Books, 2015）, p. viii.

4 Kenneth B. Nobel, "Savimbi, Trailing, Hints at New War," *New York Times,* 4 October 1992.

5 Isaac Risco, "Mandela, a Loyal Friend of Cuba's Fidel," *Havana Times,* 7 December 2013.

6 William M. LeoGrande and Peter Kornbluh, *Back Channel to Cuba: The Hidden History of Negotiations Between Washington and Havana*（Chapel Hill: University of North Carolina Press, 2014）, 145.

7 Summary of International Court of Justice ruling, "The Military and Paramilitary Activities In and Against Nicaragua," *Nicaragua v. United States of America,* 27 June 1986, http://www.icj-cij.org/docket/?sum=367&p1=3&p2=3&case=70&p3=5.

8 Keith Bolender, *Voices From the Other Side: An Oral History of Terrorism Against Cuba*（London: Pluto Press, 2010）.

9 WIN/Gallup International, "End of Year Survey 2013," http://www.wingia.com/en/services/end_of_yearsurvey_2013/7/.

第十八章
歐巴馬的歷史性行動

美國和古巴建立外交關係被普遍稱譽為重大的歷史事件。記者安德森（Jon Lee Anderson）對加勒比海地區常有敏銳的觀察，他在《紐約客》（*New Yorker*）雜誌上總結自由派知識份子一般的反應，寫道：

歐巴馬已經展現他可以是個有歷史分量的政治家。這一刻，卡斯楚（Raul Castro）也是。對古巴人而言，這一刻不僅感情上得以宣洩，對歷史也有改造功效。他們和北方富強的美國鄰居的關係從一九六〇年代凍結，迄今已經五十年。他們的命運也超現實地遭到凍結。對美國人而言，這件事也很重要。與古巴恢復和平使我們一下子又回到美國在全世界各地普受愛戴的黃金時期，當時年輕、英俊的甘迺迪當總統——越戰還未發生、阿彥德還未被推翻、伊拉克和其他所有不幸事情都還未出現——也使我們又對自己感到自豪，終於做對了事。[1]

過去並不像深鑄人心的甘美樂形象那麼詩情畫意。甘迺迪不是「在越南之前」，或甚至在阿彥德和伊拉克之前，但是我們先擱下不談。甘迺迪總統就任時，在越南，美國所扶植的吳廷琰政府的殘暴不仁終於引起國內抵抗，它控制不了情勢。

甘迺迪因此立刻把美國的干預升高為直接侵略，下令美國空軍轟炸南越（打出南越的旗號，其實根本騙不了人），批准以燃燒彈和化學武器摧毀作物和家禽家畜，並且發動計畫把農民趕進實質上的集中營，美其名為「保護」他們不受游擊隊侵襲，其實華府心知肚明農民大多支持越共游擊隊。

到了一九六三年，來自現場的報告似乎顯示甘迺迪的戰爭成功在望，但是此時卻出現嚴重的問題。八月間，美國獲悉吳廷琰政府正在設法與北越談判以結束衝突。

如果甘迺迪有絲毫撤出之心，這是最完美的機會可以優雅地脫身，不會有政治代價。他甚至可以一如往常的作風，聲稱在美國的堅忍不拔和堅守原則捍衛自由之下，迫使北越「投降」。可是，華府反其道而行，支持軍事政變，扶立更吻合甘迺迪真正心意的鷹派將領。政變過程中，吳廷琰總統和他的弟弟遭到謀殺。鑒於勝利明顯在望，甘迺迪勉強接受國防部長麥納馬拉開始撤軍的提議（國家安全行動二六三號備忘錄），但是附加一個關鍵性的但書：

真正勝利後才撤軍。甘迺迪執意堅持這個立場，直到幾個星期之後自己遇刺身亡。關於這些事件，坊間謠言紛飛，但是都經不起豐富的文獻紀錄的考驗。[2]

在其他地方的故事也沒有如甘美樂傳說那般詩情畫意。甘迺迪在一九六二年所做的決策，其中之一影響至為深遠，就是他把拉丁美洲國家軍隊的使命由「西半球防衛」轉變為「國內安全」，給西半球帶來可怕的後果。不贊同國際關係專家葛連諾（Michael Glennon）所謂「故意無知」的人士可以輕易補充細節。[3]

在古巴問題上，甘迺迪繼承艾森豪的禁運政策和推翻卡斯楚政權的正式計畫，他立刻升高為豬玀灣登陸攻擊。豬玀灣進擊失敗在華府引起近似歇斯底里的反應。豬玀灣登陸失敗後的第一次內閣會議，國務次卿鮑爾斯（Chester Bowles）私下注意到，氣氛「十分狂暴，對行動計畫有幾近狂亂的反應。」[4]甘迺迪在公開聲明上語調激昂，但私底下他也承認，盟國「認為我們（在古巴議題上）有點瘋狂」。[5]這不是沒有理由的。

甘迺迪的行動與言語是一致的。

現在，華府開始辯論是否應該把古巴從支持恐怖主義的國家之名單上剔除。這個問題讓我們想起塔西陀（Tacitus）的話：「罪行一旦被揭露就無所遁逃，只剩下膽大妄為。」[6]感謝「知識份子的背叛」，它並沒有被揭露。

甘迺迪遭到暗殺身亡之後，詹森繼任總統，放鬆針對古巴的恐怖政策，不過還是持續到一九九〇年代。他不預備讓古巴過著和平安逸的日子。他向傅爾布萊特（William Fulbright）參議員解釋，雖然「我沒有參與豬灣決策」，但是他希望聽取建言，「我們應該怎麼做，比目前的做法更讓他們神經緊繃。」[7]拉丁美洲歷史學家舒爾茲說：「此後，讓他們神經緊繃一直是美國的政策。」[8]

當然有些人覺得這種細膩手法不夠。譬如，尼克森的內閣成員海格（Alexander Haig）就要求總統：「交代我一句話，我立刻把這個王八羔子小島夷平為停車場。」[9]他的尖牙利嘴鮮明地透露華府長期以來對「這個地獄般的古巴小國」的挫折感。這是老羅斯福氣急敗壞痛罵古巴的話，當時古巴不肯接受美國一八九八年進占，因為它將阻礙古巴從西班牙解放出來，變成美國實質殖民地。當然，老羅斯福英勇攻占聖胡安山頭（San Juan Hill）是個高尚的行動。（一般都不談真正攻克山頭的功勞應該歸於非洲裔美國人部隊。）[10]

歷史學家裴瑞茲（Louis Perez）寫道，這場戰爭在美國國內被贊譽為「解放」古巴的人道行動，它達成真正的目標。「古巴解放戰爭轉變成美國征服的戰爭」，使用帝國意味濃厚的命名「美西戰爭」，意在遮掩古巴人的勝利，因為它很快就因美國的入侵而中斷。戰爭的結果去除掉「自從傑佛遜以來所有北美洲決策者的詛咒：古巴獨立」此一焦慮。[11]

兩個世紀之後的變化可真大呀！

過去五十年，美、古兩國之間也有過一些改善關係的努力。李歐葛蘭迪和孔布勞在《通往古巴的另一管道》一書中有詳細探討。[12]我們是否應該對歐巴馬採取的做法「感到自豪」或許還有待辯論，但它們是「正確的事」，即使還是不顧全世界的意向（以色列是例外），嚴厲的禁運還是存在，觀光旅遊還是不准。歐巴馬總統向全國演說，宣布新政策時，明白表示在別方面，將持續懲罰古巴不肯向美國意志和武力低頭，他所重申的藉口已經太荒謬，不值得一評。

然而，值得注意的是歐巴馬總統以下這段話：

美國很自豪，過去五十年一直支持古巴的民主與人權。我們主要透過旨在孤立此一島國的政策推動，禁止美國人在其他任何地方能夠享受的最基本的旅行和商業活動。雖然此一政策出自最佳的意圖，卻沒有其他國家和我們一起合作、實施這些制裁，除了提供古巴政府對其人民設立限制的理由之外，沒有太大效果……今天，我向大家坦誠報告。我們絕不能抹煞我們之間的歷史。[13]

我們不能不佩服這段宣示令人驚嘆的勇氣，又使我們想起塔西陀的話。歐巴馬當然不會不知道真正的歷史，不僅包括殺害不少人的恐怖戰爭和惡名昭彰的經濟禁運，還包括軍事占領古巴東南部（關達納摩灣）的重要港口。即使古巴獨立後，卡斯楚政府一再要求返還在槍尖下逼古巴人讓渡的失土也峻拒不還。這個政策只能以狂熱堅持要阻礙古巴經濟發展來解讀。相形之下，普丁不法占領克里米亞就顯得善良多了。報復古巴人強悍抗拒美國主宰的心理極其強大，以致於華府不理睬企業界有力部門：製藥業、農商業、能源業，要求關係正常化的希望，這是美國外交政策上極不尋常的一種發展。華府粗暴、鬥氣的政策實際上使得美國在西半球陷於孤立，並且引起全世界的蔑視和訕笑。美國和它的跟班喜歡自誇是「孤立」古巴——歐巴馬就是這麼說的——但是證據明白顯示，被孤立的是美國，它可能就是美國政策部分改變的主要原因。

國內民意毫無疑問也是歐巴馬做出「歷史性的行動」的因素，雖然民眾贊成關係正常化已經相當長久了。有線電視新聞網二〇一四年一項民調顯示，現在只有四分之一美國人認為古巴是對美國的嚴重威脅，相較於三十年前則有三分之二以上認為是；當時雷根總統提出警告，世界肉荳蔻之都（格瑞納達）和尼加拉瓜軍隊，離德州只有兩天距離，對美國人生命構成嚴重威脅。[14]這種恐懼感現在已逐漸消退，或許我們可以稍為放鬆警戒。

歐巴馬的決定引起廣泛評論，其中一派說法是，華府要把民主和人權帶給苦難的古巴人民，這個善舉因為中央情報局當年一系列孩子氣的陰謀詭計而失敗。我們崇高的目標未能達成，只好勉強改弦更張。

我們的政策失敗了嗎？那要看原訂目標是什麼。從文獻紀錄來看，答案很清楚。所謂古巴威脅是冷戰史上大家熟悉的威脅。當年即將上任的甘迺迪政府講得很清楚：美國關切的重點是，深怕古巴可能是「病毒」，會「散播傳染病」。歷史學家派特森（Thomas Paterson）觀察到：「古巴作為象徵和事實，挑戰美國在拉丁美洲的霸權。」[15]

對付病毒的方法就是殺死它，並且把可能的受害人統統實施預防接種。華府就是採行此一政策，而且成效不差。古巴存活下來，但是發揮潛力的能力受到抑制。美國在拉丁美洲區域扶立一些狠毒的軍事獨裁政府作為「預防接種」，甘迺迪發想的軍事政變在他遇刺身亡後不久付諸實現，最先在巴西建立一個恐怖和動用酷刑的政權。美國大使戈登（Lincoln Gordon）報回國務院的電文說，軍事將領發動「民主叛變」。這項革命是「自由世界的偉大勝利」，防止「西方整個丟掉所有的南美洲共和國」，應該可以「創造大為有利民間投資的環境」。戈登說，這項民主革命是「二十世紀中葉自由世界單一最具決定性的勝利」，也是這個時期「世界史上最重大的轉捩點之一」，它去除掉華府所認為的一個卡斯楚複製品。[16]

越戰也是如此，被認為是個敗筆，美國輸掉這場戰爭。越南本身並非美國特別關注的重點，文獻紀錄顯示，華府擔心越南獨立自主發展若是成功，可能在整個東南亞地區散播傳染病。越南實質上整個被摧毀了；它做不了任何人的樣板。這個地區也將藉由建立殺人如麻的獨裁政府而得到保護，就和同一年代在拉丁美洲的狀況一樣。在世界各地不同地區遵循相同路線的帝國政策，並非罕見現象。

越戰被形容是失敗，美國被擊敗。就現實而言，美國得到部分勝利。美國沒有達成把越南轉化為菲律賓的最高目標，但是主要的顧慮得到解決，和在古巴一樣。也因此，這種結果被認為是失敗、戰敗、可怕的決定。

帝國的心態是很奇妙的。

---

1 Jon Lee Anderson, "Obama and Castro Seize History," *New Yorker*, 18 December 2014.

2 Papers of John F. Kennedy, Presidential Papers, National Security Files, Meetings and Memoranda Series, National Security Action Memoranda, National Security Action Memorandum Number 263, John F. Kennedy Presidential Library and Museum, Boston, Massachusetts.

3 Michael Glennon, "Terrorism and 'Intentional Ignorance,'" *Christian Science Monitor*, 20 March 1986.

4 U.S. State Department Office of the Historian, Foreign Relations of the United States, 1961–1963, Document 158, "Notes on Cabinet Meeting," 20 April 1961, https://history.state.gov/historicaldocuments/frus1961-63v10/d158.

5 Ernest R. May and Philip D. Zelikow, eds., *The Kennedy Tapes: Inside the White House During the Cuban Missile Crisis*（Cambridge, MA: Harvard University Press, 1998）, 84.

6 Tacitus, *Annals of Tacitus*, Book XI（New York: Macmillan, 1888）, 194.

7 Michael R. Beschloss, Taking Charge: *The Johnson White House Tapes 1963–1964*（New York: Simon & Schuster, 1998）, 87.

8 Lars Schoultz, *That Infernal Little Cuban Republic: The United States and the Cuban Revolution*（Chapel Hill: University of North Carolina Press, 2011）, 5.

9 Nancy Reagan, *My Turn: The Memoirs of Nancy Reagan*（New York: Random House, 2011）, 77.

10 Theodore Roosevelt to Henry L. White, 13 September 1906, Roosevelt Papers, Library of Congress.

11 Noam Chomsky, *Hopes and Prospects*（Chicago: Haymarket Books, 2010）, 50.

12 William M. LeoGrande and Peter Kornbluh, B*ack Channel to Cuba: The Hidden History of Negotiations Between Washington and Havana*（Chapel Hill: University of North Carolina, 2014）.

13 White House, Office of the Press Secretary, "Statement by the President on Cuba Policy Changes," press release, 17 December 2014, https://www.whitehouse.gov/the-press-office/2014/12/17/ statement-president-cuba-policy-changes.

14 CNN/ORC Poll, 18–21 December 2014, http://i2.cdn.turner.com/cnn/2014/images/12/23/cuba.poll. pdf.

15 Chomsky, *Hopes and Prospects,* 116; Dennis Merrill and Thomas Paterson, *Major Problems in American Foreign Relations, Volume II: Since 1914*（Boston: Cengage Learning, 2009）, 394.

16 Noam Chomsky, *Deterring Democracy*（New York: Hill and Wang, 1991）, 228.

第十九章
只有兩條路

巴黎《查理週刊》（*Charlie Hebdo*）遭到恐怖攻擊，造成主編及四名插畫家在內合計十二人死亡，稍後不久一家猶太人超級市場又有四名猶太人遭到謀殺。法國總理瓦爾斯（Manuel Valls）因此宣布「對恐怖主義開戰，對聖戰開戰，對激進伊斯蘭開戰，對旨在破壞兄弟情誼、自由、團結的一切事物開戰。」[1]

數百萬人示威遊行譴責此一血腥暴行，並且高擎「我是查理」的大旗以示同仇敵愾。各界痛斥撻伐之聲可以用以色列勞工黨黨魁赫佐格（Isaac Herzog）作為代表；他說，「恐怖主義就是恐怖主義，沒有兩種不同說法」，又說，「所有追求和平與自由的國家」都面臨「殘酷暴力強大的挑戰」。[2]

這些罪行也引起大量評論，討論這種駭人聽聞的攻擊在伊斯蘭文化的根源，探討有什麼方法在不犧牲我們的價值下對抗視人命如草芥的伊斯蘭恐怖主義浪潮。《紐約時報》形容這次攻擊是「文明的衝突」，但是《紐約時報》專欄作家吉里哈拉達斯（Anand Giridharadas）提出糾正；他在推特上貼文說：這「不是也從來不是文明的戰爭，或不同文明之間的戰爭。這是對抗在界線另一端的團體，維護文明的戰爭。」[3]

《紐約時報》資深駐歐洲特派員厄蘭吉（Steven Erlanger）對巴黎的現場有很生動的描述：「警笛亂響，直升機在空中盤旋，慌亂的新聞快訊；警方拉起警戒線，民眾焦慮緊張；學童從學校疏散到安全處所。這一天，就和過去兩天一樣，在巴黎市內和市郊都是流血、恐怖的日子。」[4]

厄蘭吉也引述一位倖免於難的記者的話，此人說：「所有東西都倒下，找不到路逃生，到處是煙霧，非常可怕，人們尖叫哭喊，就像一場惡夢。」還有人說：「一聲爆炸巨響，完全陷入黑暗。」厄蘭吉報導，現場「愈來愈像玻璃破裂，牆壁塌毀，木梁折斷，油漆焦臭和情感震撼的現場。」

不過，獨立記者彼德生（David Peterson）提醒我們，上面一段所引述的這幾句話不是出自二〇一五年一月。它們出自一九九九年四月二十四日厄蘭吉發出的另一則報導，當時並沒有受到太多人注意。厄蘭吉當年報導的事件是北約組織「以飛彈攻擊塞爾維亞國家電視台總部」，使得塞爾維亞廣播電視台（Radio Television of Serbia, RTS）「斷訊」、十六名記者殉職。

厄蘭吉報導，「北約和美國官員為攻擊辯護，說是為了打擊南斯拉夫總統米洛塞維奇

（Slobodan Milosevic）政府。」五角大廈發言人貝坎（Kenneth Bacon）在華府的新聞簡報會上說，「塞爾維亞電視台和軍方一樣，都是米洛塞維奇謀殺機器的一部分」，因此遭到攻擊罪有應得。[5]

當時，沒有示威遊行、沒有眾聲嘩然抨擊，也沒有人高呼「我們都是塞爾維亞廣播電視台」以示聲援。更沒有深入調查基督教文化和歷史中有沒有濫肆攻擊的根源。反而，對塞爾維亞廣播電視台的攻擊受到稱讚。聲望很高的外交官郝爾布魯克（Richard Holbrooke）當時擔任南斯拉夫事務特使，他形容對塞爾維亞廣播電視台攻擊成功是「一件非常重要的大事，我認為這是正面的發展。」[6]

還有其他許多事件也沒有人要求研究西方文化和歷史：譬如，歐洲近年來發生一件最慘烈的恐怖暴行，基督徒極端的猶太復國主義者、仇恨伊斯蘭的極端份子布瑞維克（Anders Breivik）在二〇一一年七月屠殺七十七個人，其中絕大多數是青少年。

在「反恐戰爭」中被忽視掉的還有現代戰爭中最極端的一種恐怖作戰：歐巴馬政府在全球啟動無人機刺殺行動，誅殺涉嫌或許有意在他日傷害我們的人，也傷及到不幸湊巧在這些誅殺對象附近的人。其他的倒楣鬼也不乏其人。譬如美國在十二月轟炸敘利亞，炸死五十名平民，但是媒體上幾乎見不到報導。[7]

不過有一個人倒是因為涉及到北約組織攻擊塞爾維亞廣播電視台遭到懲罰：塞爾維亞法

院把電視台總經理米蘭諾維奇（Dragoljub Milanovic）處以有期徒刑十年，罪名是沒將大樓疏散淨空。前南斯拉夫罪行國際法庭（International Criminal Tribunal for the Former Yugoslavia）審理北約組織的攻擊，卻認為它不是罪行；雖然「不幸有許多（平民喪生），它們並不顯得清楚不合比例太高。」[8]

比較這些個案可以幫助我們了解，為言論自由強力辯護而出名的民權律師艾布蘭斯（Floyd Abrams）為何譴責《紐約時報》。艾布蘭斯寫道：「固然有需要自我節制的時候，但是在鮮明的記憶上發生對新聞業最具威脅的攻擊之當下，《紐約時報》編輯若參與其中，應該對言論自由更有貢獻。」換言之，應該披露《查理週刊》嘲諷穆罕默德而招致攻擊的漫畫。[9]

艾布蘭斯形容《查理週刊》遇襲是「鮮明的記憶上所發生對新聞業最具威脅的攻擊」，這是正確的。原因在於「鮮明的記憶」這個概念，這個小心建構起來的分類包含「他們」對我們的罪行，可是卻刻意排除掉「我們」對他們的罪行。後者不是罪行，而是高尚地捍衛最高的價值，有時候無心犯了錯。

「鮮明的記憶」這個有意思的分類還有其他許多例證。其中之一就是美軍陸戰隊二〇〇四年十一月攻擊法魯加（Fallujah），犯下美、英聯軍入侵伊拉克最惡劣的一樁罪行。攻擊始於占領法魯加總醫院（Fallujah General Hospital），而且罪行非常特殊。《紐約時報》在頭版上對此一罪行有顯著報導，還附上一張照片描述「病患和醫院員工被武裝士兵趕出房間，勒令或坐或躺在地上，由部隊將他們雙手反綁在背後。」占領醫院被認為是一樁功勞，因為「官員認為法魯加總醫院是民兵的宣傳武器，遭到關閉。」[10]

很顯然，關掉這個「宣傳武器」不是打擊言論自由，並不配列進「鮮明的記憶」。

這裡又出現其他問題。譬如，有人自然會問，法國如何透過《蓋索特法》（Gayssot Law）維護言論自由？這道法令一再受到執行，有效地賦予國家有權利決定「歷史事實」，懲罰偏離者。或者法國要如何維護「兄弟情誼、自由、團結」的神聖原則，把大浩劫倖存者羅姆人可憐的後裔驅趕到東歐遭受壓迫；或是在巴黎郊區讓來自北非的移民悽苦過日子，因而孕育出恐怖攻擊《查理週刊》的聖戰士。

任何睜大眼睛的人都會注意到，其他事件在鮮明的記憶中並未出現。譬如，三名記者二〇一四年十二月在拉丁美洲遭到暗殺，使那一年因公殉職的記者達到三十一人。自從二〇〇九年實質上經美國人核准的軍事政變以來，宏都拉斯每年有數十名記者遭到殺害，以人均記者喪生率來算，後政變的宏都拉斯可能榮登冠軍，但是它仍舊不算是在鮮活記憶中對言論自由的攻擊。

少數這幾個例子就足以證明非常專注、持續的一個通則：我們愈能把某些罪行怪罪到敵人身上，氣憤就能更大；我們罪行的責任愈大，因此我們愈應有所作為去結束它們，我們就可以愈不關心，進而遺忘。

和宏偉的言詞相反，並不是「恐怖主義就是恐怖主義，沒有兩種不同說法。」肯定就是被分做兩種：他們的和我們的。這種區分還不限於恐怖主義。

---

1 Dan Bilefsky and Maïa de la Baume, "French Premier Declares 'War' on Radical Islam as Paris Girds for Rally," *New York Times*, 10 January 2015.

2 Jodi Rudoren, "Israelis Link Attacks to Their Own Struggles," *New York Times*, 9 January 2015.

3 Liz Alderman, "Recounting a Bustling Office at Charlie Hebdo, Then a 'Vision of Horror,' " *New York Times*, 8 January 2015; Anand Giridharadas, https://twitter.com/anandwrites/status/552825021878771713.

4 Steven Erlanger, "Days of Sirens, Fear and Blood: 'France Is Turned Upside Down,' " *New York Times*, 9 January 2015.

5 除非另有註明，前述材料引自Steven Erlanger,"Crisis in the Balkans: Belgrade; Survivors of NATO Attack on Serb TV Headquarters: Luck, Pluck and Resolve," *New York Times*, 24 April 1999.

6 Amy Goodman, "Pacifica Rejects Overseas Press Club Award," *Democracy Now!*, Pacifica Radio, 23 April 1999.

7 Roy Gutman and Mousab Alhamadee, “U.S. Airstrike in Syria May Have Killed 50 Civilians,” McClatchyDC, 11 January 2015.

8 David Holley and Zoran Cirjakovic, “Ex-Chief of Serb State TV Gets Prison,” *Los Angeles Times,* 22 June 2002; United Nations International Criminal Tribunal for the former Yugoslavia, “Final Report to the Prosecutor by the Committee Established to Review the NATO Bombing Campaign Against the Federal Republic of Yugoslavia,” http://www.icty.org/x/file/Press/nato061300.pdf.

9 Floyd Abrams, “ After the Terrorist Attack in Paris,” letter to the editor, *New York Times,* 8 January 2015.

10 Richard A. Oppel Jr., “Early Target of Offensive Is a Hospital,” *New York Times,* 8 November 2004.

第二十章
《紐約時報》讀者的一天

《紐約時報》可謂世界最頂尖的報紙，是新聞和評論不可缺少的來源，但是讀者若是更仔細、帶著批判的眼光讀它，可以收穫更大。讓我們以二〇一五年四月六日這一天為例，雖然幾乎其他每一天也都可以讓我們洞見到當前的意識型態和知識文化。

頭版有一則報導討論《哥倫比亞新聞評論》揭露《滾石雜誌》（*Rolling Stone*）誤報校園強暴事件的新聞。由於這件事有違新聞倫理，也成為財經版的頭條新聞，而且內頁有一整個版面刊登這兩則報導的相關新聞。它們提到新聞界過去犯的若干過錯，譬如有幾件編造的假新聞立刻被抓包，也有許多抄襲「多到不勝枚舉」。《滾石》犯的錯是「缺乏存疑之心」，這是三大類型中最難察的。[1]

看到《紐約時報》重視新聞倫理，令人精神特別振奮。

同一天報紙的第七頁，有一則重要新聞由傅勒（Thomas Fuller）執筆，標題是〈一位女士致力讓寮國人免受數百萬未爆彈傷害〉。它報導寮裔美國女子卡姆旺薩（Channapha Khamvongsa）「專心致志……清除仍然埋在她祖國的數百萬顆未爆彈，這是美國轟炸寮國九年、使它成為全地球被炸得最慘的國家所留下的遺害。」報導指出，由於卡姆旺薩女士的奔走努力，美國大方地將清除未爆彈的年度預算增加一千二百萬美元。這些炸彈中殺傷力最大的是集束炸彈，爆炸時「迸散出數百顆小炸彈」，意在「造成部隊最大傷亡人數」。[2]其中約三成並未爆炸，以致孩童撿拾、農民耕作時碰到，或是其他人不幸踩到，非死即殘。報導附了一張寮國北部骨甕平原（Plain of Jars）川壙省（Xieng Khouang）的地圖，美軍轟炸在一九六九年達到尖峰，這兒就是主要目標地區。

傅勒報導說，卡姆旺薩女士「偶然間看到揭露祕密戰爭的反戰人士布朗夫曼（Fred Branfman）所蒐集，由難民所畫的轟炸圖像，因而受到刺激決心行動。」[3]這些圖像出現在一九七二年出版、由布朗夫曼所寫的書《來自骨甕平原的聲音》（*Voices from the Plain of Jars*），威斯康辛大學出版社二〇一三年增添新的一篇導論後將全書再版發行。圖像顯示，官方都承認，住在偏遠山區，與越戰八竿子打不到一起的寮國農民，天外飛來橫禍，慘遭轟炸的慘狀。有位二十六歲的護士對空襲有生動的描述：「沒有一天夜裡，我們會認為可以活到天亮；沒有一天早上，我們會認為可以活到夜幕低垂。小孩子哭嗎？當然哭；我們大人也哭。我躲在洞穴裡。我有兩年看不到陽光。我在想什麼？喔，我一再禱告：『飛機別再來，

飛機別再來，飛機別再來。』」[4]

布朗夫曼的英勇努力的確讓人注意到此一慘絕人寰的暴行，他艱苦的研究也挖掘出這個可憐的農民社會慘遭破壞的原因。他在《來自骨甕平原的聲音》新版的導論中再度爆料：

關於空襲最讓人驚駭的是，竟然發現為什麼在一九六九年轟炸次數大幅上升的原因。我獲悉，詹森總統一九六八年十一月宣布停止轟炸北越之後，他下令飛機轉移到寮國北部。他沒有軍事理由這麼做。根據美國大使館副館長史特恩斯（Monteagle Stearns）一九六九年十月在參議院外交委員會作證的證詞，純粹是因為「飛機全在哪兒，總不能讓它們閒著沒事幹呀。」[5]

因此，閒著沒事幹的飛機就被放出來找窮苦農民的碴，炸毀平靜的骨甕平原，和華府在中南半島的侵略戰爭關山萬里之遙的骨甕平原。

現在，我們來瞧瞧這種勁爆內幕在《紐約時報》上變成什麼樣的故事。傅勒寫道：「目標是北越部隊，尤其是大部分地段位於寮國的胡志明小徑上的北越部隊，以及北越的寮國共產黨盟軍。」[6]請拿這與美國大使館副館長的話，以及布朗夫曼書中令人心碎的圖畫和證詞做個比較。

沒錯，《紐約時報》記者的消息來源是美國政府的文宣，這肯定足可壓過後二戰時期重大罪行的單純事實。記者引述的事實來源就是布朗夫曼的驚天爆料。

我們可以相信，這個服務於國家的巨大謊言，經不起長時間曝光，以及新聞自由可恥的劣跡如抄襲和缺乏懷疑的抨擊。

同一天的《紐約時報》也讓我們分享無與倫比的專欄作家傅里曼（Thomas Friedman）的報導。報導引述歐巴馬總統的話，描述傅里曼所謂的「歐巴馬主義」（每位總統都必須揭櫫他本身的主義），歐巴馬主義就是「結合吻合核心戰略需求的『交往』」。[7]

歐巴馬舉一個重大個案為例闡明他的主義：「以古巴這個國家為例。我們測試交往可把古巴人民導向更好的結果之可能性，我們並沒有太大風險。它不會威脅到我們的核心安全利益，因此（沒有理由不）測試這個主張。如果我們發現它不能走向更好的結果，我們可以調整我們的政策。」[8]

這位諾貝爾和平獎得主擴張他的理由，推動左翼自由派知識份子重要刊物《紐約書評雜誌》所稱頌的「勇敢」、「真正歷史性的一步」，與古巴重新建立外交關係。[9] 這位英雄解釋，這麼做是為了「更有效地讓古巴人民更有能力」，我們過去想帶給他們自由與民主的努力都不能達成我們高尚的目標。[10]

我們若再深入搜尋，還可找出其他明珠珍寶。譬如，前幾天的言論版首頁刊登貝克

（Peter Baker）對伊朗核子協議的一篇投書。貝克針對華府宣傳體系經常提到的伊朗之罪行發出警告。這些罪行一經分析都令人相當震驚，但是伊朗最嚴重的罪行，莫過於支持「什葉派民兵殺害在伊拉克的美軍士兵」，而「破壞本區域的穩定」。[11]這又是標準的說法。美國揮兵攻打伊拉克，實質上摧毀了它，引起宗派衝突，使國家乃至整個區域分裂，在官方以及媒體的口裡，這叫做「穩定」大局。伊朗支持民兵抵抗美軍侵略，就叫「破壞本區域的穩定」。而最可惡的滔天大罪莫過於殺害侵門踏戶，侵犯別人家園的美軍士兵。

這一切加上其他種種案例，都要告訴我們，如果我們絕對服從，毫不批判地接受既定的主義，就對了。因為美國擁有世界，按照二〇一五年三月《紐約書評雜誌》馬修斯（Jessica Mathews）一篇文章的說法，美國有權利這麼做。馬修斯是卡內基國際和平基金會前任總裁，她寫道：「美國對國際安全、全球經濟成長、自由與人類福祉的貢獻，已經彰彰自明，非常清楚地指向造福他人，因此美國人長久以來相信美國是個與眾不同的國家。別人在推動自己國家的利益，美國卻促進普世原則。」[12]

我們夫復何言。

1 Jonathan Mahler, "In Report on Rolling Stone, a Case Study in Failed Journalism," *New York Times,* 5 April 2015.

2 Thomas Fuller, "One Woman's Mission to Free Laos from Millions of Unexploded Bombs," *New York Times,* 5 April 2015.

3 Ibid.

4 Fred Branfman, *Voices from the Plain of Jars: Life Under an Air War*（Madison: University of Wisconsin Press, 2013）.

5 Ibid., 36.

6 Fuller, "One Woman's Mission to Free Laos from Millions of Unexploded Bombs."

7 Thomas Friedman, "Iran and the Obama Doctrine," *New York Times,* 5 April 2015.

8 Ibid.

9 Enrique Krauze, "Cuba: The New Opening," *New York Review of Books,* 2 April 2015.

10 David Martosko and Associated Press, "Obama Tries 'New Approach' on Cuba with Normalized Trade Relations and Diplomacy Between Washington and Havana for the First Time in a Half-Century," *Daily Mail*（London）, 17 December 2014.

11 Peter Baker, "A Foreign Policy Gamble by Obama at a Moment of Truth," *New York Times,* 2 April 2015.

12 Jessica Matthews, "The Road from Westphalia," *New York Review of Books,* 19 March 2015.

第二十一章 伊朗威脅：誰對世界和平構成最大危險？

全世界聽到伊朗及聯合國安理會五常任理事國和德國（P5＋1），即聯合國安全理事會五個常任理事國及德國，在維也納達成核子協議，大大鬆了一口氣。世界各國大多認同美國武器控制協會（U.S. Arms Control Association）的評估，認為「共同全面行動計畫（Joint Comprehensive Plan of Action）建立強大、有效的公式，阻斷伊朗一個世代以上能夠取得核武器材料的所有途徑，並且建立可以無限期存在的驗證系統，能夠迅速偵知和阻斷伊朗可能祕密追求核武器的做法。」[1]

然而，眾人額手稱慶之際也有明顯的例外，美國和它在中東地區最親密的盟國以色列和沙烏地阿拉伯，並不見得高興。協議的結果之一就是，美國企業界很惱怒，竟然不能跟歐洲同業一樣湧向德黑蘭。美國電力業者和輿論界跟兩個區域盟國立場相同，陷入恐懼「伊朗威脅」的歇斯底里情緒中。美國清醒的評論，跨越不同政治黨派，都認為伊朗是「對世界和平最嚴重的威脅」。鑒於核子威脅格外沉重，即使支持這項協議的人士也暗自擔心。畢竟伊朗的前科紀錄不佳，侵略、暴力、擾亂、欺騙，層出不窮，我們怎麼能相信他們？

政治圈的反對聲浪極為強大，以致輿論界很快就從大力支持此一協議，轉變為正反意見旗鼓相當。[2]共和黨人幾乎一致反對這項協議。目前共和黨的初選就透露出宣示的理由。克魯茲（Ted Cruz）參議員被公認是共和黨眾多初選參選人當中的知識份子，他提出警告說，伊朗可能仍有能力製造核武器，有一天可能動用其核武器引爆電磁衝，「擊倒（美國）整個東岸的發電廠」，殺害「數千萬美國人」。[3]另兩位參選人，前任佛羅里達州州長布希（Jeb Bush）和威斯康辛州州長華克（Scott Walker），激辯是否在當選後或是召開第一次內閣會議後轟炸伊朗。[4]有些外交政策經驗的另一位參選人葛理翰（Lindsey Graham）參議員，形容這項協議「宣判以色列國家死刑」。對以色列情報機關和戰略分析家而言，這肯定是個大驚奇，而葛理翰本人也曉得這是胡說八道，各方也立刻質疑他這麼說的真正動機是什麼。[5]

有一點很重要，我們應該記住：共和黨老早就放棄作為正常的議會政黨的偽裝。右翼智庫美國企業研究所（American Enterprise Institute），受人尊敬的保守派政治評論家歐恩斯坦（Norman Ornstein）認為，共和黨已經變成「激進的暴亂份子」，很少想要參與正常的國會政治。[6]從雷根總統時期以來，共和黨領袖已經深深落入極富的一群人及企業界的掌握當中，他們要吸收選票只能靠動員從前沒成為有組織的政治力量的一部分人民。這些人當中有極端的福音派基督徒，現在可能已經占了共和黨選民的過半數以上；從前蓄奴各州的殘餘勢力；本土主義者，這些人因為「他們」正在從我們手中搶走白人、基督徒、盎格魯撒克遜的國家而嚇壞了；以及其他使得共和黨初選形貌大異於現代社會主流的人士——不過他們還未偏離世界史上最強大國家的主流。

然而，脫離全球標準並不只限於共和黨的激進暴亂份子。跨越黨派界線，一般都認同前任參謀首長聯席會議主席鄧普西（Martin Dempsey）將軍「務實的」結論：「只要官員斷定伊朗在協議上耍詐」，維也納協議並未「阻止美國攻打伊朗設施」，即使如果伊朗這麼做，「非常不像會出現」片面軍事攻擊。[7]柯林頓和歐巴馬政府的前任中東談判代表羅斯也提出典型的建議：「伊朗必須毫無疑念」，即使協議屆滿，還是有權做想做的事，「如果我們認為協議朝向發展武器，將會引爆動武。」[8]他又說，事實上，協議訂明有效期間十五年，「是這份協議單一最大的問題」。他也建議美國提供以色列B-52轟炸機和可炸穿碉堡的炸彈，在那個可怕的日子的來臨前能夠自衛。[9]

最大的威脅

反對這項核子協議的人士則說它的規定還不夠。某些支持者也認為是不夠，他們覺得

「如果維也納協議要有意義，整個中東必須消除大規模毀滅性武器。」這句話出自伊朗外交部長札里福（Javad Zarif）之口；他又說：「伊朗身為一個國家，以及現任不結盟運動的主席身分，準備與國際社會合作達成這些目標，也完全明白，往後的路上可能會碰上懷疑和平與外交的人士提出的許多障礙。」他說，伊朗已經簽署「歷史性的核子協議」，現在該輪到一直「抗拒」的以色列表態了。[10]

以色列和印度、巴基斯坦這三個核武國家的核武計畫是美國人教唆出來的，他們都拒絕簽署核子不擴散條約（Non-Proliferation Treaty）。

札里福指的是核子不擴散條約每五年一次的定期檢討會議，在四月份宣告失敗；這一次美國在加拿大和英國支持下，再度擋下在中東建立沒有大規模毀滅性武器地區的議案。埃及和其他阿拉伯國家提出此一倡議已有二十年。達納帕拉（Jayantha Dhanapala）和杜瓦提（Sergio Duarte）是在核子不擴散條約及聯合國其他機構，以及在普格瓦什會議（Pugwash Conferences）推動這項倡議的兩位主要人物。他們提到：「一九九五年成功通過在中東建立一個沒有大規模毀滅性武器地區的決議案，是允許核子不擴散條約無限期延續有效整個方案的主要部分。」[11]

核子不擴散條約是所有武器控制條約中最重要的一項條約。如果大家都遵守，就可以終結核子武器的災禍。但是，美國一再地阻擋這項決議案的執行，最近就是歐巴馬在二〇一〇年和二〇一五年兩度作梗。達納帕拉和杜瓦提說，倡議又被某國「代表一個非核子不擴散條約簽署國，而且普遍認為是在本地區唯一擁有核武器的國家」所封殺。這是很客氣，沒有直接提名道姓講以色列。他們盼望這次的失敗「不會是對核子不擴散條約長期以來兩大目標：加速核子裁軍的進展，以及建立中東沒有大規毀滅性武器地區，致命的一擊。」他們的文章發表在武器控制協會會刊上，題目就叫：「核子不擴散條約還有前途嗎？」

在中東建立沒有大規毀滅性武器地區，就是處理伊朗可能會造成威脅這個棘手問題最直截了當的方法。但是華府還有許多利害考量，因此持續破壞，以保護它的以色列扈從。這也不是第一次機會來了，可望終結所謂的伊朗威脅，華府卻出手破壞，但是令人不由得要質問究竟這裡頭涉及什麼利害？

要討論這件事，很重要的一點就是檢視大家都不談的假設，以及罕有人問起的幾個問題。我們先談幾個假設，以最嚴重的一項下手：「伊朝是對世界和平最大的威脅」。

在美國，高級官員和評論家早已一口咬定伊朗是頭號惡棍。但是別忘了，美國之外還有一個世界。雖然它的觀點未在美國的主流媒體得到報導，它們或許也滿有意思。根據西方重要的民調機構「WIN－蓋洛普國際」的調查，「最大的威脅」這個大獎得主是美國，而且全世界以極大差距認定美國是對世界和平最嚴重的威脅。第二名巴基斯坦的分數就低了許多，而且它排名高，說不定是印度人灌票抬舉。伊朗排名在美國、巴基斯坦之後，與中國、以色列、北朝鮮和阿富汗都遜於美國。[12]

世界頭號恐怖主義支持者

轉到下一個問題：伊朗威脅是怎麼一回事？譬如，為什麼以色列和沙烏地阿拉伯聞伊朗而色變，非常害怕伊朗的威脅？不論那個威脅是什麼，應該稱不上是軍事威脅。很多年前，美國情報機關就向國會報告，依照中東地區的標準，伊朗的軍事費用預算很低，它的戰略理論是守勢，也就是以嚇阻敵人入侵做規畫設計。[13]美國情報機關又報告說，沒有證據顯示伊朗在發展核子武器，「伊朗的核計畫和它願意維持研發核武器的可能性，是它的嚇阻戰略的重心部分。」[14]

權威的斯德哥爾摩國際和平研究所（Stockholm International Peace Research Institute）評估全球軍備狀況，照常把美國的軍事費用遙遙領先擺在第一位。中國是第二名，只有美國經費的三分之一左右。俄羅斯和沙烏地阿拉伯更低，不過仍高出任何一個西歐國家。伊朗則根本輪不到。[15]華府智庫戰略暨國際研究中心（Center for Strategic and International Studies, CSIS）四月份有一份詳盡的報告說，「可以做個定論，阿拉伯灣國家……在軍事開銷及取得現代武器方面，對伊朗擁有壓倒性的優勢。」伊朗的軍事費用僅及沙烏地阿拉伯的小小百分比，就連阿拉伯聯合大公國的預算都比伊朗高出許多。海灣合作理事會國家：巴林、科威特、阿曼、卡達、沙烏地阿拉伯和阿拉伯聯合大公國，合計起來花在武器上面的經費，與伊朗呈八比一之比，這種不平衡現象已經持續數十年之久。[16]戰略暨國際研究中心的報告又說，「阿拉伯灣國家已經取得和正在取得某些世界上最先進、最有效的武器，而伊朗基本上還被迫活在過去，經常依賴（巴勒維）國王時期取得的系統。」[17]換句話說，伊朗的武器系統陳舊、過時。談到以色列，失衡現象當然更大。擁有最先進的美國武器，實質上又是這個全球超強大國的海外軍事基地，以色列還擁有相當龐大數量的核子武器。

沒有錯，以色列面臨伊朗以言詞叫囂、威脅它的生存。伊朗最高領袖哈梅尼（Supreme Leader Khamenei）和前任總統阿赫馬迪內賈德（Mahmoud Ahmadinejad）威脅要毀滅以色列，人人皆知。只不過他們並不能威脅了它。即使他們威脅到以色列，時間也很短。[18]他們預測，「在真主恩典下，（猶太復國主義政權）將被掃出地圖。」〔根據另一種翻譯，阿赫馬迪內賈德引述柯梅尼大主教（Ayatollah Khomeini）在以色列和伊朗還是默認結盟時期講的話，認為以色列「必須從時間之頁消失」。〕換言之，他們希望有朝一日以色列會政權轉移。即使如此，他們也沒有像華府和特拉維夫當局那樣，直接主張伊朗政權轉移，更不用說也沒有採取行動推動以色列政權轉移。當然，我們回溯到一九五三年實際的「政權轉移」，當時美、英兩國攜手策畫軍事政變，推翻伊朗的議會政府，扶立巴勒維國王的獨裁政府，而國王因而堆積起全世界最惡劣的人權紀錄。讀過國際特赦組織和其他人權組織報告的人，都清楚這些罪行，但是美國報紙的讀者卻不知道。美國報紙花了不少篇幅報導伊朗侵犯人權的劣跡，但只限一九七九年以後，也就是伊朗國王被推翻下台那一年之後。法漢（Mansour Farhang）和多爾曼（William Dorman）兩人的研究，精彩地紀錄這些真相。[19]

這些都沒有脫離常態。美國是全世界搞政權轉移的冠軍，舉世聞名，以色列也不遑多讓。它在一九八二年入侵黎巴嫩，目標鮮明就是要更換政權，以及穩固它對占領區的控制。以色列提出的藉口經不起驗證，兩三下就被戳穿。這一點也不是不尋常，因為謊言史蹟斑斑。《獨立宣言》哀嘆「印第安人殘暴無情的野蠻」，希特勒也宣稱他要保衛德國，抵抗波蘭人的「瘋狂恐怖」。

沒有一個認真的分析家會相信，如果伊朗擁有核子武器，會使用它或甚至威脅說要使用它，因而面臨立刻毀滅。不過，的確真正有人相當關心核子武器可能落入聖戰戰士手中。不是從伊朗拿到，伊朗這邊這種威脅微不足道，而是從美國的盟友巴基斯坦拿到，這兒才真正令人擔心。巴基斯坦兩位核子科學家賀德何伊（Pervez Hoodhoy）和米安（Zia Mian），在英國皇家國際事務研究院（Royal Institute of International Affairs）期刊上發表文章提到，巴基斯坦因為愈來愈擔心「民兵搶奪核子武器或材料，發動核子恐怖攻擊（已經導致）……成立一支兩萬多人的部隊，專司防衛核子設施。然而，並沒有理由可以假設這支部隊就不會有防衛一般軍事設施的單位會碰上的問題。」後者經常在「內線協助」下遭到攻擊。[20]簡而言之，問題真實存在，但是基於其他理由編織的幻想，把它移置到伊朗身上。

對於伊朗威脅還有其他的顧慮，就是它是「世界頭號恐怖主義支持者」，這主要指的是它支持真主黨和哈馬斯。[21]這兩個組織會崛起是因為抵抗美國所支持的以色列之施暴和侵略，以色列人的暴行遠超過歸咎於這兩個組織的暴行。不論你怎麼看待他們，或是伊朗支持的其他受惠人，伊朗根本稱不上在全世界支持恐怖主義，即使在穆斯林世界也稱不上。在伊斯蘭國家當中，以支持伊斯蘭恐怖主義而言，沙烏地阿拉伯遙遙領先眾人。它不僅透過富有的沙烏地人，或海灣國家其他人直接出資贊助，還具備傳教狂熱推廣他們極端思想的瓦哈比─沙拉菲版本的伊斯蘭，這個具有巨大石油財富的宗教獨裁國家，透過古蘭經學校、清真寺、傳教士和其他方法大力宣揚。伊斯蘭國（ISIS）就是沙烏地宗教極端主義，及其煽動聖戰烈焰所衍生出來的極端恐怖團體。

然而，在伊斯蘭恐怖世代，沒有一件事可比得上美國的反恐戰爭，它把這個惡疾從阿富汗和巴基斯坦邊境地區一個小部落，散播到從西非到東南亞這一大片廣袤地區。光是美軍攻打伊拉克這件事在頭一年就使恐怖攻擊上升為七倍，遠遠超過情報機關所預測。[22]許多證據顯示，無人機對付邊陲地帶、受壓迫的部落社會，也造成民憤，要求對美國報復。

真主黨和哈馬斯這兩個伊朗的扈從組織還犯了另一個罪行，竟然在阿拉伯世界僅有的自由選舉中，贏得民眾支持。真主黨的罪行更加重大，因為它迫使以色列從違反聯合國安理會決議，已經占領數十年的黎巴嫩南部地區撤退；以色列在此所建立的非法恐怖體制不時展開極端暴力，殺害人民及破壞產業。

煽動不安定

美國大使鮑爾在聯合國提到的另一個顧慮是，「伊朗在其核計畫之外煽動不安定」。[23]她宣稱，美國將繼續盯緊這個不當行為。她這麼說是呼應國防部長卡特（Ashton Carter）對以色列的保證。卡特站在以色列北方邊界宣示，「我們將繼續協助以色列對抗伊朗」替真主黨撐腰所構成的「惡意的影響」，並且美國將保留在必要時使用武力對付伊朗的權利。[24]

伊朗究竟如何「煽動不安定」，可以拿它在伊拉克的作為做例證。伊朗的種種罪行當中，有一項就是立刻援助庫德族人自衛、對抗伊斯蘭國的入侵，又協助興建一座二十五億美元的發電廠，試圖使伊拉克的電力供應恢復到美國入侵以前的水平。[25]鮑爾大使的說法是標準說詞：當美國侵略一個國家，造成數十萬人喪生、數百萬名難民流離失所，還有野蠻的刑求和破壞，使得伊拉克拿它與蒙古人入侵相比擬；根據ＷＩＮ—蓋洛普民意調查，伊拉克淪為全世界最不快樂的國家；同時又引爆宗派衝突，撕裂中東地區，並且又與我們的沙烏地盟友攜手替伊斯蘭國這個怪物奠立基礎。這叫做「安定」。[26]伊朗可恥的行動叫做「煽動不安定」。這種標準說詞的鬧劇有時候幾乎達到超現實的地步；譬如，前任《外交事務》雜誌編輯、自由派評論家蔡斯（James Chace）說明，美國「在智利要推翻經由自由選舉產生的馬克思派政府」，是因為「我們決心」在皮諾榭專制獨裁之下「追求安定」。[27]

也有人氣憤華府竟然跟伊朗這種具有恐怖的人權紀錄、「可恥的」政府談判，因此主張我們追求一個「由美國支持、以色列和遜尼派成立的同盟」。衛瑟提爾（Leon Wieseltier）是目前已經岌岌可危的自由派刊物《大西洋》的特約編輯，他完全不掩飾由衷發出的仇視伊朗人之心理，寫出這段話。[28]這位受人尊敬的自由派知識份子扳起面孔，建議沙烏地阿拉伯和以色列應該聯合起來教導伊朗，什麼才是優良的行為；殊不知前者讓伊朗一比，伊朗有如天堂，後者在加薩及其他地方則血腥滿手。不過，我們若是考量美國在全世界各地扶立、支持的政府之人權紀錄，或許這項建議也不算完全不合理。

雖然伊朗政府毫無疑問是對自身人民的威脅，很遺憾的是它在這方面並沒有打破紀錄，沒有墜入美國鍾愛的盟國之水平。不過，華府可不管這些，當然特拉維夫或利雅德當局也不會關心。

如果我們記得自從一九五三年以來無日無之，美國一直在傷害伊朗人，可能會很有幫助。伊朗人肯定沒有忘掉這一點。伊朗人一九七九年推翻美國扶立、人民痛恨的巴勒維國王之後，華府立刻轉而支持海珊猛烈攻擊伊朗。雷根總統甚至否認海珊犯的重大罪行：對伊拉克的庫德族發動化學作戰攻擊，把它怪罪到伊朗身上。[29]當海珊在美國主持下接受審判時，這項可惡的罪行（以及美國是同謀共犯的其他罪行）都很小心地從起訴書中剔除掉，只限於他一項較輕微的罪行：一九八二年殺害一百四十八名什葉派穆斯林，其實這只能算是海珊滔天罪行中的一小項。[30]

兩伊戰爭結束後，美國繼續支持海珊這個伊朗的頭號大敵。老布希總統甚至邀請伊拉克核子工程師到美國，接受武器生產的先進訓練，對伊朗產生極其嚴重的威脅。[31]針對伊朗的制裁也升高，包括制裁和伊朗交易的外國公司，另外美國亦發動行動，不准伊朗參加國際金融體系。[32]

近年來，敵意行動上升到搞破壞、謀害核子科學家（可能是由以色列出手），以及網路戰爭，並且公開自誇成果斐然。[33]五角大廈認為網路戰是戰爭行為，可以採取軍事反應；北約組織也認同此一政策，於二〇一四年九月申明，網路攻擊可能引爆北約國家集體防衛的條約義務，意即我們是遭到攻擊的目標時，但是它不說我們若是侵犯者，會是什麼狀況。[34]

頭號流氓國家

我們必須公平地說，這個模式也有例外的時候。小布希總統擊潰海珊和塔利班，替伊朗除去這兩個大敵，等於送給它一份大禮。他甚至在美國擊敗伊拉克之後，把伊拉克軍隊置於美軍管束之下，甚至更放棄華府自己正式宣布的目標：要建立永久性質軍事基地，以及讓美國企業界享有特權取得伊拉克的石油資源。[35]

伊朗領導人今天有要開發核子武器嗎？我們可以自行判斷它目前的否認是否有可信度，但他們過去有此一意圖則是毫無疑問。因為它的最高當局公開告訴外國記者，伊朗「肯定且比別人所想還更快」，要發展核子武器。[36]伊朗核能發電計畫之父，也是伊朗原子能組織（Atomic Energy Organization）前任首長，就深信領導人的計畫「是要製造核子彈」。[37]中央情報局也報告說，它「毫不懷疑」如果鄰國發展核子武器（他們的確有），伊朗也會跟進。[38]

可是，這一切都發生在巴勒維國王當政時期，他就是上段提到的「最高當局」。這段期間，美國的高級官員（錢尼、倫斯斐、季辛吉等人）力促國王推動核計畫，也向大學施壓，要求配合。[39]在政府居中安排下，我所任職的麻省理工學院和伊朗國王達成協議，接受伊朗學生選修核子工程課目，換取國王的大量捐款。當時學生團體強烈反對，但是教師們強烈贊成，今天上了年歲的教授們一定還記得當時的激烈辯論。[40]

季辛吉被問到，為什麼當年在巴勒維國王時期，他支持伊朗的核武計畫，而近年來則反對？季辛吉很誠實地答說，當時伊朗是美國的盟國。[41]

現在先不談箇中的荒謬，伊朗真正的威脅是什麼？為什麼會引起這麼大的恐懼和怒火？要找答案，當然還得從美國情報機關著手。請記住，美國情報機關的分析指出：伊朗不構成軍事威脅，伊朗的戰略理論是守勢，伊朗的核計畫（根據情報機關當時的判斷，沒有要生產核子彈）是「它的嚇阻戰略的主要部分」。

當時伊朗的嚇阻是跟誰有關呢？答案很清楚：當時在中東地區橫行的流氓國家，這些流氓國家不願容忍對他們依賴侵略和暴力會有任何阻礙。在這方面為首的是美國和以色列，沙烏地阿拉伯則努力要加盟，它先入侵巴林（以支持對當地改革運動的鎮壓），現在又凶猛攻打葉門，使得葉門的人道災禍激烈惡化。

就美國而言，性質很熟悉。十五年前，著名的政治分析家杭廷頓在主流刊物《外交事務》上發出警告，在世界大多數國家心目中，美國「逐漸變成流氓超級大國……是對他們社會最大的單一外來威脅。」[42]稍後不久，美國政治學會會長傑維斯也說：「事實上，在世界大多數國家心目中，今天頭號流氓國家是美國。」[43]我們前文已經提到，全球民意調查以極大的差距支持這個評斷。

再者，美國的權杖也已經褪色。這正是美國領導人和政治圈堅持，華府若是片面斷定伊朗違背承諾，美國保留權利訴諸武力的真實意義。這是自由派民主黨人長期以來主張的政策，而且絕不僅限於伊朗。柯林頓主義宣稱，即使只是為了確保「不受限制地取得關鍵市場、能源供應和戰略資源」，美國有權「片面使用軍事力量」；更不用說，面臨所謂「安全」或「人道關懷」，也有權介入。[44]在實務上，美國已一再證明奉行不同版本的這項理論，在願意檢視當代史真相的人士當中，這根本不必討論。

這些都是分析維也納核子協議時，應該注重的關鍵重大問題。

---

1 Kelsey Davenport, "The P5+1 and Iran Nuclear Deal Alert, August 11," Arms Control Association, 11 August 2015, http://www.armscontrol.org/blog/ArmsControlNow/08-11-2015/The-P5-plus-1-and-Iran-Nuclear-Deal-Alert-August-11.

2 Scott Clement and Peyton M. Craighill, "Poll: Clear Majority Supports Nuclear Deal with Iran," *Washington Post*, 30 March 2015; Laura Meckler and Kristina Peterson, "U.S. Public Split on Iran Nuclear Deal—WSJ/NBC Poll," Washington Wire, 3 August 2015, http://blogs.wsj.com/washwire/2015/08/03/American-public-split-on-iran-nuclear-deal-wsjnbc-poll/.

3 Philip Weiss, "Cruz Says Iran Could Set Off Electro Magnetic Pulse over East Coast, Killing 10s of Millions," *Mondoweiss*, 29 July 2015.

4 Simon Maloy, "Scott Walker's Deranged Hawkishness: He's Ready to Bomb Iran During His Inauguration Speech," *Salon*, 20 July 2015.

5 Amy Davidson, "Broken," *New Yorker,* 3 August 2015; "Former Top Brass to Netanyahu: Accept Iran Accord as 'Done Deal,' " *Ha'aretz,* 3 August 2015.

6 Thomas E. Mann and Norman J. Ornstein, "Finding the Common Good in an Era of Dysfunctional Governance," *Daedalus* 142, no. 2（Spring 2013）.

7 Helene Cooper and Gardiner Harris, "Top General Gives 'Pragmatic' View of Iran Nuclear Deal," *New York Times*, 29 July 2015.

8 Dennis Ross, "How to Make Iran Keep Its Word," *Politico*, 29 July 2015.

9 Dennis Ross, "Iran Will Cheat. Then What?" *Time,* 15 July 2015; "Former Obama Adviser: Send B-52 Bombers to Irsael," *Ha'aretz*, 17 July 2015.

10 Javad Zarif, "Iran Has Signed a Historic Nuclear Deal—Now It's Israel's Turn," op-ed, *Guardian*（London）, 31 July 2015.

11 Jayantha Dhanapala and Sergio Duarte, "Is There a Future for the NPT?" *Arms Control Today*, July/August 2015.

12 WIN/Gallup, "Optimism Is Back in the World," 30 December 2013, http://www.wingia.com/web/ files/services/33/file/33.pdf?1439575556.

13 Anthony H. Cordesman, "Military Spending and Arms Sales in the Gulf," Center for Strategic and

International Studies, 28 April 2015, http://csis.org/files/publication/150428_military_spending.pdf.

14 Department of Defense, Unclassified Report on Military Power of Iran, April 2010, http://www. politico. com/static/PPM145_link_042010.html.

15 SIPRI Military Expenditure Database, http://www.sipri.org/research/armaments/milex/milex_ database; Trita Parsi and Tyler Cullis, "The Myth of the Iranian Military Giant," *Foreign Policy,* 10 July 2015.

16 Parsi and Cullis, "The Myth of the Iranian Military Giant."

17 Cordesman, "Military Spending and Arms Sales in the Gulf," 4.

18 Seyed Hossein Mousavian and Shahir Shahidsaless, *Iran and the United States: An Insider's View on the Failed Past and the Road to Peace*（New York: Bloomsbury, 2014）, 214–19.

19 William A. Dorman and Mansour Farhang, *The U.S. Press and Iran: Foreign Policy and the Journalism of Deference*（Berkeley: University of California Press, 1988）.

20 Pervez Hoodbhoy and Zia Mian, "Changing Nuclear Thinking in Pakistan," Asia Pacfic Leadership Network for Nuclear Non-Proliferation and Disarmament and Centre for Nuclear Non-Proliferation and Disarmament, Policy Brief No. 9, February 2014, http://www.princeton.edu/sgs/faculty-staff/zia-mian/Hoodbhoy-Mian-Changing-Nuclear-Thinking.pdf.

21 Haroon Siddique, "Bush: Iran 'the World's Leading Supporter of Terrorism," *Guardian*（London）, 28 August 2007.

22 Peter Bergen and Paul Cruickshank, "The Iraq Effect: War Has Increased Terrorism Sevenfold Worldwide," *Mother Jones*, 1 March 2007.

23 Somini Sengupta, "U.N. Moves to Lift Iran Sanctions After Nuclear Deal, Setting Up a Clash in

Congress," *New York Times,* 20 July 2015.

24 Helene Cooper, "U.S. Defense Secretary Visits Israel to Soothe Ally After Iran Nuclear Deal," *New York Times,* 20 July 2015.

25 Anne Barnard, "120 Degrees and No Relief? ISIS Takes Back Seat for Iraqis," *New York Times,* 1 August 2015.

26 WIN/Gallup, "Happiness Is on the Rise," 30 December 2014, http://www.wingia.com/web/files/richeditor/filemanager/EOY_release_2014_FINAL.pdf.

27 James Chace, "How 'Moral' Can We Get?" *New York Times Magazine,* 22 May 1977.

28 Leon Wieseltier, "The Iran Deal and the Rut of History," Atlantic, 27 July 2015.

29 Shane Harris and Matthew M. Aid, "Exclusive: CIA Files Prove America Helped Saddam as He Gassed Iran," *Foreign Policy,* 26 August 2013.

30 見 Alex Boraine, "Justice in Iraq: Let the UN Put Saddam on Trial," *New York Times,* 21 April 2003.

31 Gary Milhollin, "Building Saddam Hussein's Bomb," *New York Times Magazine,* 8 March 1992.

32 Robert Litwak, "Iran's Nuclear Chess: Calculating America's Moves," Wilson Center report, 18 July 2014, 29, https://www.wilsoncenter.org/publication/irans-nuclear-chess-calculating-americas-moves.

33 例如，David E. Sanger, "Obama Order Sped Up Wave of Cyberattacks Against Iran," *New York Times,* 1 June 2012; Farnaz Fassihi and Jay Solomon, "Scientist Killing Stokes U.S.-Iran Tensions," *Wall Street Journal,* 12 January 2012; Dan Raviv, "US Pushing Israel to Stop Assassinating Iranian Nuclear Scientists," *CBSNews. com,* 1 March 2014.

34 "Contemporary Practices of the United States," *American Journal of International Law* 109, no. 1

（January 2015）.

35 Charlie Savage, "Bush Asserts Authority to Bypass Defense Act," *Boston Globe*, 30 January 2008.

36 Elaine Sciolino, "Iran's Nuclear Goals Lie in Half- Built Plant," *New York Times,* 19 May 1995.

37 Mousavian and Shahidsaless, *Iran and the United States,* 178.

38 CIA report（declassified by NSA and published on NSA archive）, "Special National Intelligence Estimate 4-1-74: Prospects for Further Proliferation of Nuclear Weapons," 23 August 1974, http:// nsarchive . gwu . edu / NSAEBB / NSA EBB240 / snie . pdf.

39 Roham Alvandi, *Nixon, Kissinger, and the Shah: The United States and Iran in the Cold War*（Oxford: Oxford University Press, 2014）; Mousavian and Shahidsaless, *Iran and the United States,* 178.

40 Farah Stockman, "Iran's Nuclear Vision Initially Glimpsed at Institute," *Boston Globe,* 13 March 2007.

41 Dafna Linzer, "Past Arguments Don't Square with Current Iran Policy," *Washington Post,* 27 March 2005.

42 Samuel P. Huntington, "The Lonely Superpower," *Foreign Affairs* 78, no. 2（March/April 1999）.

43 Robert Jervis, "Weapons Without Purpose? Nuclear Strategy in the Post–Cold War Era," review of *The Price of Dominance: The New Weapons of Mass Destruction and Their Challenge to American Leadership*, by Jan Lodal, *Foreign Affairs* 80, no. 4（July/August 2001）.

44 Bill Clinton, "A National Security for a New Century," National Security Strategy Archive, 1 December 1999, http://nssarchive.us/national-security-strategy-2000-2/.

第二十二章
末日時鐘

二〇一五年一月，《原子科學家快訊》把它著名的「末日時鐘」（Doomsday Clock）往前調到離午夜還有三分鐘的位置，這是三十年來最嚴重的威脅水平。《快訊》說明趨近危機的聲明，提到威脅人類生存的兩大威脅是：核子武器和「未能抑制的氣候變遷」。這份聲明譴責世界各國領導人「不能加速、全面行動，以保護人民免於可能的災禍」，「因為不能執行他們最重要的職責：確保人類文明的健康和活力，危害到地球上每個人。」[1]

在那一天之後，我們更有理由把時鐘指針移向更趨近末日。

在這一年年底，世界各國領袖在巴黎集會，研商如何對付「未能抑制的氣候變遷」。這個問題的嚴重，已經到了無日不出現新證據的地步。我們隨機選樣，就以巴黎會議召開前不久，美國太空總署轄下噴射動力實驗室（Jet Propulsion Lab）發表的一項研究報告為例。這項研究使得研究北極冰原的科學家感到意外和緊張，它顯示格陵蘭巨大的札加瑞冰川

（Zacharia Isstrom）「在二〇一二年從穩定的位置裂開，進入加速後退的階段」，這是出乎預期、不祥的發展。這塊冰川若是完全融化，含水量足以使地球海平面上升超過十八英寸（四十六公分）。現在它每年裂解，釋出五十億噸冰塊。這些冰全都流入北大西洋。」[2]

但沒有人預期各國領導人在巴黎會「加速、全面行動，以保護人民免於可能的災禍。」即使因為某種奇蹟，他們能夠有所動作，也不會有太大價值，箇中原因令人十分困擾。

協定在巴黎獲得通過時，東道主、法國外交部長法布伊斯（Laurent Fabius）宣布，它具有「法律拘束力」。[3]這可能是一種希望，但是前途存在不少障礙，值得小心。

對於巴黎會議眾多的媒體報導，或許最重要的一段話掩埋在《紐約時報》一篇冗長的分析稿的末尾。它說：「傳統上，談判代表會設法制訂一份有法律拘束力的條約，它需要經由參與國家的政府批准才有效力。但是由於美國這次辦不到，條約一送到國會山莊就要壽終正寢，在共和黨控制的參議院裡得不到必需的三分之二多數票之支持。因此，會議決定以自願計畫取代強制性，由上而下的目標。」而自願計畫其實就是保證失敗。[4]「由於美國」，其實更精確的說是「由於共和黨」，現在已經成為人類生存的真正危險。

《紐約時報》另一篇有關巴黎協定的報導又再次強調此一結論。這篇贊美會議成就的長文，在末尾指出，會議所制訂的制度「非常仰賴將要執行這些政策的未來世界領袖的觀點。在美國，參加二〇一六年總統候選人提名初選的每一位共和黨人，都公開質疑或否認氣候變遷的科學，也嗆聲反對歐巴馬先生的氣候變遷政策。參議院共和黨領袖麥康諾（Mitch McConnell）領導反對歐巴馬先生的氣候變遷政策，他說：『他的國際夥伴打開香檳慶祝之前，他們應該記住，這是一項做不到的協議，根據國內能源計畫可能不合法，半數以上的州已提出訴訟要求停止，而且國會已表決否定。』」[5]

在過去一個世代的新自由主義時期，共和、民主兩黨都向右翼移動。主流民主黨人現在非常接近過去所謂的「溫和派共和黨人」。同時，共和黨已經大體上脫離政治光譜，成為受尊敬的保守派政治分析家曼恩（Thomas Mann）和歐恩斯坦所謂的「激進的暴亂份子」，實質上已經放棄議會政治。由於向右傾斜，共和黨專注有錢有勢階級已經走向極端，真正的政策無法吸引選民，所以必須尋找新的選票基礎，在其他基地上動員。譬如，等待「耶穌復臨」的福音派基督徒；擔心被「他們」從我們手中搶走美國的本土主義者、反對南北戰爭後重建政策的種族主義者[7]、真心不滿而嚴重誤信方向的人士[8]，以及像他們一般容易被蠱惑，成為「激進的暴亂份子」的其他人士。

近年來，共和黨內建制派設法壓制下它所動員起來的基層之聲音。但是這種局面已經維持不下去。在二〇一五年底，建制派已經表示相當驚慌和沮喪，竟然沒有辦法壓制下去，共和黨的基層已經失控。

共和黨民選官員和角逐下一屆總統大位的人士，公然表示蔑視巴黎會議的討論，甚至拒絕出席會議。川普、克魯茲和卡森（Ben Carson）三位暫時領先的參選人，大致採取福音派群眾的立場，認為即使出現地球暖化，也跟人類的行為不相干。其他參選人拒絕政府採取行動處理這個問題。歐巴馬總統在巴黎發言，承諾美國將作為全球行動的尖兵，共和黨控制的國會立刻表決，抑制環保署最近削減碳排放的規定。新聞報導說，這是「向一百多位（世界）領袖發出的挑釁訊息，告訴他們，美國總統的氣候政策並沒有得到全面支持。」其實這句話相當含蓄。同時，眾議院科學、太空及技術委員會共和黨籍主席史密斯（Lamar Smith），也推動他對付膽敢報導真相的政府科學家之聖戰。[9]

訊息很清楚，美國民眾在國內面臨極大的責任。《紐約時報》有一則相關新聞報導，「三分之二的美國人支持美國加入有拘束力的國際協定，以抑制溫室氣體排放的上升。」美國人亦以五比三的比例認為氣候變遷比經濟問題更加重要。但是這一切都不算數，民意遭到摒棄，這個事實再次向美國老百姓送出強烈訊息。他們必須設法糾正已經運作失靈的政治制度，因為民意已經變成無關緊要。在這個案例上，民意和政策的歧異對世界的命運會有極大的影響。

當然，我們不應該再抱持幻想會回到過去的「黃金時代」。縱使如此，上述的發展構成重大的改變。破壞運作良好的民主是過去一個世代新自由主義影響全球人類的貢獻之一。而且這不僅發生在美國；在歐洲，其影響恐怕更大、更糟。[10]

讓我們轉到調整末日時鐘的原子科學家關切的另一個（傳統）問題：核子武器。目前核子戰爭的威脅，反映他們二〇一五年一月決定把時鐘朝午夜挺進兩分鐘，完全合理。此後的發展更清楚暴露核戰威脅日益上升，而且依我個人管見，這個問題沒有受到足夠的關切。

上次末日時鐘進到離午夜只有三分鐘，是在一九八三年雷根政府進行「優異射手演習」（Able Archer exercises）時；這些演習模擬攻擊蘇聯，以測試他們的防衛系統。最近公布的俄羅斯檔案顯示，俄國人當時非常關心這項行動，準備要回應，這裡頭的意義很清楚：末日。

顧德曼當時是中央情報局蘇聯事務處資深分析員，我們從他的報告更清楚這些魯莽的演習，以及世界更趨近毀滅的危險。顧德曼寫道：「除了優異射手動員演習驚動克里姆林宮之外，雷根政府批准在靠近蘇聯邊界地區進行不尋常、具侵略性的軍事演習，有時候甚至侵犯蘇聯的領土主權。五角大廈冒險的措施包括，派遣美國戰略轟炸機飛越北極，以測試蘇聯雷達；又以作戰方式趨近蘇聯，進入從前美軍艦艇不曾進入的地區進行海上演習，另外還模擬海軍突襲蘇聯目標的祕密作戰。」[11]

我們現在知道，由於蘇聯軍官佩德洛夫不把自動偵測系統察到蘇聯正遭受飛彈攻擊的報告呈報給上級，世界才免於在那一段可怕的日子遭到核子毀滅。佩德洛夫採取了和俄羅斯潛艇指揮官阿基波夫相同的立場，後者在一九六二年古巴飛彈危機危險的一刻，當潛艇遭到執行檢疫隔離任務的美國驅逐艦攻擊時，不肯核准發射核子魚雷反擊。

近年公布的其他資料更豐富了已經夠恐怖的紀錄。核子安全專家布萊爾（Bruce Blair）報告說：「美國最接近於讓總統不經意之下決定啟動戰略攻擊的一刻是一九七九年，北美太空防衛總部（North American Aerospace Defense Command, NORAD）有個描繪蘇聯全面戰略攻擊的早期預警訓練錄音帶，意外跑進實際的預警系統裡。國家安全顧問布里辛斯基兩度在半夜被叫醒，通知他美國遭到攻擊；他正要抓起電話要說服卡特總統，必須立刻下令做全面反應時，第三通電話打進來，告訴他那是假警報。」[12]

這個新揭露的例證讓人想起一九九五年另一件重大事故，美國、挪威載運科學儀器的一枚火箭，軌道竟與核子飛彈的路徑相似。俄方大吃一驚，迅速呈報給葉爾辛總統，他必須決定是否發動核子攻擊。[13]

布萊爾又提出他自己的親身經驗。一九六七年中東戰爭期間，「一艘航空母艦載著核彈頭的飛行員接奉實際攻擊命令，而非演習、訓練命令。」幾年後，在一九七〇年代初期，位於奧馬哈市的戰略空軍司令部「把演習……發射命令當作實際攻擊命令發布下去。」在這兩個案例，密碼檢查都失靈；靠著人員干預才阻止核彈發射。布萊爾說：「但是你已經曉得，發生這種混亂並不罕見。」

布萊爾會說這些話，是因為美國空軍最近剛解密公布波德尼（John Bordne）的一份報告。波德尼一九六二年十月在古巴飛彈危機期間於沖繩美軍基地服役，當時亞洲局勢也十分緊張。美國的核子警戒系統已提升到DEFCON 2，比DEFCON 1僅次一級；DEFCON 1代表核子飛彈可以立即發射。十月二十八日，危機達到頂峰時，飛彈單位接到命令發射核子飛彈——指令錯誤。他們決定不發射，避免掉可能的一場核子戰爭，也和佩德洛夫、阿基波夫一樣進入神殿，成為決定抗命、因而拯救世界的英雄。

誠如布萊爾的觀察，這種事故並非不尋常。近年有一份專家研究發現，從一九七七至八三年期間，每年發生數十次誤傳警報；研究的結論是每年少則四十三件、多則二百五十五件。研究報告的作者鮑姆（Seth Baum）歸納得精簡有力：「除了殺死我們那短暫的一刻，核子戰爭是我們從來看不到的黑天鵝。我們自己貽誤自己，拖拖拉拉不去消除危機。現在我們應該面對威脅了，因為我們現在還活著。」[14]

這些報告，就和史洛瑟包羅廣泛的評估《指揮與控制》一樣，大部分談的是美國系統方面的狀況。[15]俄國系統毫無疑問紕漏更多。更不用說其他系統，尤其是巴基斯坦系統更是極端危險。

有時候威脅並非意外而發生，而是因冒險行動而產生，譬如優異射手演習就是。最極端的案例是一九六二年的古巴飛彈危機，當時出大禍的威脅已經迫在眉睫。處理危機的手法已經夠震撼；我們也發現，詮釋的方式很可怕。

緊記住這些嚴峻紀錄之後，再檢視戰略辯論和規畫會很有幫助。有一個令人寒慄的案例是柯林頓時期一九九五年戰略空軍總部的研究〈後冷戰嚇阻精要〉。這項研究主張保留第一擊的權利，即使是針對非核武國家動武。它說明核武器如何經常使用，以便「對任何危機或衝突投下陰影」，也主張要具有不理性和睚疵必報的「國家個性」（national persona），以便恫嚇全世界。

《國際安全》（*International Security*）是戰略理論領域最權威的刊物之一，它有一篇文章探討目前的理論。[16]作者們解釋，美國堅持「戰略優位」（strategic primacy），也就是和報復攻擊保持絕緣狀態。這就是歐巴馬總統「新三元」理論（強化潛水艇和陸基飛彈，以及轟炸機部隊）背後的邏輯，配上飛彈防禦以便對付報復性攻擊。作者們提起的關切是美國要求戰略優位，可能誘使中國放棄「不率先使用」核武的政策，以及擴大有限的嚇阻力量。作者們認為中國不會如此做，但是前景仍然不確定。這個理論很顯然增強在緊張及已出現衝突的地區之危險。

北約組織違反向戈巴契夫的口頭承諾而東擴，也是如此。當時蘇聯即將解散，戈巴契夫同意允許兩德統一後加入北約，換取北約不向東擴張的承諾。如果了解過去一個世紀的歷史，就會明白這是相當不得了的讓步，但是北約立刻就擴張到東德。接下來幾年，北約組織擴張到俄羅斯國門，現在更甚至有納入烏克蘭——俄羅斯的地緣戰略心臟——的重大威脅。[17]我們不妨設身處地想一想，假如華沙公約還存在，拉丁美洲大部分國家都加入，然後墨西哥和加拿大也申請要加入，美國會如何反應。

除此之外，俄羅斯和中國（當然美國策略家亦然）都很清楚，美國在俄羅斯邊境附近部署飛彈防禦系統，實質上它們就是第一擊的武器，旨在建立戰略優位：可以免受報復。或許誠如某些專家所主張，他們的任務最後並不可行。但是，目標們可從來不能放心。俄羅斯的軍事反應很自然就被北約組織解讀為是對西方的威脅。

英國有位著名的烏克蘭事務專家提出他所謂的「決定命運的地理弔詭」：北約組織的「存在，是要管理它的存在所製造的風險」。[18]

威脅現在已經變得十分真確。很幸運的是，二〇一五年十一月土耳其F-16戰鬥機打下一架俄國飛機，沒有導致國際事件，但是在國際背景下，頗有可能釀成巨禍。俄機要在敘利亞執行轟炸任務，有短短十七秒鐘穿越崁進敘利亞的一塊土耳其領空，明顯要飛往敘利亞，卻中彈在敘利亞墜毀。打下俄機顯然是不必要的躁進和挑釁行為，也是會有後果的動作。俄羅斯的回應是，宣布今後轟炸機出任務都將由噴射戰鬥機陪同，並且要在敘利亞部署精密的反飛機飛彈系統。國防部長紹伊古（Sergei Shoigu）宣布，俄羅斯也命令配備長程防空系統的飛彈巡弋艦莫斯科瓦號（Moskva）往海岸靠近，以便「隨時可以摧毀對我方飛機構成潛在危險的任何空中目標」。這一切都布下可以爆發大戰的陣勢。[19]

北約和俄羅斯接壤的邊界地區也不時緊張，包括雙方各自都有軍隊移動、演習。在末日時鐘不祥地往午夜移動之後不久，媒體報導，「美國軍用作戰車輛星期三遊行經過突入俄羅斯的一座愛沙尼亞城市，這項象徵性的動作突顯出冷戰以來西方和俄羅斯極端緊張下雙方的對峙。」[20]在此之前不久，一架俄羅斯軍機差幾秒鐘就撞上一架丹麥民航客機。雙方都在演練如何快速動員、調遣部隊進駐北約與俄羅斯邊界地區，而且「雙方都認為戰爭不再是不可想像的事」。[21]

果真如此的話，雙方都已經瘋狂，因為一場戰爭可能就摧毀掉一切。數十年來雙方都認知到，某一個大國發動的第一擊或許可以摧毀掉攻擊者，甚至不需報復，只需藉由核子寒冬的效應。

但這就是今天的世界，而且還不只是今天的世界，過去七十年的世界一直就是如此。一直以來的推理都很明顯。我們已經發現，全民安全不是決策者最大的關切。打從核子時代的最初期就是如此，在政策形成的中心，根本沒有人努力，顯然也根本沒有人想到，要消除對美國極其嚴重的潛在威脅。於是乎，情勢一路持續到今天，我們已在前文簡短敘述其經過。

這是過去我們生活的世界，也是今天我們生活的世界。核子武器一直構成即刻毀滅的危險，但是至少我們原則上知道如何緩和威脅，甚至消除威脅，這是簽署核子不擴散條約的擁核大國該負（但也忽視）的責任。地球暖化就長期而言是個可怕的問題，可能突然升高，但還不致於當下就爆發。我們是否有能力處理，還不完全清楚，但是毫無疑問的一點是，我們愈是拖延，災禍就會愈加極端。

除非大幅改變路線，長期存活的前景並不高。我們有極大責任，也有極大的機會。

---

1 "2015: It Is Three Minutes to Midnight," *Bulletin of the Atomic Scientists*, http://thebulletin.org/clock/2015.

2 "In Greenland, Another Major Glacier Comes Undone," Jet Propulsion Lab, California Institute of Technology, 12 November 2015, http://www.jpl.nasa.gov/news/news.php?feature=4771.

3 Hannah Osborne, "COP21 Paris Climate Deal: Laurent Fabius Announces Draft Agreement to Limit Global Warming to 2C," *International Business Times*, 12 December 2015. http://www.ibtimes.co.uk/cop21-paris-climate-deal-laurent-fabius-announces-draft-agreement-limit-global-warming-2c-1533045.

4 Coral Davenport, "Paris Deal Would Herald an Important First Step on Climate Change," *New York Times*, 29 November 2015.

5 Coral Davenport, "Nations Approve Landmark Climate Accord in Paris," *New York Times*, 12 December 2015.

6 福音派強力主宰共和黨在愛荷華州的第一場初選。當地民調顯示，在可能投票給共和黨的選民當中，「將近十分之六認為氣候變遷是騙人的」。「超過半數希望將非法移民大規模驅逐出境，十分之六支持廢掉國稅局」（因此對超級鉅富和企業界大為有利）。Trip Gabriel, "Ted Cruz Surges

Past Donald Trump to Lead in Iowa Poll," *New York Times*, 12 December 2015.

7 社會學家Rory McVeigh和David Cunningham發現對目前美國南部共和黨人投票模式有一個重要指標，就是從前在一九六〇年代是否有強大的三K黨（Ku Klux Klan）分部存在。Bill Schaller, "Ku Klux Klan's Lasting Legacy on the U.S. Political System," *Brandeis Now*, 4 December 2014. https://www.brandeis.edu/now/2014/december/cunningham-kkk-impact.html.

8 Shawn Donnan and Sam Fleming, "America's Middle- Class Meltdown: Fifth of US Adults Live in or near to Poverty," *Financial Times*（London）, 11 December 2015.

9 Sewell Chan and Melissa Eddy, "Republicans Make Presence Felt at Climate Talks by Ignoring Them," New York Times, 10 December 2015; David M. Herszenhorn, "Votes in Congress Move to Undercut Climate Pledge," *New York Times*, 1 December 2015; Samantha Page, "America's Scientists to House Science Committee: Go Away," ClimateProgress, 25 November 2015.

10 Giovanni Russonello, "Two-Thirds of Americans Want U.S. to Join Climate Change Pact," *New York Times*, 30 November 2015.

11 Melvin Goodman, "The 'War Scare' in the Kremlin, Revisited: Is History Repeating Itself?" *Counterpunch*, 27 October 2015.

12 Aaron Tovish, "The Okinawa Missiles of October," op-ed, *Bulletin of the Atomic Scientists*, 25 October 2015.

13 David Hoffman, "Shattered Shield: Cold-War Doctrines Refuse to Die," *Washington Post*, 15 March 1998.

14 Seth Baum, "Nuclear War, the Black Swan We Can Never See," *Bulletin of the Atomic Scientists*, 21

November 2014.

15 Eric Schlosser, *Command and Control: Nuclear Weapons, the Damascus Accident, and the Illusion of Safety*（New York: Penguin, 2013）.

16 Fiona S. Cunningham and M. Taylor Fravel, "Assuring Assured Retaliation: China's Nuclear Posture and U.S.-China Strategic Stability," *International Security*, Fall 2015.

17 烏克蘭在起義，並建立親西方政府之後，國會以「三百零三票對八票，表決通過廢止『不結盟』政策，改而追求與西方有更密切軍事及戰略關係……採取加入北約組織的措施。」David M. Herszenhorn, "Ukraine Vote Takes Nation a Step Closer to NATO," *New York Times*, 23 December 2014.

18 Jonathan Steele, review of Frontline Ukraine: Crisis in the Borderlands, by Richard Sakwa, Guardian（London）, 19 February 2015.

19 Lauren McCauley, "In Wake of Turkey Provocation, Putin Orders Anti- aircraft Missiles to Syria," Common Dreams, 25 November 2015.

20 Michael Birnbaum, "U.S. Military Vehicles Paraded 300 Yards from the Russian Border," WorldViews, 24 February 2015, http://www.washingtonpost.com/blogs/worldviews/wp/2015/02/24/u-s -military-vehicles-paraded-300-yards-from-the-russian-border/ .

21 Ian Kearns, "Avoiding War in Europe: The Risks From NATO- Russian Close Military Encounters," *Arms Control Today*, November 2015.

第二十三章 人類的主人

當我們提問「誰統治世界？」時，我們通常都採取標準的看法，認為世界事務的主角是國家，尤其是大國，而且我們考量他們的決定，以及他們彼此之間的關係。這也沒什麼不對。不過，我們若是記住這種抽象概念也可能會產生高度誤導作用，會更好。

國家當然有複雜的內部構造，而且政治領導人的選擇和決定深受內部權力集中的影響，同時一般民眾經常被邊緣化。即使在比較民主的社會都是如此，其他社會就更明顯。我們若是忽視亞當・斯密所謂的「人類的主人」，就無法很實際地理解是誰在統治世界：在他的時代，人類的主人是英國的商人和製造業者；在我們的時代則是跨國企業財團、巨型金融機構、零售業帝國等等。繼續循著亞當・斯密的理論，我們也不應該忽視「人類的主人」所專注的「卑鄙的金科玉律」：「人人為己，不為別人。」這個理論被認為代表苦澀、不斷的階級戰爭，往往是片面的，而且很大程度上傷害本國人民和世界人民的利益。

在當前的全球秩序下，主人的體制具有極大的力量，不僅在國際場域也在本身國內，依賴它來保護權力，並以種種不同方法來提供經濟支持。當我們談到人類主人角色時，我們會專注目前國家政策的優先項目，如「跨太平洋夥伴關係」協議（Trans-Pacific Partnership, TPP），這是投資者權利的協議，但是在宣傳和評論上打出「自由貿易協定」的旗號。它們由數百位公司法律師和遊說者擬訂重要的細節，祕密地談判。其用意在於讓它們以史達林主義風格的「快軌」程序通過，設法不讓討論，只准在是與否之間做選擇。其實就是逼著你選擇「是」。設計這套做法的人通常都能遂其心願，這一點也不足為奇。人們是不經心的，可能會帶來預期的後果。

第二個超級大國

過去一個世代的新自由主義計畫把權力和財富集中在極少數人手中，同時又傷害運行中的民主，但是也引起反對，反對以拉丁美洲最明顯，不過也出現在全球權力的中心。[1] 歐盟是後二戰時期最蓬勃發展的地區之一，由於遇上不景氣，又執行撙節政策的強烈效應，走得搖搖晃晃。這個撙節政策即使國際貨幣基金的政治部門沒說話，經濟部門可是迭有抱怨。由於決策轉移到布魯塞爾的官僚，北方的銀行對它們的進行有相當影響，以致於民主受到損害。主流政黨快速失勢，左、右兩翼趁勢擴張。位於巴黎的研究機構「新歐洲」（Europa Nova）執行長把民眾的失望歸咎於「憤怒的無力感，因為決策的實際權力已經大部分由各國政治領袖（他們至少在原則上要受民主政治的規範）轉移到市場、歐盟的機構以及企業手中」，完全吻合新自由主義的理論。[2]基於大體上相同的理由，非常類似的過程也在美國出現，這件事不僅對美國很重要，值得關切，更由於美國的實力，也關係到全世界。

反對新自由主義做法的聲浪上升，也突顯出標準信念另一個重要層面：它冷落了民眾，而民眾通常不能接受在自由民主理論之下派給他們作為「旁觀者」，而非「參與者」的角色。[3]這種不服從的情緒一向是主宰階級相當重視的問題。以美國歷史來說，華盛頓把派給他指揮、組成民兵部隊的老百姓，視為「非常骯髒、討厭的人，呈現出這種低下階級的人難以形容的愚蠢。」[4]波克（William Polk）的大作《暴力政治》（*Violent Politics*）把從「美洲叛變」到當今的阿富汗和伊拉克戰爭做了精闢的檢討，他認為，華盛頓將軍「不想借重（他瞧不起的戰士），差一點輸掉革命。」的確，若不是法國全力施援，「拯救了革命」，他「可能真的就輸掉革命」；到當時為止，戰事一直由游擊隊打勝——今天我們會稱呼這些戰士為「恐怖份子」——而華盛頓麾下英國式的部隊「卻一再打敗仗，幾乎輸掉革命戰爭。」[5]

波克寫道，成功的叛變有一項共同特徵，一旦勝利之後民間的支持力量解散，領導人往往會鎮壓實際上以游擊戰術和恐怖手段贏得戰爭的這些「骯髒、討厭的人」，因為害怕他們可能會挑戰階級特權。自古以來，菁英蔑視「這種低下階級的人」有好幾種不同形式。近年來，這種蔑視的一種表達方式就是，自由主義的國際派面對一九六〇年代全民運動危險的民主化效應，主張要消極與服從（「民主的緩和」）。

有時候國家會選擇遵循民意，卻引起權力中心的憤怒。有一個戲劇化的案例是二〇〇三年小布希政府要求土耳其參加攻打伊拉克。百分之九十五的土耳其人反對，而讓華府大吃一驚的是土耳其政府竟然遵從人民的觀點。土耳其如此脫離負責任的行為，遭到嚴厲譴責。被新聞界稱為「理想主義總司令」的國防部副部長伍佛維茨（Paul Wolfwitz）責備土耳其軍方允許政府失職，要求他們道歉。可敬的評論沒有因為這些例證，以及其他無數例證證明我們對民主的渴望所挫折，繼續讚美小布希總統專心致力於「促進民主」，有時候則也批評他太天真，竟然認為外來力量可以把自身對民主的渴望強要別人也接受。

土耳其民眾並不孤單。全球反對美、英聯手入侵的聲音呈現一面倒之勢。根據國際民意調查，幾乎在任何國家支持華府戰爭計畫的人都很難達到百分之十。反對派激起全世界，甚至美國國內的抗議風潮，這恐怕是有史以來第一次，帝國的侵略還未正式發動之前就遭到強烈抗議。記者邰培德（Patrick Tyler）在《紐約時報》頭版報導：「世界上可能還存在兩個超級大國，一個是美國，另一個是世界輿論。」[6]

美國國內空前無比展現反對侵略，始於數十年前的反對美國介入中南半島戰爭，即使為時已晚，其規模之大、影響之深，非同小可。到了一九六七年，反戰運動已經蔚為一股巨大力量，軍事史學家、越南問題專家佛爾提出警告：「越南作為一個文化及歷史實體……即將瀕臨滅亡……因為它的農村已經在最強大的軍事機器，針對這樣規模大小的地區展開的重大打擊下實際死亡了。」[7]但是反戰運動的確成為不容忽視的勢力。當雷根總統上台，決定在中美洲發動攻擊時，它也是不容忽視的力量。雷根政府密切模仿二十年前甘迺迪發動越戰時的措施，但是後來因為出現一九六〇年代初期所沒有的民眾強烈抗議，美國也不能不放棄。美國的攻擊十分凌厲。受害人迄今尚未復原。但是越南的狀況，乃至後來全中南半島的狀況——「第二個超級大國」在越戰的相當末期才構成障礙——其慘烈是無可比擬的。

經常有人說民意雖然巨大反對攻打伊拉克，並沒有效果。我覺得這個說法不正確。我們要再說一遍，入侵伊拉克已經夠恐怖，後來的發展更是詭異。縱使如此，也有可能變得更糟糕。副總統錢尼、國防部長倫斯斐和小布希政府其他高級官員，根本沒辦法想像甘迺迪總統和詹森總統四十年前最初採取的措施竟然大部分沒遭到抗議。

西方大國承受壓力

當然，當我們採用國家是國際事務中的主角這個標準信念，而擱置國家政策時，對於決定國家政策的因素還有許多可以說的事情。但是，儘管存在這些不小的警告，我們仍然遵循這一信念，至少作為最接近事實的參考。

這時候，誰統治世界的問題立刻導向如下的關切：中國崛起為大國，對美國及「世界秩序」構成威脅；新冷戰在東歐暗潮洶湧；全球反恐戰爭；美國霸權和美國式微；以及一系列類似的考量。

西方國家在二〇〇六年初面臨的挑戰，倫敦《金融時報》首席外交事務專欄作家拉克曼（Gideon Rahman）運用傳統框架將它們做了很好的總結。[8]他先檢視西方觀點的世界秩序：「自從冷戰結束以來，美國壓倒性的軍事力量一直就是國際政治的中心事實。」它在三個區域特別重要：第一，東亞，「美國海軍已經習慣把太平洋當作『美國的內湖』」；第二，歐洲，北約組織——其實指的是美國，它「令人咋舌、占北約組織軍事費用的四分之三」——「保障其會員國的領土完整」；第三，中東，美國巨大的海、空基地「讓友邦安心，又可恫嚇敵人。」

拉克曼說，今天世界秩序的問題出在，「這些安全秩序現在在三個區域全都遭到挑戰」，因為俄羅斯在烏克蘭和敘利亞都介入，也因為中國把它的鄰近海域從「美國內湖」變成「清楚有爭議的水域」。因此，國際關係的根本問題是，美國是否應該「接受其他大國在其鄰近周邊也有某種勢力範圍」。拉克曼認為應該，因為「經濟力量在全世界範圍都已分散，並且與簡單的常識結合。」

坦白說，我們也可以從不同觀點看待世界。但是我們就只談這三個的確非常重要的區域。

今天的挑戰：東亞

從「美國內湖」開始，有些人在二〇一五年十二月中旬聽到新聞報導稱：「國防高級官員說，美國一架B-52轟炸機在南海執行例行任務時，無意間飛進中國興建的一座人工島嶼兩海里之內，加劇華府和北京之間激烈歧異的問題」，可能就會皺起眉頭。[9]熟悉過去七十年核子武器時代嚴峻紀錄的人深切明白，就是這種意外經常很危險地差點引爆終極性質的核子戰爭。我們不必是支持中國在南海挑釁和侵略活動的人，就可以指出事件不是中國攜有核彈的轟炸機在加勒比海或加州外海執行任務，中國沒有在這裡試圖建立「中國內湖」。全世界應該感到幸運。

中國領導人心知肚明他們的海上貿易通路，從日本到麻六甲海峽，甚至更往西去，一路上布滿敵意國家，而且得到美國一面倒優勢軍力的支持。因此，中國處心積慮透過廣泛投資向西擴張，並以謹慎的腳步走向整合。這些發展有一部分在上海合作組織（Shanghai

Cooperation Organization, SCO）的框架內進行；上海合作組織還包括中亞各國、俄羅斯，而印度和巴基斯坦很快就會和伊朗一樣，以觀察員身分參與活動。美國拿不到觀察員地位，也主張關閉本區域所有的軍事基地。中國目前正在打造現代版的古絲路，不僅期望把中亞區域整合進中國勢力範圍，也希望延伸到歐洲和中東產油地區。它傾注巨資廣建高速鐵路和輸油管線，要創造一個完整的亞洲能源與商務系統。

這項計畫的一個單元就是興建一條公路，穿越全世界最高的幾座山，通往中國在巴基斯坦開發的瓜達爾港（Gwadar），它可以保護石油運送不受美國可能的干預。中、巴兩國也希望這項計畫能夠刺激巴基斯坦的工業發展，美國雖然給予巴基斯坦大量軍援，在這方面並未著墨。中方也希望這項計畫或許提供誘因，讓巴基斯坦彈壓國內的恐怖主義，因為在毗鄰的中國新疆省，這是非常嚴重的問題。瓜達爾港也將是中國在印度洋興建的「珍珠串」的一環，它興建一系列基地供商業使用，但必要時也可轉為軍事用途，因為中國期許有朝一日可以將兵力投射到波斯灣，這可是現代中國首開先端的創舉。[10]

所有這些舉動都志在免於遭受美國壓倒性軍事力量的影響，除非是華府祭出核子戰爭這一招，可是一旦動用核武，也會摧毀美國。

二〇一五年，中國亦創辦亞洲基礎設施投資銀行（Asian Infrastructure Investment Bank, AIIB），自己是最大股東。五十六個國家參加六月間在北京舉行的籌備會議，其中包括美國的盟友澳洲和英國，還有一些不理睬美國的意見而參加的國家。美國和日本不參與。某些分析家認為亞投行可能演變成布瑞登森林體系（國際貨幣基金和世界銀行）的競爭者，美國在這些機構都擁有否決權。另外也有人預料，上海合作組織或許會成為另一個北約組織。[11]

今天的挑戰：東歐

話題轉到東歐。目前，北約和俄羅斯邊界正在醞釀一場危機。這不是一件小事。沙克瓦（Richard Sakwa）對本地區有明智的深入研究，他振振有詞地寫道，「二〇〇八年的俄羅斯—喬治亞戰爭實質上就是第一次『制止北約東擴戰爭』；二〇一四年的烏克蘭危機是第二次。我們不清楚人類是否在第三次戰爭之後還會存在。」[12]

西方認為北約東擴沒有惡意。但是我們不覺得意外，俄羅斯和南半球大部分國家有不同的看法，某些西方著名人物亦然。肯楠早早就提出警告，認為北約東擴是個「悲劇性的錯誤」，他和幾位美國資深政治家聯名上書白宮，稱之為「歷史性的政策錯誤」。[13]

目前的危機起源於一九九一年的冷戰結束和蘇聯瓦解。當時對歐亞大陸新的安全制度和政治經濟，有兩種南轅北轍的觀點。依據沙克瓦的說法，有一派主張「寬闊的歐洲」（Wider Europe），以歐盟為中心，逐漸向歐洲—大西洋安全與政治共同體發展；另一派則主張「更大的歐洲」（Greater Europe），一種大陸歐洲的概念，從里斯本延伸到海參崴，有多個中心，包括布魯塞爾、莫斯科和安卡拉，但是共同目標是克服傳統上困擾大陸的歧異。

蘇聯領袖戈巴契夫是「更大的歐洲」的主要倡導人，這個概念在戴高樂主義（Gaullism）和其他倡議中也可找到根源。可是，當俄羅斯在一九九〇年代的市場改革失利下崩潰時，這派主張力量消退，一直要到普丁主政，俄羅斯開始復原，在世界舞台重尋地位，它才又復活。普丁和他的搭檔梅德維杰夫（Dmitry Medvedev）一再「主張從里斯本到海參崴，整個『更大的歐洲』地緣政治團結起來，建立真正的『戰略夥伴關係』。」[14]

沙克瓦寫道，這些倡議「遭到政治蔑視」，認為「不過是要以隱形手法建立『大俄羅斯』的掩飾」，也是要破壞北美和西歐合作的做法。這種顧慮可以溯源到冷戰初期的憂慮，深怕歐洲可能變成獨立於大、小兩個超級強國之外的「第三勢力」，而且更傾向於和後者親善。譬如布蘭德（Willy Brandt）的東進政策（Ostpolitik）和其他倡議。

西方看待俄羅斯崩潰自然是得意洋洋。它誇稱這是「歷史的終結」，是西方資本主義民主的終極勝利，彷彿俄羅斯要退回到在第一次世界大戰之前作為西方經濟殖民地的地位。戈巴契夫同意兩德統一可以加入北約組織——以歷史角度衡量，這是了不起的重大讓步——西方也口頭承諾北約部隊不會「往東移動一英寸」；但是西方立刻違反承諾，北約旋即向東擴張。雙方的討論僅限於東德。北約組織或許會「跨越」德國擴張的可能性，並沒有和戈巴契夫討論，甚至私下考慮都沒有。[15]

北約很快就開始東擴，挺進到俄羅斯邊界。北約組織的使命正式改為保衛全球能源系統、海上航路和輸油管線等「重要基礎設施」，作業範圍遍及全球。甚且，西方對於現在普遍稱為「有保護責任」的理論又做了重大修改，嚴重偏離聯合國的正式版本，北約組織現在也可能在美國指揮下成為一支干預力量。[16]

俄羅斯最關切的是把北約擴張到烏克蘭的計畫。這個計畫在二〇〇八年四月北約組織於布加勒斯特（Bucharest）召開高峰會議時明白宣示，它答應喬治亞和烏克蘭日後在某些條件下可以加入北約。峰會決議的文字一點都不含糊，它說：「北約組織歡迎烏克蘭和喬治亞申請加入北約的歐洲—大西洋結合之期望。我們今天同意這些國家將成為北約組織會員國。」二〇〇四年，親西方的候選人在烏克蘭的「橙色革命」獲勝，美國國務院代表佛賴德（Daniel Fried）立刻趕到烏克蘭，根據維基解密透露，「強調美國支持烏克蘭加入北約和歐洲，大西洋結合的期望。」[17]

俄羅斯會如此關心，我們很容易理解。國際關係學者米爾斯海默（John Mearsheimer）在美國主流刊物《外交事務》上提出分析。他寫道：「目前（烏克蘭）危機的直接根源就是北約東擴，以及華府承諾要把烏克蘭移出莫斯科軌道，納入西方」，而普丁視之為「直接威脅到俄羅斯的核心利益」。

米爾斯海默問說：「誰能怪他？」他指出，「華府或許不喜歡莫斯科的立場，但是應該了解背後的邏輯。」這不應該太難了解。畢竟大家都清楚，「美國不會容忍遠方的大國在西半球任何地方部署軍事力量，更不用說還直抵邊境。」事實上，美國的立場還更加強硬。它絕不容忍官方所謂的對一八二三年門羅主義的「成功的不順從」。當年美國宣布要控制西半球，只是還無力實現。小國若是成功的不順從，可能會遭到「全球最大的恐怖」以及會粉身碎骨的禁運制裁。古巴殷鑒不遠。如果拉丁美洲國家加入華沙公約，墨西哥和加拿大也計畫加入，我們不必問美國會有什麼樣的反應。只要稍為出現往此一方向發展的第一個跡象，套用中央情報局的說法，立刻會在「極端傷害之下終止」。[18]

和中國案例一樣，我們不必同情普丁的動作和動機就可以了解背後的邏輯，我們也不用了解此一邏輯的重要性，就會謾罵、反對。和中國案例一樣，這裡頭牽涉的利害極大，可以說甚至攸關人類存亡絕續。

今天的挑戰：伊斯蘭世界

讓我們再轉到第三個地區：伊斯蘭世界，小布希總統在二〇〇一年九一一恐怖攻擊事件後宣布展開全球反恐戰爭的現場。更精確地講，他是「再次宣布」展開反恐戰爭。雷根政府上台，就以狂熱的言詞宣布進行全球反恐戰爭，大談「反對文明的墮落份子散播疾病」（雷根總統的話）和「在現代世紀回到野蠻」（舒茲國務卿的話）。原本的全球反恐戰爭後來悄悄從歷史撤除。它很快就變成肆虐中美洲、南部非洲和中東的殺人如麻、破壞十足的恐怖戰爭，嚴峻的後果影響到今天，甚至還導致美國被世界法庭譴責（華府並不承認世界法庭）。總而言之，這不是適宜歷史的正確故事，因此就把它剔除掉。

小布希—歐巴馬版本的反恐戰爭之成敗，我們可以直接觀察做出評斷。宣布開戰時，恐怖份子的目標局限在阿富汗的一個小角落。阿富汗人並不喜歡他們，甚至可說是瞧不起他們，但是按照部落社會待客之道保護他們。美國人大惑不解，「拿對他們而言堪稱是天文數字的兩千五百萬美元，都換不到貧窮的農民交出賓拉登。」[19]

我們有理由相信，妥善規畫的警察行動，或甚至與塔利班政府認真的外交談判，或許就能使他們把涉嫌犯下九一一罪行的人犯交給美國審判、定罪。但是這個選項沒被採納。美國反射性的決定就是發動大規模武力攻擊。目標不是推翻塔利班（後來才演變為要推翻他們），而是明白表示美國輕蔑塔利班提出可以考慮交出賓拉登的方案。塔利班的提案有多麼認真？我們不知道，因為根本沒有去研究它的可能性。美國或許只是「想要展現肌肉，取得勝利，嚇唬全世界。他們不關心阿富汗人會受苦或我方會損失多少人命。」

這是受到高度尊敬的反塔利班領袖哈格（Abdul Hag）的判斷。他和許許多多反對派譴責美國在二〇〇一年十月發動的空襲轟炸行動，對他們從內部推翻塔利班構成「重大挫折」。他們認為已經指日可待，可以達成目標了。哈格的判斷得到克拉克（Richard A. Clarke）的證實。當進攻阿富汗的計畫還在研訂時，克拉克是小布希總統的白宮反恐安全小組（Counterterrorism Security Group）主席。克拉克對會議做了描述：小布希聽到如此進攻會違反國際法時，「總統在狹窄的會議室裡怒吼：『我不管國際法律師怎麼說，我們要踢他們屁股。』」在阿富汗境內工作的主要救援組織也強烈反對美國進攻，他們發出警告，已經有數百萬人瀕臨餓死邊緣，一旦開戰後果可能非常恐怖。[20]

數年之後，可憐的阿富汗人的際遇，我們已經不忍再說。

下一個大錘的目標是伊拉克。美英聯軍完全沒有可信度的理由就聯手入侵，這是二十一世紀的一件重大罪行。伊拉克的平民社會已經因為美、英的經濟制裁一片殘破，被兩位負責執行的國際知名外交官斥為形同「種族滅絕」，因此憤而辭職抗議。現在的進攻又導致數十萬人喪命。[21]進攻也製造數百萬難民，大大摧毀了伊拉克；同時它也煽動起宗派衝突，造成伊拉克及整個區域目前的分裂。令人駭然的是，我們的知識份子和道德文化竟然能夠允許文化圈平淡地稱呼這是「解放伊拉克」。[22]

五角大廈和英國國防部進行的民調發現，僅有百分之三的伊拉克人認為美國在他們周邊進行的安全任務是合法的行動，認為美、英「聯軍」有益他們安全的人，不到百分之一；

百分之八十的人反對聯軍進駐伊拉克，而且過半數支持可以攻擊聯軍。阿富汗已經被破壞得無從進行可靠的民意調查，但是跡象顯示，當地的狀況應該也差不多。美國在伊拉克特別慘敗，被迫放棄正式的戰爭目標，在唯一勝利者伊朗的影響下，黯然撤離伊拉克。[23]

大鍾也揮向別的地方，尤其是利比亞。英、法和美國三大傳統帝國勢力促成聯合國安理會一九七三號決議，但是立刻就違反它，轉身一變，成為叛軍的空軍。其結果就是破壞透過和平談判找出和解方案的可能性；大幅增加傷亡人數〔根據政治學者庫伯曼（Alan Kuperman）的估計，至少增為七倍〕；造成利比亞一片殘破，淪為各派民兵交戰爭搶政權；近來，更替伊斯蘭國提供基地，使它能夠到處散播恐怖主義。非洲事務專家瓦爾（Alex de Waal）提到，非洲聯盟（African Union）提出的相當合理的外交方案，原則上得到利比亞強人格達費的接受，卻被美、英、法三強冷落。大批武器和聖戰士四處流竄，把恐怖活動從西非（現在是恐怖殺戮的冠軍地區）傳播到黎凡特（Levant），同時北約組織的攻擊也造成難民從非洲如洪水般湧向歐洲。[24]

可是這又被當作是「人道主義干預」的又一次勝利，從長久以來，令人浩嘆的紀錄看得出來，可以追溯到可以追溯到四個世紀前的現代起源。

動用武力的代價

簡而言之，全球反恐戰爭的鋃頭策略使得聖戰的恐怖，從阿富汗一個偏鄉僻壤散布到大半個世界，從非洲、經黎凡特和南亞到東南亞。它也在歐洲和美國挑激攻擊。入侵伊拉克不出情報機關的預測，催生出此一過程。恐怖主義專家柏根（Peter Bergen）和柯魯克尚克（Paul Cruickshank）估計，伊拉克戰爭「使得每年因為聖戰士攻擊的致死率驚人地增為七倍，每年平添數百起恐怖攻擊事件，數千平民喪生；甚至把發生在伊拉克和阿富汗的恐怖攻擊扣掉，世界其他地區的致命攻擊也增加逾三分之一。」其他的研究也提出類似的評論。[25]

美國的「支持社會責任醫生組織」（Physicians for Social Responsibility）、加拿大的「支持全球存活醫生組織」（Physicians for Global Survival）和德國的「支持防止核戰國際醫生組織」（International Physicians for the Prevention of Nuclear War）等一群人權組織進行一項研究，想就「十二年的『反恐戰爭』、三大作戰地區（伊拉克、阿富汗和巴基斯坦）的傷亡人數提供盡可能的實際估計」，這項研究還包括廣泛檢視「這些國家就受害人數所做的重要研究和公布數據」，以及軍事行動的相關資訊。他們「保守的估計」是這些戰爭打死約一百三十萬人，但是人數「也可能超過二百萬人」。[26]獨立研究員彼德生在這項報告發表後，進行資料庫搜尋，卻發現實際上沒有人提到它。誰會關心呢？

奧斯陸和平研究所（Oslo Peace Research Institute）的研究也顯示，本區域因衝突而喪生者有三分之二是出於原本內部的爭端，但是外來人要求以他們的解決方式處理。在這些衝突中，有百分之九十八的喪生是發生在外來人以軍事力量介入其內部爭端之後。在敘利亞，在西方針對伊斯蘭國發動空中攻擊，以及中央情報局間接展開軍事介入戰爭之後，因戰事直接喪生的人數增多三倍以上[27]。由於美國先進的反坦克飛彈重創阿薩德（Bashar al-Assad）的兵力，俄羅斯趕緊跳進來替他的盟友助陣。初期跡象顯示俄羅斯的轟炸產生預期效果。

政治學者奇威馬基（Timo Kivimaki）檢視的證據顯示，「（志願者聯軍打的）保護戰爭變成世界暴力的主要源頭，竟然造成百分之五十以上的喪生總數。」甚且按照他的檢視，包括敘利亞在內，許多這類個案顯示有機會進行外交解決，卻被忽視不理。其他討論也顯示，在其他的可怕情境，包括一九九〇年代初期的巴爾幹、第一次波斯灣戰爭，無不如此。中南半島戰爭堪稱第二次世界大戰以來最惡劣的罪行，更是如此。在伊拉克這個案例上，竟然沒有人提起這個問題。這裡肯定有些教訓還必須注意。

運用巨錘對付弱勢社會一般的後果其實並不意外。我們前文已提到波克對叛變的詳細研究，應該是有心想要了解今天的衝突之人士必讀的材料，當然決策者若是關心人命結果，不是只想權勢，也應該仔細研讀。波克提出有一個模式一再重覆。入侵者——或許自稱動機最良善——天生就不會被民眾歡迎，民眾不肯服從，起先小規模抗爭，引來強勢反應，民眾又升高反對、支持抵抗。暴力循環上升，直到入侵者撤退。或是藉由可能近乎種族滅絕的手段達成其目標。

歐巴馬在全球推動無人機殺人行動，可說是全球恐怖活動的驚天創舉，也顯示相同的模式。根據大多數的評論，這個舉動催生恐怖份子的速度遠超過謀殺掉涉嫌有朝一日會傷害我們的人的速度。在「大憲章」奠定無罪推定原則，成為文明法律的根基八百周年的今天，他這樣一位憲法學律師的貢獻可真令人刮目相看呀！

這類干預的另一個特色就是相信擒賊先擒王、剷除掉首腦後，就可以制服叛變。但是，斬首行動一成功，萬惡的首腦往往由更年輕、更堅決、更凶狠、更有效率的人頂替。波克舉出許多例證。軍事史學家柯克彭（Andrew Cockburn）在他的重要研究《殺戮鏈》（*Kill Chain*）檢討美國長期以來剿滅販毒及恐怖份子首腦的紀錄，發現相同的結果。我們也可以相當有信心地相信這種模式還會繼續下去。我們不必懷疑，美國的策略家現在一定處心積慮想要幹掉「伊斯蘭國卡里發」巴格達底（Abu Bakr al-Baghdadi），他是蓋達組織首腦札瓦希里（Ayman al-Zawahiri）的宿敵。美國軍事學院（U.S. Military Academy）打擊恐怖主義中心（Combating Terrorism Center）資深研究員霍夫曼（Bruce Hoffman）是研究恐怖主義的知名學者，對於計畫成功後可能的結果提出預測。他預測：「巴格達底一死，可能替（與蓋達組織）和解鋪路，造成活動範圍、人力規模、野心和資源空前的一個聯合恐怖勢力。」[28]

約米尼（Henry Jomini）受到拿破崙敗在西班牙游擊隊手下的啟示，寫了一本討論戰爭的專書，成為西點軍校好幾個世代學生的教科書。波克的文章引述約米尼的論點。約米尼觀察到，大國的干預典型都會引起「意見戰爭」，而且如果不是立即，也幾乎總會在鬥爭的過程中因波克所謂的動態關係演變成為「國家戰爭」。約尼米認為，「正規軍的指揮官不智地介入這種戰爭，他們將會輸掉它們」，縱使打勝戰，成果也往往曇花一現。[29]

仔細研究蓋達組織和伊斯蘭國，就會發現美國和盟國相當精確地循著對手的博奕計畫在作戰。他們的目標是「誘使西方盡可能深入、積極陷進泥淖」，「以一系列漫長的海外活動永久地纏住及削弱美國及西方」，造成他們傷害自己的社會、耗竭他們的資源、增加暴力的水平，觸發波克所謂的動態關係。[30]

艾特蘭（Scott Atran）是對聖戰運動有最深入研究的一位專家，他估計「九一一攻擊大約花費四十萬至五十萬美元費用去執行，而美國及其盟國的軍事和安全反應大約是它的一千萬倍。從純粹的成本效益論來看，這個暴力運動實在太成功了，遠超過賓拉登原始的想像。在這兒，就出現全面柔術型的不對稱戰爭。畢竟有誰能聲稱我們比以前更好，或是全面危險已在降低呢？」如果我們繼續揮舞巨錘，默默跟隨聖戰士的劇本，可能造成更加暴力的聖戰主義會更有吸引力。艾特蘭建議，這樣的紀錄「應該啟發我們在反策略上進行激烈改變才是」。

蓋達組織、伊斯蘭國得到跟著他們指令而動的美國人相助。譬如，積極爭取共和黨總統候選人提名的參議員克魯茲就高唱「對他們展開地毯式轟炸」。或者在主流政治光譜的另一端，《紐約時報》著名的中東及國際事務專欄作家傅里曼，他在二〇〇三年上《查理羅斯》（*Charlie Rose*）電視節目接受專訪，為華府如何在伊拉克作戰獻策。他說：「那裡有一個我姑且稱之為恐怖主義泡沫的玩意兒……我們需要做的就是到那個地方去，打破那個泡沫。基本上，我必須到那兒去，喔，帶著一根巨棒，到那世界中心去，打破那個泡沫。只有這個辦法了……我們需要看到的是美國男女大兵，從巴斯拉到巴格達逐家拜訪，基本上說的是，這句話有那個地方你不懂？你不認為我們關心我們的開放社會，你認為我們會放過這個泡沫幻想？別了啦！查理老兄，這場戰爭就是這麼一回事啦！」[31]

他們要教訓這些包頭巾的人。

前瞻未來

艾特蘭和其他緊密的觀察家一般都同意這道藥方。我們應該先認識詳細的研究已經很有說服力的告訴我們：那些被吸引投入聖戰的人「是嚮往他們歷史、傳統裡的某些東西，認同他們的英雄與道德；而伊斯蘭國，不論在我們眼裡，甚至在大部分穆斯林世界裡是多麼的殘暴和可惡，卻是直接向它訴求……今天啟發最致命的殺手的並不是古蘭經，而是一個令人興奮的志業、一個行動的呼喚，可以被朋儕視為光榮和可敬。」事實上，很少聖戰士會飽讀伊斯蘭教典或神學。[32]

波克認為，最好的策略是「跨國的、福利導向的、心理上能滿足的計畫……使伊斯蘭國所依賴的仇恨不再那麼有毒。已經有人為我們點明要素：共同的需求，賠償以前的罪愆，號召重新開始。」[33]他又說：「就過去的罪愆發表措詞謹慎的道歉，代價不高，成效卻大。」這種工作可以從難民營裡做起，或是到「巴黎郊區破落的住宅區」做起。艾特蘭寫道，他的研究團隊在這些地方「發現相當普遍容忍或支持伊斯蘭國的價值觀」。另外，真心專注外交和談判，不搞反射性的訴諸武力，也可以有更好的成效。

還有一個不是不重要的項目就是誠實面對長久存在，但是二〇一五年在歐洲大受矚目的「難民危機」。這代表至少要大幅增加對黎巴嫩、約旦和土耳其難民營的人道救濟，來自敘利亞的可憐難民在這裡嗷嗷待哺、苟延殘喘。但是這個問題很大，讓我們看清楚自命為「文明國家」其實一點兒都不光彩，應該更有實際行動。

有些國家透過大規模的暴力製造難民，美國就是，其次是英國和法國。也有一些國家收容大量的難民，包括逃避西方暴力的難民，它們是黎巴嫩（以人均數字來講是第一名）、約旦和爆發內戰之前的敘利亞，以及中東地區其他國家。另外，有一部分重疊，有些國家既製造難民，又不肯收容難民，不僅不收中東來的難民，也不收來自美國「後院」拉丁美洲的難民。這個畫面很突兀，令人不忍卒睹。

難民問題可以追溯到好幾個世代以前的歷史。資深的中東特派記者費士克報導，伊斯蘭國發布的第一批視頻之一，「顯示一輛推土機推倒標示伊拉克和敘利亞邊界的一座沙岩城堡。當推土機摧毀護牆時，攝影機掃描到沙堆上有一張手寫的海報，海報寫著『終止賽克斯─皮科』。」

對於中東地區人民而言，賽克斯─皮科協定正是西方帝國主義漫不經心和殘暴不仁的象徵。第一次世界大戰期間，英國代表賽克斯（Mark Sykes）和法國代表喬治─皮科（Francois Georges-Picot）在祕密會議中，完全不顧在地人的利益，也違反戰時為爭取阿拉伯人加入盟國作戰而做出的承諾，逕自瓜分中東地區，人為地畫立國家、滿足他們的帝國目標。這項協定抄襲歐洲國家破壞非洲的同樣方式。它「把原本相當寧靜的幾個鄂圖曼帝國省份，轉變為全世界最不穩定、國際上最具爆炸性的幾個國家。」[34]

從此以後西方列強在中東和非洲一再介入，加劇緊張、衝突和騷亂，徹底毀了社會。最後的結果就是西方大叫吃不消的「難民危機」。德國一躍成為歐洲的良心，起先（而今不再）收容了將近一百萬名難民。它本身是世界最富有國家之一，人口八千萬。相形之下，黎巴嫩這個窮國家收容了約一百五十萬名敘利亞難民，現在占其全國人口四分之一，而且在此之前，它已經收容聯合國難民機構「聯合國賑濟及工程總署」註冊在案的五十萬名巴勒斯坦難民，這些人絕大多數是以色列政策的受害人。

歐洲也因為在非洲摧殘——美國也助紂為虐——的國家有許多難民湧入而叫苦連天。譬如，流落他鄉的剛果人和安哥拉人就不少。歐洲現在正在設法收買土耳其（已經湧入兩百多萬名敘利亞難民），隔離那些逃避敘利亞慘境的難民，不讓他們靠近歐洲邊界。歐巴馬也正在對墨西哥施壓，要求不讓逃躲雷根全球反恐戰爭之禍的難民偷渡進入美國。最近的一些災難，譬如宏都拉斯軍事政變產生的難民也想躲到美國，歐巴馬幾乎是唯一承認此一政變正當的國家領袖，而這場政變在拉丁美洲製造出一個最惡劣的政權。[35]

我們無法以語言形容美國對敘利亞難民危機的反應，至少我就不行。

回到一開始的問題：「誰統治世界？」我們或許也要提出另一個問題：「是什麼原則和價值在治理世界？」這個問題應該是全世界最富強的美國之公民念茲在茲的最重要問題。美國公民拜前人奮鬥之賜，享受自由、特權和機會等不尋常的餘蔭，現在則面臨攸關生死存亡的抉擇：要如何回應人類帶來的重大挑戰。

1 參見Marc Weisbrot, *Failed*（New York: Oxford University Press, 2015）; David Kotz, *The Rise and Fall of Neoliberal Capitalism*（Cambridge, MA: Harvard University Press, 2015）; Mark Blyth, *Austerity: History of a Dangerous Idea*（New York: Oxford University Press, 2013）.

2 Alison Smale and Andrew Higgins, "Election Results in Spain Cap a Bitter Year for Leaders in Europe," *New York Times,* 23 December 2015, paraphrasing François Lafond, head of EuropaNova. 關於西班牙選舉，以及它們在新保守派撙節政策災禍的背景，見Marc Weisbrot, Al Jazeera America, 23 December 2015, http://america.aljazeera.com/opinions/2015/12/spain-votes-no-to-failed-economic- policies.html.

3 這是李普曼（Walter Lippmann）有關民主政治的進步派文章之主要論點。

4 John Shy, *A People Numerous and Armed*（New York: Oxford University Press, 1976）, 146.

5 William Polk, *Violent Politics: A History of Insurgency, Terrorism and Guerrilla War from the American Revolution to Iraq*（New York: HarperCollins, 2007）. 波克是傑出的中東事務學者和歷史學家，他的論述也源自對當地有直接經驗，也參與美國政府最高階層的政策規畫。

6 Patrick Tyler, "A New Power in the Streets," *New York Times*, 17 February 2003.

7 Bernard B. Fall, *Last Reflections on a War*（New York: Doubleday, 1967）.

8 Gideon Rachman, "Preserving American Power After Obama," *National Interest*, January/February 2016.

9 Jeremy Page and Gordon Lubold, "U.S. Bomber Flies over Waters Claimed by China," *Wall Street Journal,* 18 December 2015.

10 Tim Craig and Simon Denver, "From the Mountains to the Sea: A Chinese Vision, a Pakistani Corridor,"

Washington Post, 23 October 2015; "China Adds Pakistan's Gwadar to 'String of Pearls,' " http://store.businessmonitor.com/article/475258.More generally, Alfred McCoy, "Washington's Great Game and Why It's Failing," *Tomdispatch*, 7 June 2015, ttp://www.tomdispatch.com/blog/176007/tomgram%3A_ Alfred_mccoy%2C_washington%27s_great_game_And_why_it%27s_failing.

11 Jane Perlez, "Xi Hosts 56 Nations at Founding of Asian Infrastructure Bank," New York Times, June 19, 2015.

12 Richard Sakwa, *Frontline Ukraine: Crisis in the Borderlands*（New York: I. B. Tauris, 2015）, 55.

13 Ibid., 46.

14 Ibid., 26.

15 關於這些問題，今天最有力的學術研究是Mary Elise Sarotte,1989: *The Struggle to Create Post–Cold War Europe*（Princeton, NJ: Princeton University Press, 2011）.

16 見 Noam Chomsky, *Hopes and Prospects*（Chicago: Haymarket, 2010）, 185–86.

17 Sakwa, *Frontline Ukraine,* 4, 52.

18 John J. Mearsheimer, "Why the Ukraine Crisis Is the West's Fault: The Liberal Delusions That Provoked Putin," *Foreign Affairs* 93, no. 5（September/October 2014）; Sakwa, *Frontline Ukraine,* 234–35.

19 Polk, *Violent Politics*, 191.

20 Richard A. Clarke, *Against All Enemies: Inside America's War on Terror*（New York: Free Press, 2004）. 若要深入討論，參見國際法學者Francis A. Boyle, "From 2001 Until Today: The Afghanistan War Was and Is Illegal," 9 January 2016, http://www.larsschall.com/2016/01/09/from-2001-until-today-the-afghanistan-war-was-and-is-illegal/. 關於進一步的評論和資料來源，見Noam Chomsky, *Hegemony or*

Survival: America's Quest for Global Dominance*（New York: Henry Holt, 2003）, chap. 8.

21 見H. C. van Sponeck, *A Different Kind of War: The UN Sanctions Regime in Iraq*（New York: Berghahn, 2006）. 這是非常重要的研究，在美國和英國卻罕有人提起。從技術上說，這些制裁行動由聯合國執行，但是稱為美、英聯手制裁，尤其主要是柯林頓的罪行，並無不當。

22 Brian Katulis, Siwar al- Assad, and William Morris, "One Year Later: Assessing the Coalition Campaign against ISIS," *Middle East Policy* 22, no. 4（Winter 2015）.

23 Timo Kivimäki, "First Do No Harm: Do Air Raids Protect Civilians?," *Middle East Journal* 22, no. 4（Winter 2015）. See also Chomsky, *Hopes and Prospects*, 241.

24 Alan Kuperman, "Obama's Libya Debacle," *Foreign Affairs* 94, no. 2（March/April 2015）; Alex de Waal, "African Roles in the Libyan Conflict of 2011," *International Affairs* 89, no. 2（2013）: 365–79.

25 Peter Bergen and Paul Cruickshank, "The Iraq Effect: War Has Increased Terrorism Sevenfold Worldwide," Mother Jones, 1 March 2007.

26 Physicians for Social Responsibility, "Body Count: Casualty Figures After 10 Years of the 'War on Terror,' Iraq, Afghanistan, Pakistan," March 2015, http://www.psr.org/assets/pdfs/body-count.pdf.

27 Kivimäki, "First Do No Harm."

28 Andrew Cockburn, *Kill Chain: The Rise of the High-Tech Assassins*（New York: Henry Holt, 2015）; Bruce Hoffman, "ISIS Is Here: Return of the Jihadi," *National Interest*, January/February 2016.

29 Polk, *Violent Politics*, 33–34.

30 Scott Atran, "ISIS Is a Revolution," *Aeon*, 15 December 2015, https://aeon.co/essays/why-isis-has-the-potential-to-be-a-world-altering-revolution; Hoffman,"ISIS Is Here."

31 Thomas Friedman speaking on Charlie Rose, PBS, 29 May 2003, https://www.youtube.com/watch?v=ZwFaSpca_3Q; Dan Murphy, "Thomas Friedman, Iraq War Booster," *Christian Science Monitor*, 18 March 2013.

32 Atran, "ISIS Is a Revolution."

33 William R. Polk, "Falling into the ISIS Trap," *Consortiumnews*, 17 November 2015, https://consortiumnews.com/2015/11/17/falling-into-the-isis-trap /.

34 Ayse Tekdal Fildis, "The Troubles in Syria: Spawned by French Divide and Rule," *Middle East Policy* 18, no. 4（Winter 2011）, cited by Anne Joyce, editorial, *Middle East Policy* 22, no. 4（Winter 2015）.

35 關於美國移民政策的醜陋歷史，見 Aviva Chomsky, *Undocumented: How Immigration Became Illegal*（Boston: Beacon Press, 2014）.

後記

誰統治世界？這個問題在二〇一六年十一月八日之後變得益發重要，要看我們如何回應而定，它可能成為人類史上最重要的日子之一。這絕不是危言聳聽。這一天最重要的新聞幾乎在任何地方都沒受到注意，彷彿它毫不重要。

十一月八日，世界氣象組織（World Meteorological Organization）在摩洛哥舉行的第二十二屆締約方大會（COP22）會議，即二〇一六年聯合國氣候變遷年會上發表一份報告。世界氣象組織宣布，過去五年是有紀錄以來最熱的年份。報告說，海平面上升，由於南北極冰冠出乎預期，快速融化的結果，很快就會更加上升。北極海冰塊覆蓋的地區在過去五年比起前面三十年的平均值少了百分之二十八，直接降低極地冰冠對太陽的反射，因此加速全球暖化的過程。更令人警惕的是，巨大的西南極冰河出乎預期快速呈現不穩定，有可能造成海平面上升幾英尺，同時也造成整個西南極冰塊的裂解。除了其他迫切的的分析和預測，世界氣象組織又報告說，氣溫已經危險地接近才一年前在巴黎COP 21年會所設定的最高目標水平。

同一天發生的另一件事則廣泛受到各方重視，但是它的重要性之主因還是沒有得到太大的注意。十一月八日當天，全世界最強大的國家舉行大選。結果把政府的所有部門：總統、國會和最高法院，完全交給共和黨一黨控制；而它是世界史上最危險的組織。

除了最後一句話，這個描述不會有爭議。從另一方面看，最後這句話可能有點異乎尋常，甚至蠻橫。但是，真的如此嗎？事實告訴我們並不然。共和黨專注在以最快速度破壞有組織的人類生活，這個立場在歷史上並無先例。

談到氣候變遷，共和黨初選時，實際上每位參選人都否認正在發生的事是在進行中。唯一的例外是尚稱溫和派的布希（Jeb Bush），他說一切都還不確定，但是我們還不用急，因為有了石油頁岩壓裂技術，我們正在生產更多的天然瓦斯。再不然就像凱希克（John Kasich），他同意氣候暖化是在發生中，但是又說，若是要用生煤——最惡劣的化石燃料汙染源——「我們俄亥俄州會燒生煤，我們不會為此抱歉。」同時，川普（Donald Trump）主張快速增加使用化石燃料，解除管制，並且不再協助尋求走向永續能源的開發中國家，可說是加快速度衝向懸崖。

在川普當選之前，共和黨否認氣候變遷存在的效應已經出現。譬如，原本有人希望COP 21巴黎協定可以走向可驗證的條約，但是這種想法已經遭到拋棄，因為共和黨掌控的國會不會接受任何有拘束力的承諾。他們要的是自願性質的協定，力道清楚降低許多。

地球暖化的效應可能很快就會比已經出現的現象更加鮮明。光是孟加拉一個國家，上千萬人預期必須在幾年內逃離低地平原，因為海平面上升，以及更惡化的氣候創造的人口移動危機，將使今天的人口移動現象之嚴重性相形見拙。孟加拉首席氣候專家不無道理地表示：「這些人應該有權利移民到這些溫室氣體所排放的國家，數百萬人應該可以移民到美國。」他們也應該有權利移民到在創造財富過程，卻引起環境激烈變化的其他富裕國家。環境改變的災難性後果，不僅在孟加拉感受得到，在整個南亞都很明顯，因為氣溫不可逆轉地上升，喜馬拉雅冰原融化，威脅到整個區地的水源供應。在印度，已有三億人傳出缺乏飲水。

我們很難以文字形容人類已經面臨他們歷史上的最重要問題：有組織的人類生活是否能以我們所知的方式存續下去，而竟以加速奔向災禍的方法去回應它。對人類存亡絕續最大的另一個威脅：核子毀滅的危險，已經烏雲籠罩七十年、而今更是有增無已，也是如此掉以輕心。我們同樣也很難以文字形容非常驚人的一個事實：在大選熱熱鬧鬧紛擾、受到最大量報導之際，氣候變遷大難即將臨頭、核子危機岌岌可危，在各路角逐者口中都只是輕描淡寫而過。至少，我是不知如何形容我的憂心。

雖然希拉蕊得到明顯多數的普選票（大選結果卻因美國政治制度的特殊設計有出人意料的發展），很重要的一點是，我們必須正視川普受到下列人士的熱情支持：憤怒、不滿意的選民，尤其是未受過大學教育的白人選民；勞工階級，以及低層中產階級。箇中因素當然很多，但其中一項是：他們是過去一個世代新自由派政策的受害人。聯邦準備理事會主席葛林斯班在國會聽證時，對此一政策已有詳盡報告。（在他監理之下，美國神奇的經濟於二〇〇七至〇八年崩盤，差點拖垮全球經濟；而在此之前，他被人吹棒為「聖艾倫」。）葛林斯班意興風發時期曾經說明他的政策成功，相當大部分是建立在「勞動者有極大不安全感」的基礎上。恫嚇勞動者不要要求提高工資或福利，只接受較低的生活水平，換取能夠保住工作就好。以新自由派的標準而言，這一來產生「相當有利的……健康的經濟表現。」

在這個經濟理論實驗中被拿來測試的勞動階級，卻對此一結果並不滿意。譬如說，他們並不高興，在二〇〇七年，也就是經濟崩盤前新自由派奇蹟的高峰，非主管職工人經通膨調整後的薪資，比起一九七九年、也就是實驗剛開始之時還要低。男性工人的實質工資處於一九六〇年代水平，而極大的獲利進入到頂尖的極少數人口袋。他們連「百分之一」都不到，只占「百分之一」中的極小比例。這不是出於這些人的成績或功勞或市場力量，大部分是刻意的政策決定幫他們發財。

我們只要看看美國的最低工資就明白究竟怎麼一回事。一九五〇、六〇年代經濟高度成長時期，最低工資跟著生產力走，而最低工資是其他人工資的基礎線。新自由派理論一出，它就完了。從此以後，最低工資依通膨做調整，實質上不增反減。如果照以前的趨勢走，現在的最低工資可能接近每小時二十美元。可是，今天有人提議要把最低工資調到每小時十五美元，就被認為是政治革命。就勞動階級而言，早年在製造業有一份穩定的工作，享有工會的工資和福利，和今天在某些服務業只有臨時性工作，沒有太多保障，這兩者的差異極大。除了失去工資、福利和安全保障之外，他們也失去尊嚴，失去對未來前途的失望，也失去對世界的歸屬感，不再覺得自己扮演值得的角色。

他們的憤怒是很容易理解。投票所出口民調顯示，對川普熱烈支持，主要是因為相信他代表改革；而柯林頓被認為是會持續維持令人苦惱現狀的候選人。許多支持川普的人在二〇〇八年把票投給歐巴馬，相信他的「希望和改變」的承諾。他們對於歐巴馬不能兌現承諾感到失望，現在轉向川普所唱他會「使美國再次偉大」的論調。然而他們被騙去相信他會兌現偉大的承諾，彌補他們的不幸。只要看看他的財政計畫和人事安排就知道希望渺茫。但是我們也理解，含含糊糊、間接迂迴宣布的計畫究竟會有什麼結果，不是住在原子化的社會，與別人隔絕，沒有工會和其他組織可提供教育和組織的一般人所能清楚了解。這也是今天困窘，失望的工人和一九三〇年代猶抱希望態度的工人之間很重大的差異，而其實當年的工人在大蕭條之下的艱苦更甚於今天。

民主黨在一九七〇年代放棄對勞動階級的實質關切，他們被吸引進入其階級敵人的陣營；可是這些敵人至少還假裝說著他們的語言——雷根保持平民作風、喜歡說些小笑話、咬著果凍豆；小布希（George W. Bush）也小心翼翼保持你可以在酒吧遇上的升斗小民形象，表現出即使華氏一百度高溫，也喜愛在農場裡剪草的模樣。現在又跑出來川普，號稱代表不僅丟了工作，也喪失自我價值意識的凡夫俗子，號召大家起而反抗傷害百姓生活的政府。

美國原則制度最大的成就之一就是，把憤怒從企業界身上移轉到執行民間部門設計的方案之政府身上。譬如，大家把高度保護主義的企業、投資人國際權利協議——評論和媒體一致錯誤地宣稱它們是「自由貿易協定」——怪罪到政府身上。和企業界不一樣，政府在某種程度上受到民意的影響和控制，因此對企業界相當有利的就是，培養對尖頭（pointy-headed）政府官僚的仇視和輕視，指責他們偷走你繳納的稅款。這有助於讓人腦子忘掉顛覆的主意，以為政府或許可以成為全民意志的工具，是個民有、民治、民享的政府。

當然川普會成功還有其他原因。研究顯示，白人優越論在美國文化裡有強大的力量，比在南非都更強大。美國白人人口日益減少，並非祕密。估計在一、二十年之內，白人將在勞動力中居於少數，然後不久又將在人口占比中居於少數。傳統的保守文化一般公認也遭到攻擊，被「身分認同政治」所圍攻。它被認為是菁英的領域，這些菁英只會輕視愛國、勤勞、虔信宗教，又重視家庭價值的美國人；這些人的國家就在他們眼前逐漸消失。

具有深厚宗教底蘊的傳統保守文化，在當今社會仍有強大的力量。我們應該記住，第二次世界大戰之前的美國雖然早已是世界最富裕的國家，卻不是全球事務的主角，在文化上也相當落後。你若想鑽研物理學，你會要到德國深造；作家或藝術家要出人頭地，必須到巴黎去。由於二次大戰，一切起了激烈變化，但這只涉及到美國一部分而已。大部分的美國人，文化上仍很傳統，直到今天都如此。我們且舉一個（相當不幸的）例證，難以引起美國人關心地球暖化的原因之一，竟是全國約百分之四十民眾深信耶穌基督將在二〇五〇年之前復臨，因此他們不認為未來幾十年將會出現的氣候災難之嚴重威脅是個大問題。同樣百分比的美國人相信，我們的地球創造於幾千年前而已。

如果科學和《聖經》相牴觸，科學就是不對。譬如，州長選派的教育部長、億萬女富豪狄沃斯（Betsy DeVos），她所屬的新教教派就深信「所有的科學理論都受到《聖經》影響」，「人類是依上帝的形象所創造；所有最低化這個事實的理論，以及否定上帝創造活動的所有演化理論，都應該排斥。」我們很難在其他社會找到可與這個現象相類比的情形。

總而言之，川普並不代表美國政壇全新的運動。民主、共和兩黨在新自由主義時期都已經向右轉。今天的新民主黨已經近似過去所謂的「溫和派共和黨」。桑德斯（Bernie Sanders）所正確號召的「政治革命」，並不會讓艾森豪驚訝。同時，今天的共和黨已經走向極右，投向富人和企業界，他們已經無法以實際的綱領爭取到選票。因此，他們轉而動員原本就存在，但未被組織成政治力量的民眾，如福音派、先天論者、種族主義者，以及全球化的受害人。全球化其實是要讓全世界勞動人民相互競爭，同時又保護特權、優勢人士。

其結果在近來共和黨的初選中已經很明顯。在前一輪選舉過程中，從基層崛起的每位候選人：巴克曼（Mitchelle Bachmann）、凱因（Herman Cain）、桑多倫（Rick Santorum）等等，無一不是非常極端，以致於共和黨建制派必須動用豐富的資源擊退他們。二〇一六年的差別在於，建制派輸了，害他們很懊惱。

川普的當選，和英國脫歐公投（Brexit），以及歐洲極端民族主義的極右翼政黨崛起有相似之處。他們的領導人：法拉奇（Nigel Fara-ge）、拉潘、歐邦（Viktor Orban）在川普當選之後立刻向他道賀，視他為同類。這些發展的確相當可怕。我們稍為留心奧地利和德國的投票結果，就不能不憂心它們與一九三〇年代的類似，尤其是像我這樣孩提時期目睹其亂象的世代，更是警惕。我還記得聽到希特勒的演講，雖然不了解他在說什麼，但是他的語氣激昂、群眾反應狂熱，卻歷歷在目，令人寒慄。我記得自己在一九三九年二月寫了第一篇文章，時值巴塞隆那淪陷之後，文章談論法西斯主義疫病似乎無可避免會傳播出去。的確是奇妙的巧合，我和內人在巴塞隆納觀看二〇一六年美國總統大選的開票。

多年來我著書寫作和公開演講，談論美國可能出現一個有魅力的空想家的危險：有個人會利用在社會上燃燒已久的恐懼和憤怒，不把它們導向現行的罪犯，卻朝向受人批評的目標。這就可能導向社會學家葛洛士（Bertram Gross）數十年前頗有洞見的研究，所謂的「友善的法西斯主義」。但是這需要有個真誠的空想家，像希特勒型的人物，而非現在可辨識的意識型態只是自戀。這種危險長久以來即已存在。

川普要如何處理他所帶來的問題——不是他創造，而是他釋放出來的問題——我們不知道。或許他最顯著的特色就是無法預測、無從捉摸。有許多事，當然要看他選派什麼人事、信任什麼顧問而定，不過坦白說，這方面的跡象實在不甚樂觀。我們也幾乎可以篤定地說，聯邦最高法院將長期掌握在反動派手中，後果已可想像得到。

就外交政策而言，鑒於川普贊賞普丁，我們或可懷抱希望，也許可以降低俄、美關係的危險和緊張。歐洲或許也可能和川普主政的美國保持距離（德國總理梅克爾和歐洲其他領導人已經有這樣的表示），或者像英國脫歐一樣抗拒美國勢力。這可能導致歐洲會設法降低和俄羅斯的緊張，或是試圖走向戈巴契夫所構想的，沒有軍事同盟關係的歐洲安全體制。美國摒棄這個主張，偏好北約東擴，但是最近普丁重提此議，他是否真心，我們並不清楚。

美國新政府的外交政策會不會比小布希時期，或甚至歐巴馬時期更加好戰？或是比較不好戰？我不認為有人可以很有信心地回答。川普太不可預料了，有太多問題不易有答案。

但是我們能說的是，有許多情況要看被今天在華府發生的事情、被川普的表現，以及他已投射的觀點所驚嚇的人，以及他所安排的內閣及幕僚人事的反應而定。民眾和社會運動家，如果組織得宜、處置得宜，可以有相當不同的表現。誠如前面所述，今天我們面臨的利害成敗十分重大。

NEXT叢書 0248

誰統治世界？：主張民主人權的政府為何霸凌他國，勾結財團操控媒體、扭曲真相

Who Rules the World?

作　者—杭士基（Noam Chomsky）
譯　者—林添貴
編　輯—張啟淵
封面設計—兒　日
發 行 人—趙政岷
出 版 者—時報文化出版企業股份有限公司
10803台北市和平西路三段二四〇號四樓
發行專線—（〇二）二三〇六六八四二
讀者服務專線—〇八〇〇二三一七〇五　（〇二）二三〇四七一〇三
讀者服務傳真—（〇二）二三〇四六八五八
郵撥—一九三四四七二四時報文化出版公司
信箱—台北郵政七九～九九信箱
法律顧問—理律法律事務所　陳長文律師、李念祖律師
印　刷—家佑印刷有限公司
初版一刷—二〇一八年八月十七日
定　價—新台幣四三〇元
（缺頁或破損的書，請寄回更換）

時報文化出版公司成立於一九七五年，
並於一九九九年股票上櫃公開發行，於二〇〇八年脫離中時集團非屬旺中，
以「尊重智慧與創意的文化事業」為信念。

誰統治世界？: 主張民主人權的政府為何霸凌他國，勾結財團操控媒體、扭曲真相 / 杭士基 （Noam Chomsky）著；林添貴譯. -- 初版. -- 臺北市：時報文化, 2018.08
面；　公分. -- (Next ; 248)

譯自：Who rules the world?

ISBN 978-957-13-7473-4(平裝)

1.美國外交政策　2.國際政治

578.852　　107010353

ISBN 978-957-13-7473-4
Printed in Taiwan